国家软科学研究计划项目（2011GXS2D035）

我国软件服务外包产业发展战略研究

SOFTWARE

葛继平　黄　明　林　莉／著

科学出版社

北　京

图书在版编目(CIP)数据

我国软件服务外包产业发展战略研究/葛继平，黄明，林莉著 .—北京：
科学出版社，2013.9
　ISBN 978-7-03-038611-3

　Ⅰ . ①我… 　Ⅱ . ①葛… ②黄… ③林… 　Ⅲ . ①软件产业-对外承包-
产业发展-发展战略-研究-中国 　Ⅳ . ①F426.67

中国版本图书馆 CIP 数据核字（2013）第 217360 号

责任编辑：杨婵娟　高丽丽/责任校对：宣慧
责任印制：李　彤 / 封面设计：铭轩堂
编辑部电话：010-64035853
E-mail：houjunlin@mail.sciencep.com

科　学　出　版　社 出版
北京东黄城根北街 16 号
邮政编码：100717
http://www.sciencep.com
北京凌奇印刷有限责任公司 印刷
科学出版社发行　各地新华书店经销

*

2013 年 10 月第　一　版　开本：720×1000　1/16
2022 年 1 月第四次印刷　印张：16 1/4
字数：309 000
定价：78.00 元
（如有印装质量问题，我社负责调换）

前　言

　　全球软件服务外包产业的快速发展，不仅给发包国和地区带来了可观的经济利益，而且促进了承接国信息技术和软件产业的发展。因此，越来越多的国家凭借自身的比较优势，参与到软件服务外包业务中来，涌现出一批具有国际竞争实力的外包承接国，如中国、印度、爱尔兰、以色列、菲律宾等。纵观全球软件服务外包产业的发展历程，我国与印度同为发展中国家，在软件服务外包这个领域几乎同时起步，我国甚至还稍稍早于印度，但20多年后，我国软件服务外包产业的发展已经远远落后于印度。尽管我国软件服务外包产业近年来获得了高速的发展，但仍存在着诸多亟待解决的问题，如产业扶持政策仍需完善、软件企业竞争力有待提高、拥有自主知识产权的核心产品和完整系统解决方案的软件服务外包企业匮乏、企业质量认证缺失、人才体系失衡、人才培养模式滞后等。这种现状使中国软件服务外包企业在与国际同行竞争时处于劣势，严重影响了我国软件服务外包承接的速度、数量及收益，同时影响着我国软件服务外包产业的发展。

　　本书理论研究、实证研究和应用研究相结合，以大连为应用对象，从软件服务外包产业特性分析入手，探讨我国软件服务外包产业的发展模式、运营模式、投融资模式、服务外包驱动承接国经济增长的效应、发包国与承接国协同管理与博弈分析等问题，在评价中确定影响我国软件服务外包产业的关键因素，有针对性地制定"政策-市场-人才-技术"四位一体的软件服务外包产业发展战略，并以大连为对象进行应用检验。本书可以为国家、区域软件服务外包产业政策的制定提供参考，可以为软件企业的人力资源开发提供方向性指导，也可以为创新我国软件人才培养模式提供有益的借鉴，对我国软件服务外包产业的发展具有重要的理论意义和实际应用价值。

　　本书是国家软科学研究计划项目"对日软件服务外包产业发展战略研究"（编号：2011GXS2D035）的研究成果，并得到其资助。本书由葛继平教授进行总策划，提出总体写作框架，黄明和林莉同志负责全书统稿。全书分为三篇，共13章，前言由葛继平教授撰写；第一章由姜岩、肥塚浩、曹瑞林、王雪茹撰写；第二章、第五章由姜昱汐撰写；第三章由王大伟撰写；第四章由林莉、王瑜杰撰写；第六章由董美霞、尉桂华撰写；第七章由郑旭撰写；第八章由李玉娜撰写；第九章由杜萍撰写；第十章由黄明、赵宏志撰写；第十一章、第十二章由唐可月、林莉撰写；第十三章由梁旭撰写；最后，由葛继平教授进行全书审核。

本书在撰写过程中，得到了中华人民共和国科学技术部办公厅调研室、中国国际人才交流基金会、辽宁省对外贸易经济合作厅、大连市科学技术局、大连市对外贸易经济合作局、大连市外国专家局等单位有关领导和专家的指导和支持，在此对他们表示感谢。本书针对我国软件服务外包产业发展战略等相关问题进行了细致研究，相关研究结论还希望获得专家和学者的批评指正。

作　者

2013 年 4 月

目　录

前言

第二篇　条　件　篇

第三篇　人　才　篇

第一篇

产业特性篇

第一章 软件服务外包产业发展模式与演化分析

第一节　软件服务外包产业的国内外发展现状

一、软件服务外包的相关概念

当前，经济全球化正在进入新的发展阶段，全球产业转移从制造业向服务业延伸，服务外包成为服务业全球化发展的重要趋势。从 20 世纪 80 年代末开始，一些发达国家的跨国公司为了节约成本、提高运营效率和核心竞争力，便开始将其非核心的 IT 服务业务外包给成本更低的专业服务提供商。经过 20 多年的快速发展，如今的服务外包产业已经极具规模，且业务范围由最初的信息技术外包（information technology outsourcing，ITO）扩大到更高层次的业务流程外包（business process outsourcing，BPO），两者共同成为目前服务外包业的主要业务领域。

（一）服务外包的概念和分类

服务外包是企业将原来在内部从事的服务活动转移到企业外部去执行的过程，发包的对象既可以是本土企业，也可以是外国企业，既可以是独立的企业，也可以是母公司的子公司。一个业务活动交由独立的第三方完成，目的是实现企业资源效率的最大化（赛迪顾问，2010）。当前理论界普遍接受的外包的定义是：在企业内部资源有限的情况下，为取得更大的竞争优势，仅保留其最具竞争优势的核心资源，而把其他资源借助于外部最优秀的专业化资源予以整合，达到降低成本、提高绩效、提升企业核心竞争力和增强企业对环境应变能力的一种管理模式（赛迪顾问，2010）。

从外包地域来看，服务外包可以分为离岸外包（off-shore outsourcing）、近岸外包（near-shore outsourcing）和在岸外包（on-shore outsourcing）。离岸外包和近岸外包都是指跨越国境的服务外包，如美国对印度的外包为离岸外包。其中，近岸外包特指相邻国家之间的服务外包，相邻国家由于语言文化、风俗习惯等相似，开展服务外包更为便利，如美国对加拿大、墨西哥的外包。在岸外包是指外包商与其外包供应商来自同一个国家，外包工作在国内完成。在国际分工程度日益加深的背景下，由于信息技术的发展和贸易壁垒的降低，全球性的服务业转移主要以离岸外包的形式展开（赛迪顾问，2010）。

从发展阶段来看，服务外包分为信息技术外包、业务流程外包和知识流程外包（knowledge process outsourcing，KPO）（赛迪顾问，2010）。信息技术外包主要是指系统操作服务、系统应用管理服务、技术支持管理服务的外包。业务流程外包是指企业检查业务流程或相关职能，将这些职能外包给服务供应商，并由服务供应商对流程进行重组的外包。

（二）软件服务外包与对日软件服务外包

软件服务外包就是企业为了专注核心竞争力业务和降低软件项目成本，将软件项目中的全部或部分工作发包给提供外包服务的企业来完成的软件需求活动。由于软件开发成本中 70％是人力资源成本，因此，降低人力资源成本将有效地降低软件开发成本。软件服务外包已经成为发达国家的软件公司降低成本的一种重要手段。目前，全球软件的销售额为 6000 亿美元，其中软件服务外包的销售额达 500 亿～600 亿美元。软件服务外包销售额的大幅度增长为人力资源成本相对较低的印度和中国等发展中国家带来了新的发展机会（埃森哲，2009）。

我国临近日本，且两国的文化背景很相近，在这得天独厚的条件下，我国承接的软件服务外包主要以日本的软件服务外包为主，这就是对日软件服务外包。我国对日软件服务外包始于 20 世纪 90 年代中后期，经过十几年的发展，已经经历了热潮期，迈向持续发展阶段。诸多日本大企业已于 2000 年前进入中国，并开始摸索如何扩大规模，将外包效果最大化。根据野村综合研究所（Nomura Research Institute，NRI）的统计，我国对日软件服务外包的出口总量占日本发包总量的 70％左右，未来几年仍将继续增长（许正中，2009）。

二、软件产业的国际分工格局

从地域来看，以美国、欧洲、印度、中国等国家和地区为主体的国际软件产业分工体系已形成美欧亚多极分工之势，世界软件产业链的上游、中游和下游链条分布走势逐渐明晰。

（一）发达国家掌控上游软件产业

软件技术的研究和软件产业的发展已经成为美国、日本、英国、法国、德国、意大利和加拿大等当今世界发达国家竞相扶持的重点，并将成为国家间相互竞争的重要武器。其中，尤以美国对软件产业发展最为关注。在《美国国家关键技术报告》中明确指出，"先进软件的发展在新一代军事与商业系统的推广及可靠性方面越来越成为一项重要的制约因素"。

美国作为传统的世界软件强国是全球软件产业的主导，世界 10 大软件公司有 8 家将总部设在美国。自 20 世纪 90 年代以来，美国软件产业以年均 12.5% 的增长率高速增长，这几乎是美国国民经济增长率的 2.5 倍，已经成为继汽车和电子产业之后的第三大产业，美国软件产品市场份额占全球的 60% 以上，是世界软件产业链上游的霸主（周扬等，2010）。不但如此，美国还掌握着全球软件产业的主要核心技术、标准体系、游戏规则及产品市场。美国不但占据着系统软件、支撑软件和网络应用软件的主要市场，而且控制着软件开发平台和软件生产的核心环节，同时还拥有全球最大的软件销售网络。

（二）欧洲地区领先应用软件产业

欧洲诸国对软件产业的发展颇为重视。自 20 世纪五六十年代法国、英国、德国等国一些大软件承包商极力推进软件发展开始，软件产业逐步在欧洲国家的经济发展占有日益重要的地位。

在德国，自主开发应用软件的软件企业占到了 73%（周扬等，2007）。全球最大的企业管理软件供应商思爱普公司（SAP）的总部就设在德国沃尔多夫市。德国也是世界软件产业传统的出口大国，出口市场主要是欧盟国家，其次是北美洲和亚洲国家。直到近几年，软件开发才向印度、东欧、中国、以色列等国家和地区转移。

英国的软件产业发展速度位居欧盟前列，软件产业年增长速度达 17%～24%。英国软件产业在很多领域占有优势，其中包括数据库、支撑软件包、虚拟现实、WAP 技术、基于神经系统的多媒体应用、对实时性和安全性要求较高的软件、金融财务软件和娱乐软件。英国的应用软件包括企业资源规划（enterprise resource planning，ERP）、供应链管理（supply chain management，SCM）、客户关系管理（customer relationship management，CRM）和产品生命周期管理（product life-cycle management，PLCM）等。2006 年，英国在这四个领域的市场销售收入为 700 亿英镑（周扬等，2007）。

（三）新兴国家占据软件服务外包优势

全球经济进入信息时代以后，以爱尔兰和印度为代表的新兴经济国家在竞争高度国际化的软件产业迅速崛起。软件产业逐步成为这些国家经济发展的主要推动力。

爱尔兰尽管国土小、人口少，但是其在欧洲软件市场的地位举足轻重，已经赢得了"欧洲软件之都"的美誉。如今，爱尔兰以向美国软件企业提供欧洲语言本地化服务为切入点，已经成为世界大型软件公司进入欧洲市场的门户和集散地，同时其具有较强的软件综合研发能力，特别是在无线通信、客户管理系统、网络安全、金融银行软件、软件工具、网络工具及应用、嵌入式实时系统软件等领域有很强的实力。

印度大力发展软件服务外包服务和离岸开发业务，以出口为导向的发展模式使其成为当今软件服务外包的主力。目前，印度的软件出口额占全球市场份额的20%，是仅次于美国的第二大计算机软件出口国；在美国的软件服务外包市场中，印度已经占据了60%的份额，成为最大的软件服务外包服务提供国（周扬等，2007）。印度在软件服务外包领域取得空前的成就并非偶然。首先，其软件公司具有较强的项目管理能力。印度的几家大软件公司其项目合同完成率高达96%以上（周扬等，2007），对各过程环节的控制能力非常强。其次，印度成长起了一批万人以上规模的大型软件公司，如 TCS、Infosys 和 Wipro 等，可以承接大型软件项目的全系列外包服务。再次，印度软件从业人员的分析能力、营销意识、质量保证能力堪称一流，在国际上享有良好的声誉。最后，印度的英语语言优势克服了其与国际客户交流的语言障碍。

经过长期从事软件服务外包编码的专业代工，印度很多大型软件公司现已开始承接金融服务、电信设备和制造业的全系列软件工程服务，力图在价值链的高端抢得一席之地。

（四）我国成为软件产业的新兴力量

近年来，我国软件市场保持快速平稳的发展态势，我国已经成为亚太地区最具发展潜力的新兴软件市场。与很多严重依赖外部市场的其他产业不同，我国软件产业一开始就走出了以内需为主逐步外销的健康发展道路。我国既重视发展面向广阔的国内市场的软件应用，也积极发展面向国外市场的软件服务外包。中华人民共和国工业和信息化部统计公报数据显示，2012 年，我国软件产业实现软件业务收入 2.5 万亿元，同比增长 28.5%，占电子信息产业收入的22.7%，产业软硬件比例日趋合理。统计公报还预计，2013 年我国软件业增速将达 25%左右（宁萌，2013）。

我国软件产业快速发展，主要有两方面原因。一方面，我国软件产业的发展来自国内自身的市场需求。在信息化推动工业化、工业化促进信息化的国策指导下，软件产业这一信息产业的支柱被列为国家重点产业，软件产业已成为信息产业增长的主要动力。另一方面，全球软件产业的大规模结构变迁为我国积极参与全球软件服务外包的竞争提供了机遇，并且已有收获。2007 年 3 月，海辉软件（国际）集团公司成功并购美国 IT 解决方案提供商 Envisage Solution，成为首批成功并购国外同行业公司的中国软件服务外包企业。Envisage Solution 的优势在于销售及行业咨询，海辉软件（国际）集团公司的优势在于庞大的工厂和生产能力。Envisage Solution 可以帮助海辉软件（国际）集团公司更好地完善北美市场的市场开拓、客户沟通及在岸咨询的能力，再加上其在日本软件服务业的地位，海辉软件（国际）集团公司已经基本完成在美国、日本和中国"三足鼎立"的战略布局。作为全球软件产业的新兴力量，我国软件服务外包产业在美国市场的突破，将改变未来国际软件分工的格局。

三、软件服务外包产业的发展现状

目前，全球软件产值的 1/3 需要通过对外发包来完成，软件服务外包已成为新一轮国际软件产业发展的趋势，软件市场平均每年以 29.2% 的速度增长（中国国际投资促进会，2010）。

（一）全球软件产业正向离岸外包转移

目前，软件服务外包生产方式正经历由国内外包向离岸外包的外向型产业转移，软件服务外包产业已经从国内企业间的外包发展为跨国的外包。以美国等为代表的国家，正在把软件生产以外包服务的形式转移到生产运营成本较低的亚太地区发展中国家，全球已经形成若干跨国软件服务外包区，软件发包合同订单主要来自北美、西欧和日本等发达地区和国家，并且以全球 500 强企业为主，推动离岸外包的发展。

软件服务外包的承接服务主要集中于印度和爱尔兰等国家。凭借为欧美软件企业提供软件服务外包服务，这些国家也因此从相对滞后的欠发达国家一跃成为全球信息产业大国和国际软件服务外包中心，并获得了巨大的经济利益，软件服务外包产业由此成为信息产业的新金矿。从价值链角度分析，欧美等发达国家和地区的软件企业为追逐经济利益最大化，也通过外包把非核心业务转移到发展中国家和地区，而将自身精力用于发展核心技术，增强了核心竞争力。离岸外包导致了国际生产要素的重组，形成了产业的转移，实现了发包方和承接方的双赢。

（二）新兴国家占据软件服务外包优势

目前，全球超过 40% 的软件项目以外包的方式完成，其中美国的外包市场主要被印度垄断。事实上，印度这个令美国也感到畏惧的 IT 承包王国，正在策划一场新的全球攻势，其目的是在不断变化的经济全球化中始终站在 IT 外包潮流的最前端。美国权威市场咨询机构克里夫兰公司最近的调查报告指出，印度国内 IT 产业 2010 年以前将保持 25％的年均增长速度，已成为亚太地区发展最快的一个市场（埃森哲，2009）。

据印度全国软件和服务企业联合会统计，2006 年印度软件服务输出总额达310 亿美元，2010 年增长了近两倍。外包从业人员超过了 100 万人。印度全国软件和服务企业联合会（The National Association of Software and Service Companies，NASSCOM）预计，在未来几年内，印度的软件和服务出口将保持 30％的增速。随着西方企业在印度的呼叫中心、数字运算和软件开发等多种机构的建立，印度已成为全球 IT 的后台办公室。世界银行的一份调查称，80％的美国公司把印度作为国外软件来源的首选市场。另外，许多增长强劲的国际小型企业也将软件业务外包到印度（埃森哲，2009）。

（三）我国正在加快软件服务外包业务赶超

互联网数据中心（Internet Data Center，IDC）发布的《中国软件离岸外包市场 2007—2011 年预测与分析》的报告显示，2007 年我国软件服务外包服务市场继续保持高速增长。数据显示，2006 年我国软件离岸外包市场规模达到 13.8 亿美元，比 2005 年增长 48.4％。日本、韩国的市场为我国软件离岸外包贡献了近 56％的收入，而欧美客户的贡献比例在一年间提升了 8.4 个百分点（埃森哲，2009）。

在全球软件与 IT 外包产业的离岸总量中，印度占有 50％的份额而遥遥领先，我国正紧随其后，努力追赶。目前，日本市场仍旧是我国软件服务外包服务的主要发包市场。根据 IDC 的调查，目前一些欧美企业选择外包合作伙伴，最先考虑的国家是印度、加拿大、爱尔兰，中国排第四位（魏和平，2004）。近年来印度软件服务外包成本上升了 20％左右，给我国软件服务外包企业提供了机会。

我国的劳动力成本优势仍然明显。由于印度等其他国家员工的工资持续上涨，越来越多的金融机构正在将部分工作转移到我国。花旗银行在上海建立了软件开发部门，其他在我国开发软件的全球性金融机构还包括汇丰银行、美洲银行、雷曼兄弟、新加坡的 NTUC、法国的 CNP 等。印度的主要软件企业有一个共识："未来，中国将是印度在欧美市场上最主要的竞争对手。"（上海情报服务平台，2006）我国已被认为是新兴的国际软件服务外包中心。

第二节　软件服务外包产业的发展模式比较分析

软件产业区别于其他传统产业，有其独特性和运作规律，它是具有显著的网络外部性和规模经济性的产业，又是一个高速变化、新技术层出不穷的知识密集型产业，同时又是人力资源、人力成本相对较高的产业。由于国际信息产业起步较晚，因而同其他产业发展模式不同，软件服务产业的发展模式是由政治、经济、社会、环境、法律等有关体系综合决策后形成的，是一个国家外部和内部要素合力作用的结果。

一、国外软件服务外包产业的发展模式

（一）软件服务外包市场主要发包国模式

1. 美国：倒 T 形离岸服务外包模式

服务外包在提高公司生产要素整合能力、节约成本等方面起到了重要作用。美国大型跨国公司广泛采用事业部制组织结构来管理企业，在事业部层就可以做出外包决策。各事业部具有较大的权利，彼此之间相对独立，其所开展的业务价值链环节也各不相同。在这种情况下，各事业部从自身利益出发，纷纷将各种辅助性或非核心的服务活动整体外包出去，即直接将某些不影响企业核心能力的价值链环节外包给印度等国家的成本低、质量有保证的企业来运营。实行业务外包后的公司比外包前显得更精干，使得公司能更好地将企业资源集中到核心业务中去。外包后的公司业务部门减少，管理更加简单，组织结构犹如一个倒立的大写英文字母 T，因此，美国公司的离岸服务外包模式被称为倒 T 形模式（王习农，2009）。

2. 欧盟：橄榄形离岸服务外包模式

欧盟的离岸服务外包业务开展得较晚，总量也不太多，但是发展非常迅速。欧洲国家中除了英国与美国大致相似外，其他欧盟国家尤其是德国、法国和荷兰的跨国公司在开展离岸服务外包的过程中，受到各自严厉的劳动法规的约束和自身市场情况的限制，不能随意解聘雇员，因此欧盟跨国公司一般将各事业部业务所属的价值链环节中附加值低的业务进行重新组合，形成一个新的服务于整个公司的外围业务事业部，再将新事业部中绝大多数符合法律规定的业务进行离岸外包。其组织结构犹如一个橄榄，因此欧盟的离岸服务外包模式被称

为橄榄形模式（王习农，2009）。

3. 日本：金字塔形离岸服务外包模式

2008 年，美国的雷曼危机引发了世界金融危机。这虽然使全世界信息服务的投资减少，但从中长期来看仍是增长态势。在信息服务投资方面，虽然新兴国家的比例在增加，但 2009 年日本就已成为世界第三大信息服务投资市场（日本信息服务产业协会，2011）。据日本信息服务产业协会统计，2008 年日本软件投资额占世界总 IT 投资额的 28.4%，到 2014 年预计会增加到 32.4%。2002 年日本软件产业的海外采购金额约为 200 亿日元，2008 年超过 1000 亿日元，其在 21 世纪得到了快速增长。从 2009 年的发包方来看，中国为 70%，印度为 8%，菲律宾和越南为 4%，中国占绝大多数（日本信息服务产业协会，2011）。详情如表 1-1 所示。

表 1-1　世界信息服务投资额的变化

国家和地区	2008 年/亿美元	2009 年/亿美元	较上一年变动比/%	2014 年/亿美元	2009~2014 年增长率/%
北美	4 271.1	4 149.1	−2.9	5 354.4	4.2
西欧	3 358.9	3 034.4	−9.7	3 433.4	2.3
日本	1 198.7	1 230.7	−2.2	1 441.2	1.8
亚洲太平洋	748.7	731.9	−2.2	1 226.7	7.0
拉丁美洲	347.1	336.7	−3.0	548.8	7.7
中东·非洲	201.3	191.8	−4.7	234.7	3.9
中东欧	201.0	180.2	−10.3	222.0	3.1
合计	10 326.8	9 854.8	−4.6	12 461.2	3.6

注：信息服务投资是软件和 IT 服务投资额的合计

资料来源：日本信息服务产业协会，2011

日本企业间的关系是金字塔形的，在金字塔顶端的企业处于支配地位，与其形成直接供给关系的企业称为一级承接商，与一级承接商形成直接供给关系的企业称为二级承接商，如此类推。上下游企业因长期业务往来形成了固定的业务路径及彼此信赖的企业间和人际间的稳定关系，这造就了日本企业间特有的金字塔形结构关系（王习农，2009）。日本的最终用户在发包时，不仅希望总承接商具有很深的行业知识与业务咨询能力，并与本企业有良好的信任关系，还希望它有足够的资金抗风险能力和在日本承担法律责任的能力。因此，总承接商一般都是日本规模较大的企业。由于日本文化的原因，客户不会清楚地将自己的需求用严格的文档方式表达出来，总承接商需要根据客户的业务特点，边与客户沟通，边进行系统的咨询、策划、设计，这要求总承接商对用户的业务细节非常了解。

日本学者加藤敦（2010）对致力于外包开发的日本软件企业的优势、弱势、机会及威胁进行了分析（表 1-2）。日本的优势包括：国内市场较大、拥有丰富的解决方案、确立了中方对日外包订制体制、已在一定程度上积累了外包开发的经验。弱势则包括：已形成了订制开发型的指示等待商业模式、优秀人才难以确保、外包市场应对迟缓、项目管理能力不足、软件设计战略特别是模块化与标准化进程迟缓。对于日本企业而言，机会包括：中方有对日软件服务外包人才培养等进一步的举措、越南等周边国家技术能力的提高、中国内地市场的扩大。威胁则包括：伴随中国经济发展的薪金上升、中国的 IT 技术人员供需矛盾尤其是中级人才不足、国内客户要求降低成本的呼声强烈、日本企业自身的技术外流、客户营业技巧的外流。

表 1-2　致力于外包开发的日本软件企业的 SWOT 分析

优势	弱势
国内市场较大	订制开发型的指示等待商业模式
具有丰富的解决方案的经验	难以确保优秀人才
中方对日外包订制体制的确立	应对外包市场迟缓
外包开发的经验积累	项目管理能力不足
	软件设计战略没有充分渗透
机会	威胁
中方对日外包人才培养等持续举措	伴随中国经济发展的薪金上升
越南等周边国家技术能力的提升	中国 IT 技术人员供给缺乏（特别是中级人才）
中国内地市场的扩大	来自国内客户的压缩成本的强烈要求
	公司自身的技术外流
	顾客营业技巧的外流

资料来源：加藤敦，2010

（二）软件服务外包市场主要承接国模式

1. 印度：产业集聚型发展模式

印度服务外包产业的增长成为全球服务贸易发展的典范，印度服务外包的规模、质量和成本综合指数均名列世界第一。印度的软件已出口到全球 105 个国家和地区，出口额已经超出印度全国出口总额的 20%（雷泰稳，2006）。印度大多数软件出口企业集中在班加罗尔、孟买和海德拉巴，其数量仅占 10% 的大公司就拥有 90% 的市场份额（雷泰稳，2006）。

从 20 世纪 60 年代开始，印度政府就把重点国防和通信研究机构设在班加罗尔，并一直对班加罗尔的 IT 产业发展给予充分的政策扶持，有效促进了班加罗尔软件服务外包产业的发展，形成了产业集聚。面积仅为 1.5 平方公里的班加罗尔软件科技园区已成为全球第五大信息科技中心和世界十大硅谷之一，被公认为是软件服务外包产业的发源地，也是软件服务外包产业发展最成功的地方。产业集聚效应使印度软件企业在外包业务上降低了交易成本，开拓了更多海外市场，催生了当地的相关产业，使印度形成了优势突出的产业集聚型发展模式（胡国良，2007）。

在政府的大力支持下，印度的软件服务外包产业已形成较高的产业集中度。近年来，印度软件服务外包产业在 Wipro、TCS、Satyam 和 Infosys 等龙头企业的带领下，迅速扩张，已承接了美国绝大部分的发包业务。印度还引进了软件能力成熟度模型（SEICMM）认证，成为全球通过 CMM5 级认证最多的国家。目前，印度排名前 10 位的软件企业员工人数占印度全部软件设计企业员工总数的 22%，其产值占印度全部软件设计开发产值的 42%。印度是世界上通过 ISO9000 质量管理体系认证企业最多的国家，凡 10 名员工以上的企业必须通过 ISO9000 认证（胡国良，2007）。通过严格的软件开发过程管理，印度树立了软件服务外包高质量、低成本、守时、守合同的形象，赢得了国际客户的信任。

2. 爱尔兰：市场主导型发展模式

爱尔兰软件产业腾飞于 20 世纪 90 年代。爱尔兰政府较早地把软件产业建立在国际市场需求的基础之上，敏锐地抓住了美国软件出口欧洲过程中的本地化机遇。爱尔兰根据国际市场的需求进行研发，接受外包代工订单（以软件工程、项目为主），以非自有品牌软件产品和服务的出口为主，深度参与国际分工，形成了市场主导型发展模式（孙毅，2007）。爱尔兰密切联系市场需求，选择软件本地化作为发展软件产业的切入点。根据欧洲市场 20 多种不同语言的实际需要，将自己定位为大型软件跨国公司的产品欧化版本的加工基地，进入欧洲市场的桥头堡，成为世界大型软件公司进入欧洲市场的门户和集散地，以及全球最大的软件本地化服务供应基地。爱尔兰具有较强的软件综合研发能力，处于国际领先地位。

爱尔兰政府系统强化对服务外包产业的促进和管理，在各个环节都设立了相应部门或机构履行职责（孙毅，2007）。尤其是在政策实施环节，政府专门设立了爱尔兰企业局，以保证政策实施到位，爱尔兰企业局为本土公司的开设与发展提供政策及资金等各方面的扶持。爱尔兰政府还致力于积极扶持电子商务的发展。在知识产权、专利等方面，爱尔兰沿袭欧洲惯例，有着严格、有效的法律规范。同时，政府特别重视为软件产业的发展提供直接的资金支持，以确保爱尔兰的软件服务外包企业不用担心资金链断裂，从而可以将更多的时间和精力投入到软件开发和设计上。

作为欧元区中少数的以英语为母语的国家，爱尔兰在软件产业发展中充分发挥地缘优势，承接近岸外包（孙毅，2007）。爱尔兰的经济发展既以欧洲大市场为依托，又与美国保持着密切的联系，这种天然联系使很多欧美公司优先考虑到爱尔兰投资。作为欧盟的成员国之一，其他成员国公民在爱尔兰享有务工自由的权利，从而使劳动力流动非常便捷。爱尔兰利用自身的这种独特优势大力发展面向欧洲非英语国家用户的软件本地化活动，吸引了欧盟区内许多双语乃至多语种的技术人才，为软件服务外包提供了人力资源保障。

二、我国软件服务外包产业的发展模式

(一) 我国软件服务外包产业的发展路径

软件服务外包产业发展模式是在既定的外部环境和内部因素的基础上,由内外部因素相互作用、相互组合所反映的因素组合方式和资源利用方式。出口导向型意味着产业出口值在整个产业中的比重较高;劳动密集型意味着在各种要素的投入中,产业的单位产值或单位资产中劳动的比重较大;技术密集型产业则意味着在生产过程中,对技术和智力要素依赖大大超过对其他生产要素的依赖。软件服务外包产业发展模式同时也意味着这种模式本身反映的资源利用方式。

根据王如镜和孙华灿 (2009) 的研究,软件服务外包产业发展模式的演进依次分为五个阶段,即专业代工、现场开发合同、离岸开发合同、按产品分类的服务、细分产品和大众产品,如表 1-3 所示。其中,专业代工和现场开发合同模式是发展中国家对发达国家的劳动力出口,属于劳动密集型,这两种模式下的承接商称为附属型承接商;离岸开发合同模式下的承接商称为关系型承接商;按产品分类的服务与细分产品和大众产品模式下的承接商称为模块型承接商(王如镜和孙华灿,2009)。在专业代工和现场开发合同模式下,承接商不参与需求分析与系统设计,只从事编码、测试等工作,即负责系统某些子模块的编程,或将结果转换为可执行的程序代码的设计;并且对发包商形成高度依赖,很容易被发包商更换。

表 1-3 软件服务外包产业发展模式的演进阶段

承接商类型	外包方式	附加值高低	和发包商关系	软件产业发展模式
附属型承接商	专业代工	低	受支配和控制	在岸服务
	现场开发合同	低		
关系型承接商	离岸开发合同	中	交流互补	离岸开发
模块型承接商	按产品分类的服务	高	平等的战略联盟	产品出口
	细分产品和大众产品	高		

资料来源:王如镜和孙华灿,2009

根据我国软件服务外包产业的发展现状,目前的软件服务外包模式大部分还停留在附属型阶段(即主要进行专业代工和现场开发合同)。在软件服务外包中,以在岸方式为主,价值增值活动较少,对日外包占据了较大的市场份额。虽然这种外包产业模式是与我国的信息技术发展水平相对应的,但由于层级的分工已经对我国软件产业结构的升级和发展形成了制约。因此,我国软件产业必须逐步降低对日外包的依存度,大力拓展对欧美国家的软件服务外包,以进

一步提高软件服务外包的利润率。这要求政府必须加大对软件研发的投入力度，支持国内大中型企业组成战略联盟，联合起来承接国际软件服务外包任务。同时，我国已形成规模的软件企业要在提升自身研发能力的基础上，通过离岸开发方式的软件服务外包，向关系型承接商转型。最终通过各企业间的能力互补和相互交流，向模块型承接商转变，成为掌握模块核心技术的自有品牌生产商（original branding manufacturing，OBM），以获取更多的产业附加值。我国软件服务外包产业的发展路径如图 1-1 所示。

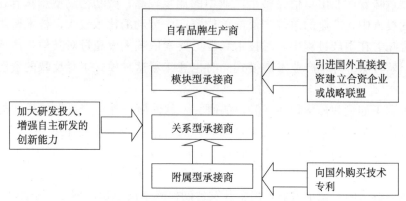

图 1-1　我国软件服务外包产业的发展路径

资料来源：王如镜和孙华灿，2009

（二）软件服务外包发展的"大连模式"

1. "大连模式"的发展现状

进入 21 世纪后，大连市提出了建设中国 IT 外包中心的发展目标，并利用地缘优势积极开拓日本市场和韩国市场，使一批日本和韩国企业落户大连。日韩外包业务也源源不断地转移到了大连，对日软件出口和外包业务已经成为大连服务外包的特色。以软件服务外包为核心的服务外包产业在大连得到了长足的发展。大连已经搭建起以信息技术外包、业务流程外包和研发中心三大产业类型为核心的服务外包产业体系，建立起完整的软件服务外包产业链，形成了软件服务外包产业发展独特的"大连模式"。

自 1998 年以来，软件服务外包产业已改变了大连经济和社会发展的格局。大连软件服务外包产业销售收入从最初的 2 亿元增长到 2007 年的 215 亿元，增长了 100 倍，年均增长率达 68.2%；软件出口从不足 1000 万美元发展到 2007 年的 7.2 亿美元，增长了 74 倍；软件企业从 100 多家发展到 2007 年的 700 多家；软件从业人员从 3000 多人发展到 2007 年的 6 万多人（姜云飞，2008）。大连市已有从事软件服务外包业务的企业近 700 家，其中外资企业有近 300 家，并有 40 多家世界 500 强企业在大连设立了软件开发和服务外包中心，使大连市成为跨国公司在我国投资软件服务外包最为集中的城市（闫平，2009）。大连是全国唯一同时获得国家火炬计划软件产业基地、软件产业国际化示范城市、中国软件欧美出口工程试点基地、国家软件产业基地、国家软件出口基地和国家动漫产业振兴基地等荣誉的城市。中国软件城市竞争力排行榜显示，大连的软件服务外包规模在全国位居第一位，成为我国软件产业的代表城市之一。2007 年，互联网数据中心第一次发布全球交付指数（GDI），在亚太地区的 35 个城市中，大连位居中国第一、全球第五。2008 年，毕博咨询公司发布《中国软件与信息服务外包企业发展调研报告》，也将大连列为国内最受服务外包企业欢迎的转移目标城市（高炜，2008）。

越来越多的跨国公司把大连作为其在中国设立软件服务外包机构的首选城市。继简柏特业务流程外包业务、松下电器软件开发业务、埃森哲全球运营中心、戴尔对日后台业务等首选大连之后，从 2007 年开始，英国电信、富达基金、亚美亚、肯沃基等一批世界 500 强企业都在大连设立了其在中国的第一个离岸软件服务外包机构。这些企业势必会将大连作为拓展中国外包业务的基地，使大连从一个外包业务"交付中心"升级为"接单中心"和"发包中心"。

2. "大连模式"的形成动因

"大连模式"的形成源于其软件服务外包产业具备的如下几个优势。

第一，地理区位优势。大连地处东北亚经济区中心位置，与日本、韩国相邻，这使大连很容易成为日韩软件服务外包的首选基地。据统计，日本、韩国在大连累计投资约 110 亿美元，占大连吸引外资总量的一半，其中日本在大连的企业共有 3184 家，美国有 1407 家，欧洲有 644 家（盛美娟，2009）。虽然大连软件的研发能力不如北京、上海，但在软件服务外包方面，大连拥有得天独厚的区位优势。

第二，人文环境优势。大连是中国北方开放的海滨城市，拥有国内条件最好的深水不冻港，环境优美、城市功能齐全、经济比较发达。具体体现在以下方面：宏观经济的持续高速增长；政府职能的转变，办事效率的提高；良好的社会安全稳定体系；国际化程度正在进一步提高；法制建设也正在进一步推进；信息化水平已经达到一定的高度；拥有了一大批高端人才；产业结构比较均衡；等等。大连赢得了"全球环境 500 佳城市"奖、"世界人居奖"等殊荣。大连先后成功承办了亚太经济合作组织（APEC）高官会、亚欧经济部长会议和"世界经济论坛成长峰会——全球成长型企业年会"，使得大连在世界上的知名度不断提高。良好的投资环境为外资注入和软件服务外包产业的快速发展奠定了良好基础。

第三，产业集群优势。早在 1997 年，大连市政府就提出了"建设软件园，发展信息产业"的宏伟构想，并大胆采取了民企出资、政府指导、扶持与市场化运作相结合的"官助民办"的发展模式。1998 年，大连软件园正式启动。经过 10 多年的探索和尝试，大连软件园已经发展成为全国最具竞争力的软件园，综合排名名列前茅，先后被科技部认定为"国家火炬计划软件产业基地"、"国家软件产业基地"及"国家软件出口基地"。软件园发展模式的成功，成为引领产业成长、优化产业结构和人才结构、拉动就业、带动全市产业升级、促进东北老工业基地振兴的中坚力量。作为一种产业聚集的模式，其柔性化的生产方式、生产效率的提高和对技术创新的作用，使大连的竞争优势越来越引起世界的关注，并吸引着越来越多跨国公司资源的涌入。

第四，产业政策优势。为支持软件服务外包产业发展，大连市政府先后制定出台了《大连市人民政府关于加快发展软件产业的实施意见》、《大连市关于吸引软件高级人才的若干规定》、《关于鼓励软件产业发展的若干意见》、《大连市软件企业发展专项资金管理办法》、《大连软件及信息服务业个人信息保护规范》、《大连海关支持软件出口的若干措施》、《大连市人民政府关于促进大连服务外包发展实施意见》和《大连市进一步促进软件服务外包产业发展的若干规定》等文件。地方政府设立专项发展基金，用于企业参加国际软件认证、人才教育培养、公共技术服务设施建设；将服务外包纳入外贸出口和利用外资考核体系，并分别按外贸发展基金要求和招商引资奖励办法进行奖励。这些支持政策和优惠举措极大地促进了软件服务外包产业的发展。

3. "大连模式"的内涵与特征

"大连模式"是大连在发展软件服务外包产业中形成的独特产业形式。这一模式与国内其他城市相比，具有其特殊性，主要体现在如下几个方面。

第一，对日离岸外包业务比重较高。2008 年大连市软件服务外包销售收入实现 306 亿元，出口额实现 10.5 亿美元，离岸业务特别是对日业务比重高，其中 80％面向日本市场，大连已经成为日本的"办公后台"。同时，大连也在不断开拓欧美市场。大连对日软件服务外包产业形成了产业集中的特点。大连软件园内约有 500 家企业，其中 85％以上从事对日软件服务外包。在大连市 620 家软件及信息服务企业中，约有 230 家为外资企业，其中 33 家为500 强企业。在全球前 10 大信息技术外包和业务流程外包服务提供商中，有国际商业机器公司（International Business Machines Corporation，IBM）、埃森哲公司（Accenture）、惠普公司（Hewlett-Packard，HP）、日本电器股份有限公司（Nippon Electric Company，NEC）等 6 家企业在大连开展外包活动（栗菲等，2010）。

第二，软件服务外包整体优势明显。大连的软件服务外包始于 1998 年，经过 10 余年的快速发展，大连市已具备了成为全球软件服务外包新领军城市的基础条件。大连市软件服务外包产业在国内形成了领先优势，大连通过 CMM5 级和 CMMI5 级评估的企业数量占全国的 1/4，被中华人民共和国国家版权局（以下简称国家版权局）授予全国第一个软件版权保护示范城市，大连软件园及一大批软件企业的业务已扩展到成都、长春、武汉、苏州、天津等地；大连在日本东京设立了中国第一家海外软件园，使全市软件服务外包的"走出去"战略实现了重大突破。2009 年 1～9 月，全市软件服务外包出口 2.04 亿美元，同比增长 44.53%（闫娅和曹蕊，2010）。

第三，形成了相对完整的软件服务外包产业链。经过长期努力，大连已经培育了东软集团股份有限公司、大连华信计算机技术股份有限公司、海辉软件（国际）集团公司等国内外知名的软件服务外包龙头企业，已经形成了比较完整的软件服务外包业务产业链，业务内容也从一些初级软件开发和业务流程管理，逐步扩展到技术含量高、管理含量高和附加值高的外包业务，具备了承接更广泛和更高端软件出口及外包业务的能力。

4. "大连模式"的成功经验

第一，准确定位，找准突破口错位发展。在产业发展方面，大连市分析自身优劣势，充分认识到自身在软件研发方面和北京、上海之间的差距，最后选择软件服务外包作为自身发展的模式，走国际化发展路线，积累经验、锻炼人才，逐步发展壮大，逐步走上自主研发之路。在市场定位方面，利用与日本密切的经济、贸易、文化关系，以及区位优势好、日语人才多、合作交流频繁的优势，大连因地制宜地提出建设"中日软件产业合作战略门户"，重点发展对日本的服务外包业务，率先在全国提出建设 IT 外包中心，以开拓日本市场为突破口，很快占据了对日软件出口的全国领先地位，积累了面向全球客户承接业务的能力。

大连软件与服务外包产业与日本之间的合作之所以能够互补双赢和联系紧密，主要有以下原因：①大连和日本有历史渊源，大连具备地理位置及区位条件优势。②大连被认为是除了日本本土以外会说日语人口最多的地区，是中国国内日语人才最丰富的城市之一。包括在日本留学的中国学生在内，许多学日语的大学毕业生希望来大连的日资企业工作，喜欢大连的工作环境。近年来也出现了日本人来大连的日资企业工作的情况。③改革开放以来，大连市的历届政府积极推进与日本各界的交流，并不断改善与日本合作交流的环境，提升合作的水平，并实施一系列招商引资的优惠政策。④日本的高等院校与大连的大学之间开展了多层次的教育合作与交流。以上这些条件使大连与日本的交流与合作具有得天独厚的优势（曹瑞林，2008）。这些优势为大连市的对日软件服务外包服务产业的健康、持续发展提供了良好的条件和保证。

在大连的软件服务外包产业发展的过程中，大连市政府提出了中日软件产业合作战略门户和中国软件信息服务外包中心的发展目标。大连市积极开拓日本市场，将大量的日本 IT 企业和日本的服务外包业务吸引到了大连市，许多优秀专业人才也随之来到了大连。在大连的软件出口和服务外包业务中，对日本的软件出口和外包业务已经成为大连软件产业的一大特色。对日软件出口额一直占全市软件服务外包出口总额的 80％以上（曹瑞林，2008）。目前，大连不仅已成为中日经济合作的重要城市，而且也是中日文化教育交流最紧密的城市之一。大连与日本的互惠双赢的友好交流与合作不仅对大连和日本的经济发展，同时也对中日两国关系和东北亚区域的经济繁荣起到了积极促进作用。

第二，大力推进人才优先的产业发展模式。人才是发展软件服务外包业的核心要素。大连在全国率先创办软件学院，目前，全市共成立 5 所软件学院，其中大连理工大学软件学院和东软信息学院分别是全国规模最大的示范性软件学院和独立软件学院，大连 22 所高等院校的软件相关专业在校生已达 5 万人。与此同时，大连活跃着 100 余家软件人才社会培训机构，年培训近 1 万人次（邢智毅和李辉，2008）。

第三，根据产业发展不同阶段适时更新发展战略。在 2000 年以前，以中小企业培养和孵化为主，大连市政府通过鼓励中小企业技术创新和市场开拓为开展软件服务外包积累了资本。从 2000 年至今，在创建大连软件产业国际化示范城市的 863 专项课题的研究成果的指导下，大连软件产业确立了国际化发展战略，并以大连软件园为核心基地，在国内率先提出建设"中日软件产业合作战略门户"的目标，大量引进日资企业，推动对日出口，并吸引以开展对日业务为主的跨国公司，获得显著成果。目前，大连市软件产业发展进入第三阶段，以旅顺南路软件产业带大连软件园二期工程的正式启动为标志，用 3～5 年的时间，以建设"北亚软件及信息服务中心"为发展定位，使大连成为面向日本、韩国等北亚地区，并辐射北美等其他相关地区，以软件开发和信息服务为主要业务内容，以外包为主要业务形式，富有特色的国际软件名城。大连在国内率先提出建设软件服务外包产业信誉体系，大力加强知识产权保护、质量认证、信息安全保护，被国家版权局授予全国第一个软件版权保护示范城市；在全国率先启动了个人信息保护评价工作，制定的管理规范被批准为省地方标准，与国际专业机构实现互相认可。

第四，高度重视载体及配套设施建设，营造良好环境。大连市建设了大连软件园、双 D 港、高新区七贤岭产业基地和甘井子服务外包产业园。作为服务外包企业集聚区的大连软件园目前已累计完成投资 55 亿元，建成产业、教育、配套设施 110 万平方米，形成了一个集工作、生活、商务于一体的国际化软件社区，吸引了包括 33 家世界 500 强企业在内的 354 家软件和信息服务外包企业入驻（郑晓荣，2007）。在软环境建设方面，积极贯彻落实国家扶持发展高新技术产业和发展各项税收优惠的政策，对国家规划布局内重点软件出口企业免征所得税，对软件和信息服务出口所需专业设备准予 5 年内 100％折旧，对软件和信息服务出口免征关税，对软件和信息服务出口所需进口设备或软件产品免征关税。同时，在知识产权保护、专业人才引进、信息认证、企业融资等方面，对软件和信息服务业发展进行鼓励和扶持。在外包企业集聚的大连软件园，专门设立了"一站式"审批中心、企业服务中心、人才服务中心等机构，为企业发展创造良好的环境。

5. "大连模式"的发展方向

经历十几年的发展，大连对日软件服务外包模式逐渐成熟，日本企业的发包控制管理能力大大提高，大连企业接包经验更加丰富，提升了外包项目的成功率。项目从发包到运用实现了流程化，并培养了大批熟悉两国文化及商业习惯的人才。从整体上看，大连已经形成了对日软件服务外包的明显优势，并与国内其他软件服务外包城市形成了错位竞争的格局。立足未来，发展大连软件服务外包产业，要重点关注以下两方面的问题。

第一，要进一步深化对日软件服务外包。首先，进一步加强文化理解与沟通。在大连的改革开放和振兴发展的过程中，日本企业来大连投资不仅把先进的技术和管理经验带到了大连，同时也将日本的文化带到了大连。中方人士在直接参与同日本的合作与交流过程中，大都会对中日文化的相同之处产生共鸣，同时也会感受到中日文化的不同之处。为了达到双方愉快合作和深入交流的目的，或者是顺利开展工作的目的，我们都需要进一步加深对中日文化之异同点的理解。只有深入理解才能达到高层次、深入交流的目的，才能实现双赢。在大连市发展对日软件服务外包产业的过程中也同样如此。其次，要加强企业的信息安全意识。日本十分重视保护信息安全，2003 年 5 月 30 日出台了个人情报保护法。外包存在着信息安全泄漏的风险，很多 IT 企业的最终用户对于外包持谨慎态度或者在软件测试阶段不提供真实的测试数据，而是由中方企业自己造出数据。从 2005 年开始，大连市积极推进中国信息安全保护工作，采用与日本信息安全认证 P-Mark 同等的标准，推行个人信息保护评价（personal information protection assessment，PIPA），并于 2008 年 6 月与日本的 P-Mark 认证体系互认（曹瑞林，2008）。这要求企业要更加重视信息安全的保护，否则将对业务产生负面影响。

第二，要进一步拓展欧美软件服务外包市场。由于目前大连软件服务外包产业仍然多以附加值低的编码测试业务为主，靠低成本吸引客户。伴随中国经济的高速发展，人力资源成本快速攀升，中国较越南、菲律宾等国家已逐渐失去了成本优势，开始向产业链上游发展，开展设计、咨询等业务可视为其中的一条出路。大连市提出"一个中心、四大基地"的发展思路后，在四大基地之一的电子信息产业和软件基地的建设中，实施服务外包产业国际化战略和城市整体品牌战略，深化对日软件出口，拓展欧美软件服务外包的发展，大力加强业务流程外包、信息技术外包、知识流程外包，以及嵌入式软件、自主产权软件产品的开发及应用，加强数字内容产业和 IT 人才教育与培训，把大连建成中国服务外包的人才培养基地和东北亚服务外包中心，并培育 50 个"大连研发"的知名软件品牌。通过制定服务外包企业和软件人才引进方面的优惠政策，建设全球软件服务外包的领军城市。

三、软件服务外包产业模式选择的因素

无论一个国家发展软件服务外包产业的主导是政府还是市场，总要面临着是发展以创新能力为主，还是以面向应用需求为主；是面向国内市场，还是发展产业的国际化等重大选择。而软件服务外包模式的选择是在综合考量软件产业发展的约束条件——经济发展水平、区位优势因素、服务业成熟度、文化沟通能力、企业基础条件和产业政策支持等作出的择优选择。如何选择一个能充分发挥国家的比较优势，并且最终形成国家特色的发展模式，对政府决策而言是最为关键的。

（一）经济发展水平

一个国家的经济发展水平会影响其软件服务外包产业的发展模式。一方面，在不同的经济发展阶段，各种生产要素的相对稀缺程度不同，经济体的比较优势也不同。爱尔兰和印度就是发挥了本国的生产成本优势，以承接软件产品和服务外包为突破口带动出口增长。另一方面，在不同的经济发展阶段，经济体内部分工与专业化程度不同，最典型的对比就是美国和爱尔兰。美国主要的竞争优势在于软件的核心技术研发领域，并居于软件产业价值链的最高端；而爱尔兰只是实现美国软件产品的"欧洲化"，是美国的雇工和辅助者，根本没有真正进入价值链。

（二）区位优势因素

良好的区位优势能够为一个国家或地区的服务外包产业发展提供良好的前提条件。在服务外包产业最初兴起阶段，软件服务外包只是处于整个 IT 价值链的最低端，接包商也处于附属型地位，只承担软件编码与系统维护等简单的劳动密集型工作。在这一阶段，软件服务外包产业对承接国劳动力的专业素质水平要求不高，反而需要一些便于沟通又易于管理的廉价劳动力。印度、墨西哥等国家都是基于这种路径在软件服务外包行业获得了最初的发展。通过区位优

势赢得软件服务外包产业的发展的一个有效例证是建立科技园区。通过科技园区在税收、土地出让价格和用地规划等方面的特殊优惠，各国软件企业能够得到很大的发展，从而培养出一批知名服务外包企业（董伟，2011）。

（三）服务业成熟度

钻石模型理论表明，一个国家或地区的某一产业要想在国际上获得持久的竞争优势，必须具备有竞争力的相关产业。一个产业的上下游产业及相关产业的密集高速发展，有助于实现产业内高度分工协作，提高产业效率。同时由于周边产业资源丰富，可以使该产业有足够的力量进行技术开发（董伟，2011）。与软件服务外包联系最为密切的上游产业就是服务业。目前服务外包业发展最迅速的三个国家和地区——印度、墨西哥和东欧地区，其服务业在三大产业中所占的比重都上升到50%左右（董伟，2011）。以后起之秀墨西哥为例，其第三产业已经在其GDP中占有绝对优势，其服务业从业人数已经占到全国人口的60%，与发达国家的服务业发展程度很接近。墨西哥在服务业上的相对优势，使该国在软件服务外包方面所需的服务部门和服务结构非常成熟，因此成为北美的外包中心（董伟，2011）。相比之下，虽然我国的三次产业结构经过努力调整正日趋合理化，但第三产业的发展还远远不够，这在一定程度上阻碍了我国软件服务外包产业的发展，使其一直处于价值链低端。具体而言，无论在软件产业离岸外包的质量还是数量上，我国都与印度、爱尔兰等发展较快的国家具有一定的差距。

（四）文化沟通能力

文化沟通能力是影响软件服务外包产业发展的重要因素。欧洲市场上最大的承接国爱尔兰，就因其语言优势而获得了巨大的竞争优势。爱尔兰以英语为官方语言，可以将美国软件公司的产品欧版化，爱尔兰因此成为美国公司进入欧盟市场的门户。在东欧国家，语言沟通能力也对软件服务外包的快速发展起到了巨大作用。一个在正常环境下长大的东欧国家劳动力平均会说3~4种语言，其中包括母语、英语及另外一种或多种欧洲国家语言（董伟，2011）。这种天然的语言禀赋为东欧国家软件服务外包产业的发展提供了坚实的基础，同时也吸引了大量欧美发包公司。虽然我国IT人才培养速度也远超过发达国家及同类竞争对手，仅每年培养的软件工程师就达160万人，是印度的4.6倍，是英国的109倍（董伟，2011），但是，在我国IT技术人才中，缺乏大量以英语为母语的专业技术人才和具有国际视野、经验丰富的高级项目经理人才。这在一定程度上阻碍了我国软件企业进军欧美外包市场，也大大制约了我国软件服务外包产业的竞争力的提升。

（五）企业基础条件

无论经济发展处于何种水平，软件产业发展最终都以企业为主体。企业基础状况在两个方面影响软件服务外包模式的选择。一方面，企业的规模和财务能力是一个企业在国际市场中形成竞争力的关键因素之一。印度三个最大的软件公司的市值就超过了中国软件百强企业市值的总和。以印度 Infosys 为例，目前其市值已达到 80 亿美元，员工达几万人（董伟，2011）。显然，如此巨大的企业规模对该企业在国际市场中竞争力的形成有着不可忽视的作用。另一方面，由于软件产品本身具有用户锁定的特性，掌握核心技术和开发平台的上游企业具有对最终用户非常强的控制能力，因而能牢固掌握价值增值的最高环节。而下游的设计和生产企业对最终用户没有控制能力，主要竞争优势集中于以较低的人力成本来承担标准化程度较高、而价值增值程度较低的低端环节（孙毅，2007）。相比之下，我国多数软件企业规模较小，很多企业尚处于作坊式经营阶段，资金和技术都很匮乏，无法跟上软件技术发展的潮流。

（六）产业政策支持

国家产业政策具有强制性和诱导性，它可以诱导某些产业的发展，也可以限制某些产业的发展。产业经济政策除了直接作用于各个产业外，还可通过波及效果间接地影响产业的变化。此外，产业政策还可能保护和延缓某些产业的衰退。发展中国家发展软件产业，政府必须制定相应的软件政策，否则软件产业不可能快速发展甚至可能导致失败（孙毅，2007）。中国社会科学院发布的《服务外包蓝皮书》认为，通过政府有形之手的努力，我国的服务外包的竞争力将得以提升。"在服务外包业中，政府的行为对产业竞争优势的形成起着巨大的推动作用。政府可以通过加强基础设施的建设，为产业发展提供良好的基础条件；可以通过制定优惠政策来吸引投资，制定教育政策来培养教育人才；可以通过完善法律法规，维护公平、合法竞争；可以健全各类市场，形成开放式的经营环境。在市场经济制度不够完善、市场主体不够成熟的发展中国家，政府对产业发展的作用更不容忽视。"（董伟，2011）因此，软件服务外包产业的快速发展离不开政府的引导和政策支持。印度软件服务外包产业的迅猛发展就充分证明了这一点。自 20 世纪 80 年代以来，历届印度政府都制定了对软件服务外包产业的扶持政策和措施，这些措施涵盖了税收奖励、关税特许、放宽许可、银行贷款、风险投资和基础建设等方面。现阶段我国一些地方政府在支持软件服务外包产业发展上还存在潜力，应积极发挥政府的这种作用。

第三节　软件服务外包产业研究的主要理论基础

一、委托代理理论

委托代理理论是制度经济学契约理论的主要内容之一。委托代理理论主要研究的委托代理关系是指一个或多个行为主体根据一种明示或隐含的契约，指定雇佣另一些行为主体为其服务，同时授予后者一定的决策权利，并根据后者提供的服务数量和质量对其支付相应的报酬。在代理关系的选择中，是选择行为契约还是结构契约取决于代理费用外包，就是在产品（服务）的供需双方之间建立起行之有效的措施，其实质是企业和服务商之间的一种委托代理关系。双方存在信息不对称和信息扭曲的问题，加之市场及宏观环境的不确定性，导致企业在实施外包过程中存在种种风险，对企业信息技术资源外包的风险进行研究，可以指导企业正确实施外包。

在 IT 外包中，代理方与委托方的目标存在诸多不一致，代理成本是委托方进行外包决策分析所要考虑的重要方面。由于 IT 外包的复杂性，许多学者试图从委托代理理论来构建 IT 外包的决策模型（吴国新和高长春，2008）。例如，Eisenhardt（1988）认为，在代理关系的选择中，是选择行为契约（如层级干预、内包）还是结构契约（如市场干预、外包）取决于代理费用。Kern 等（2002）则认为外包就是在产品/服务的供需双方（代理人与委托人）之间建立起最为有效的合同安排方式。

二、博弈论

博弈论正式诞生于 1928 年，经济学家冯·诺依曼率先证明了博弈论的基本原理。博弈是指个人团队或其他组织，面对一定的环境条件，在一定的规则约束下，依靠所掌握的信息，同时或先后，一次或多次，从各自允许选择的行为或策略中进行选择并加以实施，并从中各自取得相应结果或收益的过程（刘国红，2010）。一个完整的博弈过程由五个方面的内容构成：博弈的参加者，即博弈过程中独立决策，独立承担后果的个人和组织；博弈信息，即博弈者所掌握的对选择策略有帮助的情报资料；博弈方可选择的全部行为或策略的集合；博弈的次序，即博弈参加者做出策略选择的先后顺序；博弈方的收益，即各博弈方作出决策选择后的所得和所失，博弈论就是系统在各博弈方具有充分或有限理性和能力的条件下，合理的策略选择和合理选择策略时博弈的结果。

企业与外包服务商是否建立合作伙伴关系，从本质上看，是两者之间就博弈问题合作时发包方和接包方均存在利己主义的动机，但在长期的博弈中，必将从竞争、对立走向合作，双方都希望采取合作的姿态相互协调，以达到帕雷托最优状态。建立长期合作关系是个非常复杂的问题，涉及诸多方面的因素，双方是否建立合作关系，可演变成双方的双向选择博弈。

三、资源能力理论

资源基础理论是从资源、能力、竞争优势和持续竞争优势之间的关系出发，考查企业战略。从资源基础论的观点来看，软件服务外包作为一种战略决策有助于缩小 IT 战略与 IT 资源之间的差距。战略与能力之间的匹配是一个动态的过程，因而软件服务外包的这种填补过程也是一个动态的过程。进入 20 世纪 90 年代以来，关于企业竞争力的研究开始逐渐转移到企业核心竞争能力领域，因为从长远考察，企业竞争优势来源于以比竞争对手更低的成本，更快的速度去发展自身的能力。由于任何企业所拥有的资源都是有限的，它不可能在所有的业务领域都获得竞争优势，因而必须将有限的资源集中在核心业务上，而把非核心业务外包出去。通过外包，还可以充分利用外部承包商的投资、革新和研究等专业能力，可以降低风险、缩短流通时间、减少投资额，并对顾客需求做出更快速的反应，从而进一步提高企业的核心能力。

四、钻石模型理论

钻石模型是由迈克尔·波特提出的。迈克尔·波特在《国家竞争优势》中提出的国家竞争优势，是指一个国家使其公司或产业在一定的领域创造和保持竞争优势的能力。对于企业的竞争优势，波特指出，企业可以将自己的竞争优势建立在两个不同的层次上。低层次的竞争优势是一种"低成本竞争优势"，而高层次的竞争优势则是一种"产品差异型竞争优势"。产品差异型竞争优势之所以被称为高层次的竞争优势有以下几点原因：①成功的差异型竞争优势通常能够为企业带来更高的收益，因而代表更高的生产力水平；②与低成本竞争优势相比，差异型竞争优势更难被竞争对手模仿，更有可能长期保持下去（波特，2002）。

为了创造高层次的竞争优势，企业唯一的选择就是进行持续的投资和创新。

一个有利于企业的持续投资和创新的环境对企业创造高层次竞争优势来说是至关重要的。在国家竞争优势理论中，波特提出了"钻石模型"，如图 1-2 所示。波特认为，决定一个国家的某种产业竞争力的关键因素主要有以下四个：①生产要素。包括区位环境、综合经济水平、人力及科技资源与城市基础设施等。②需求条件。主要是本国市场的需求。③相关产业和支持产业。主要指该产业的上游和下游产业及相关产业是否具有国际竞争力。④企业的战略、组织结构及同业竞争。除四大关键因素外还存在两个重要的外在影响因素：机遇和政府。机遇是指企业能否借助偶发事件，如世界或区域需求的剧烈波动、政府的突发政策变化、战争等，形成和提升产业竞争力。政府在提高产业的竞争力中所起的作用实际上是通过政府政策影响四个关键因素来实现的。钻石模型中各个要素相互依赖、相互作用，彼此互动形成动态的竞争模式。

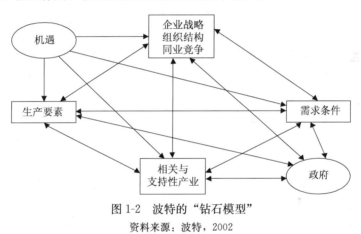

图 1-2 波特的"钻石模型"

资料来源：波特，2002

五、产业梯度理论

产业梯度转移，即产业区域转移，是以企业为主导的经济活动，是资源供给或产品需求条件发生变化后，某些产业从某一国家或地区转移到另一国家或地区的经济行为和过程。产业梯度转移理论源于弗农提出的工业生产的产品生命周期理论。产品生命周期理论认为，工业各部门及各种工业产品，都处于生命周期的不同发展阶段，即经历创新、发展、成熟、衰退四个阶段。此后威尔斯和赫希哲等对该理论进行了验证，并作了充实和发展。区域经济学家将这一理论引入到区域经济学中，便产生了区域经济发展的梯度转移理论。

产业梯度转移可分为国家产业梯度转移和区域内的产业梯度转移。对某地区而言，包括外区域的产业梯度转移和本地产业梯度转移到其他地区两个动态过程。在我国，"梯度转移"表现为随着先富起来的东部地区的经济结构升级，某些劳动密集的、消耗大量自然资源的、生产传统产品的产业（如制造业）转移到中、西部，甚至是按梯级顺序先转移到中部，再转移到西部。

"雁行模式"理论是产业梯度转移理论的具体应用及发展。"雁行模式"的提法起源于日本经济学家赤松要的"雁行产业发展形态论"。在这一理论模式中，赤松要认为，日本的产业发展实际上经历了进口、进口替代、出口、重新进口四个阶段，因为这四个阶段呈倒V形，在图表上酷似依次展飞的大雁故得此名（杨丽琳，2010）。

自20世纪80年代以来，日本经济学家小岛清等引用赤松要的"雁行产业发展形态论"，将第二次世界大战后东亚地区国际分工体系和经济发展过程也喻为一种"雁行形态"或"雁行模式"。即第二次世界大战后率先实现工业化的日本依次把成熟的或者具有潜在比较劣势的产业转移到"亚洲四小龙"国家和地区，后者又将其成熟的产业依次转移到东盟诸国（泰国、马来西亚、菲律宾、印度尼西亚等）。20世纪80年代初，中国东部沿海地区也开始参与东亚国际分工体系，勾勒出一幅以日本为"领头雁"的东亚经济发展的雁行图景，在他们之间形成了技术密集与高附加值产业—资本技术密集产业—劳动密集型产业的阶梯式产业分工体系（杨丽琳，2010）。

六、价值链理论

美国哈佛大学教授迈克尔·波特于1985年提出了价值链理论。波特认为每一个企业都是用来进行设计、生产、营销、交货，以及对产品起辅助作用的各种活动的集合。以价值链表示的价值活动可以分为两大类：基本活动和辅助活动。基本活动涉及产品的物质创造及其销售、转移给买方和售后服务的各种活动。辅助活动是辅助基本活动并通过提供外购投入、技术、人力资源及各种公司范围的职能以相互支持的活动（波特，2005）。企业要想使这个价值系统的价值或利润最大化，理所当然要采取的策略就是进行外包。企业根据自身的特点，专门从事某一领域、某一专门业务，使本企业更专注于自己的核心竞争能力，可以把那些影响整个价值体系和价值增值的环节拿出来，交由外部效率更高、成本更低或质量更好的擅长此类业务的企业来完成，与其他企业形成密切的合作关系，为满足顾客目标共同努力。软件作为一种知识和智力密集的精神产品，其价值来源是人类的知识劳动，是软件编程人员和软件企业管理人员创新劳动的结果。软件价值是通过软件产业价值链创造、传递和实现的。根据软件工程学对于软件产品生命周期阶段的划分，可以构建出完整的软件产业价值链，如图 1-3 所示（刘毅和何炼成，2005）。

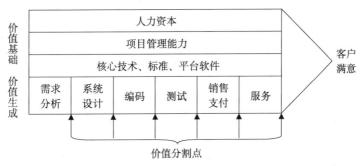

图 1-3　软件产业价值链的构成

资料来源：刘毅和何炼成，2005

在软件产业价值链中，位于高端的是需求分析环节。该环节往往要求软件企业具有高素质的人才和较高的企业管理能力，并且高度参与软件的开发，因此所获得的利润回报也相应较高。位于中端的是设计环节，该环节对企业人员素质、管理能力及参与程度的要求较前者低。位于低端的是编码、测试、交付和维护运营环节，该环节对人员素质、企业技术水平及参与程度的要求不高，因此所获得的利润也不高（刘毅和何炼成，2005）。

软件服务外包可以发生在价值链的任何层次。根据技术要求不同，可以将软件服务外包分为三个外包梯度。第一梯度是高端整体外包，该梯度外包工作的核心是参与客户的需求分析过程，工作内容以需求分析和系统设计为主。在软件服务外包中，该梯度的外包主要体现在软件的技术研发方面，技术含量最高。第二梯度是中端阶段外包，该梯度外包的核心是只参与系统设计活动，包括概要设计、详细设计和软件产品的编码等。该梯度外包侧重于对标准化（并常常是劳动力密集型）或成熟（有限附加值）产品的生产，常常收到规模经济回报。第三梯度是低端功能模块外包，该梯度不参与需求分析和系统设计，仅负责某个子模块的编程，或将设计结果转换为可执行的程序代码，或者从事套装软件的本地化和产品测试环节。该阶段的外包重点是劳动密集型任务，需要的是受教育的、有技能的低工资劳动力。

软件产业价值链与软件服务外包的发展阶段也是相对应的。从发展阶段看，软件服务外包分为信息技术外包、业务流程外包和知识流程外包。信息技术外包和业务流程外包都是基于 IT 技术的服务外包，信息技术外包强调技术，涉及成本和服务；业务流程外包关注业务流程，解决的是相关业务的效果和运营的效益问题；知识流程外包是位于价值链高端的知识创新和研发环节的外包。知识流程外包随着近年来知识经济的发展而迅速崛起。从信息技术外包—业务流程外包—知识流程外包的发展路径来看，其业务流程越来越复杂，整合程度不断提高，对专业能力、创新能力的要求也越来越高，为承接服务外包企业带来的附加值也不断增加，形成一个从低级向高级发展的过程，体现了软件服务外包的三个发展阶段。

第二章
我国软件服务外包产业发展的动因分析

第一节　我国软件服务外包中发包方、承接方和政府的利益分析

随着20世纪70年代各国服务业的迅速发展，进入20世纪90年代以后，跨国公司开始新一轮的全球产业调整，产业转移由以前的制造业提升到信息产业，其中，软件服务外包成为软件产业发展的新趋势。随着世界服务外包产业的发展，中国离岸外包的市场规模也不断扩大，其中，日本是我国承接离岸外包业务的主要国家，而北京和大连是我国承接对日软件服务外包的主要城市，两个城市承接的对日软件服务外包业务接近日本在中国的软件服务外包业务中的一半。特别是占据地理优势的大连，对日软件服务外包业务在大连市软件服务外包总量中占据较大份额，这不仅是大连软件产业最早承接的国际软件服务外包业务，也对整个大连市软件服务外包的影响最大。

在我国软件服务外包的业务合作中，发包方、承接方和政府都从中获得了巨大的收益。

一、降低成本，提升发包方的核心竞争力

对软件服务外包的发包方来说，随着企业分工日益深化，要想在不扩大企业规模的情况下，提升企业的核心竞争力，则应该将其产业链中的非核心业务分包出去，通过选择低成本的地区进行非核心业务分包，一方面，发包方的成本可以得到大幅度降低；另一方面，发包方可以专注于发展自己的核心业务，从而促进企业不断发展，以企业发展带动本地区的产业发展，最终提升产业竞争力。

以对日软件服务外包为例，作为发包方，日本的软件企业进行服务外包的一个主要原因是希望通过服务外包降低成本。根据产业经济学理论，对发包方来说，如果不选择外包而自己生产，则需要付出内部生产成本，而如果选择外包，则产生外部生产成本，此外，发包方还需要付出交易成本。对软件服务外包来说，人力资源成本是生产成本的重要组成部分，而通常发包方会选择人力资源成本较小的承接方进行外包合作，这将大大降低外部生产成本。调查显示，在日本，一个有 2~4 年工作经验的程序员年薪平均在 3.5 万美元，在印度，同样水平的程序员年薪约 1 万美元，而在中国只有 5000 美元左右（黄庐进和康文娟，2008）。显然，把业务外包到中国可以大大节约生产成本。

企业是否选择服务外包还受交易成本影响。国际服务外包的交易成本主要包括三项：信息交流成本、商务旅行成本和风险成本（樊丽明和郭健，2010）。信息交流成本和商务旅行成本是指服务外包合作中技术和管理人员交流沟通而产生的额外成本。对软件服务外包来说，通常可采用现代网络通信及信息技术开发平台等手段来代替面对面的交流，这将大大降低这两项成本。同时，通过现代网络通信技术和信息平台，发包方可以更好地了解承接方的企业状况和承接能力，降低盲目性和不确定性，因此，也可以降低外包中的风险成本。

显然，通过选择生产成本较低的承接地和降低交易成本，作为发包方的企业选择软件服务外包可达到降低成本的目的。当发包方的生产成本大于承接方的生产成本和交易成本之和时，发包方会选择服务外包。

除了降低成本，软件企业进行业务外包的另一个原因是通过将企业的低附加值业务外包，来发展自己的核心业务。在中国承接的软件服务外包业务中，很多是编码、单体测试等技术含量较低的业务，通过将这些低附加值的业务外包，企业可以更好地专注于发展高附加值的业务，从而提升自己的核心竞争力。

二、提升承接方的技术水平和收益

我国的软件服务外包产业是知识和技术密集型产业，对承接方来说，其技术水平往往低于作为发包方的企业。发展软件服务外包，特别是离岸服务外包，可使我国承接服务外包业务的软件企业在同发包企业的合作中，通过知识溢出，促使自身的技术水平提升。就对日软件服务外包的业务发展来看，我国对日软件服务外包已从最初的信息技术外包，开始逐步转向价值链较高的业务流程外包，也促使 IT 服务外包，由最初的承担硬件产品支持服务，到软件开发、支持服务和 IT 运营服务等，通过 CMM 认证的企业也在不断增加。

除了提升承接方的业务水平，软件服务外包还给承接方带来了巨大的经济收益。从目前大连软件产业的收益来看，很多企业的服务外包收入已经占总收入的很大比重，按照目前的发展形势，这个比例还将继续增大。显然，对日软件服务外包给作为承接方的中国软件企业带来了巨大的经济收益。

三、促进产业结构升级，缓解就业压力

对承接方所在的地区来说，发展软件服务外包，有助于促进区域产业结构升级。作为服务业中的高技术产业，软件服务外包的发展，可以改变我国高投入、高耗能、低效益的产业发展状况，促使我国产业由资本密集型向技术密集型转变。此外，越来越多的企业开始发展离岸软件服务外包业务，在未来的发展中，这将占据软件服务外包业务越来越大的比例。这种发展趋势，将进一步增大我国的出口贸易，并将出口贸易由资本密集型的制造业出口，向技术密集型的软件服务外包出口转变。

软件服务外包产业的发展也为我国提供了更多的就业机会。就上海而言，截至 2011 年 5 月，上海软件业的从业人员已近 27 万人（殷正明，2011），根据对日软件服务外包业务占我国软件业务的比例可以推断，其中很多从业人员从事对日软件服务外包业务。而随着对日软件服务外包业务占软件产业业务比重的增加，其对人才的需求也将进一步增大，这将在一定程度上缓解我国的就业压力。

第二节　发包方与承接方的博弈分析

一、发包方与承接方博弈中的风险分析

软件服务外包的发包方和承接方在合作中存在多种风险，如决策风险、信息不对称风险和管理风险，其中，信息不对称风险对发包方和承接方的合作有重要影响。

对软件服务外包的发包方和承接方来说，两者之间存在委托代理关系，其中发包方是委托人，承接方是代理人。在发包方从选择承接方到和承接方合作的过程中，都存在信息不对称的风险。

在发包方选择承接方时，承接方可能为了获得发包方的接受而夸大自己的资质，从而获得承接软件服务外包业务的机会，而发包方由于信息有限，往往对承接方提供的信息不能完全识别，从而造成信息不对称风险。

在承接方完成软件服务外包业务时，由于发包方对成本的考虑，可能不会采取监督，而承接方为了控制成本，可能提供低质服务，而发包方对承接方完

成业务所付出的努力无法考量，即造成信息不对称风险。

因此在发包方和承接方的博弈过程中，作为信息不充分的发包方，应该通过一定的约束手段，在无法监控的条件下尽量保证自己的利益。软件服务外包的发包方和承接方在软件服务外包合作中对信息不对称风险的控制关系，可通过动态博弈进行分析。

二、发包方与承接方合作的博弈研究

（一）发包方和承接方的关系分析

基于委托代理理论可知，软件服务外包的发包方和承接方之间的合作关系是一种委托代理关系。其中发包方为委托人，承接方为代理人。在软件服务外包过程中，作为发包方的企业首先要制定合同，然后承接方决定是否接受，如果接受，承接方决定付出多大努力完成外包工作。在软件服务外包的过程中，发包方和承接方要作出的决定分别是确定报酬、是否接受合同和接受后的努力程度，而两者作出决策的标准，是要保证自己的利益达到最大。显然，这是一个三阶段动态博弈问题。就发包方来说，希望在尽可能少地付出的情况下，保证外包产品的质量尽可能好，质量越好，则带给发包方的收益越大。而对于承接方来说，其目标是最大化自己的期望收益，其期望收益等于所得报酬减去付出的成本。在所得报酬一定的情况下，付出的努力越少，其成本越小。显然，发包方和承接方的决策分别是要实现自己的期望效用的最大化，两者的利益存在矛盾冲突。

（二）发包方与承接方合作的博弈模型构建

1. 发包方与承接方的博弈过程分析

假定承接方和发包方的风险都是中性的，即其期望效益等于期望收益，下面对发包方和承接方的博弈过程进行分析。博弈的第一个阶段是由发包方来制定报酬合同。由于发包方无法获知承接方付出的努力程度的大小，因此，可考虑制定激励合同来约束承接方努力工作。通常，激励合同是将发包方付给承接方的报酬 P 分成两个部分，一部分是固定报酬 M，一部分是激励报酬 M'，激励报酬 M' 通常表示为发包方所获得收益 π 的线性函数。即

$$P = M + k\pi \qquad\qquad (2\text{-}1)$$

式中，π 和承接方的努力程度有关，随着努力程度 x 的增加，π 增大，此外，考虑到边际回报率递减，因此，可认为 π 是努力程度 x 的单调递增凹函数，即 $\pi'_x > 0$，$\pi''_x < 0$。

博弈的第二个阶段是由承接方决定是否接受外包业务。承接方将根据发包方制定的合同，选择接受或者不接受，承接方接受的条件是，其接受的收益不

低于不接受的机会成本 w_0。若承接方选择不接受，则博弈结束。

博弈的第三个阶段，即承接方选择接受，则承接方将根据自己的收益最大化来决定付出的努力的程度。

2. 发包方与承接方的收益分析

设发包方不与承接方合作，发包方的收益为 U_0，承接方的收益为 V_0，此时 U_0 代表发包方自己完成要外包的业务所获得的收益，V_0 代表承接方的机会成本。

设发包方和承接方合作，则发包方最终的收益等于外包产品的收益减去付给承接方的报酬，即

$$U = \pi(x) - M - k\pi(x) \qquad (2-2)$$

式中，U 代表发包方的最终收益，x 代表努力程度，$\pi(x)$ 代表外包产品给发包方带来的收益，M 代表发包方付给承接方的固定报酬，$k\pi(x)$ 为发包方根据承接方对外包业务的完成情况付给承接方的绩效报酬。

一般来说，当发包方选择软件服务外包时，即认为 $U > U_0$。

当承接方选择合作时，其收益等于得到的报酬减去付出的成本。承接方的收益可以表示为

$$V = M + k\pi(x) - c(x) \qquad (2-3)$$

式中，V 代表承接方的最终收益，$c(x)$ 代表承接方付出的努力的程度为 x 时的成本，考虑到软件服务外包业务为短期业务，其成本主要为支付业务参与者的费用，因此可视为努力程度的线性函数，且成本随努力程度的增大而增加，即 $c'_x > 0$。

根据上述分析，可得发包方和承接方的博弈过程，如图 2-1 所示。

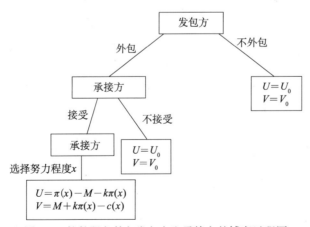

图 2-1　软件服务外包发包方和承接方的博弈过程图

(三) 发包方与承接方合作的博弈模型求解

根据上述分析，对软件服务外包发包方和承接方的博弈问题进行求解。因

为该博弈是动态博弈，所以采用逆向求解法。

首先考虑博弈的第三阶段，即承接方接受发包方报酬合同时，选择自己的努力水平。经分析可知，承接方选择的最优努力水平，是要使自己的收益达到最大。因此，有

$$\frac{\partial V}{\partial x} = 0 \tag{2-4}$$

将式（2-3）代入式（2-4）可得

$$k\pi'_x - c'_x = 0 \tag{2-5}$$

考虑博弈的第二阶段，如果承接方接受发包方的合同，则表明接受的收益将不小于不接受的机会成本，即

$$V \geqslant V_0 \tag{2-6}$$

考虑博弈的第一阶段，发包方要想外包成功，其指定合同时，应该在承接方接受的条件下，通过激励合同，使承接方努力工作，在制定合同的激励报酬时，应该在满足承接方接受并努力工作的条件下，使自己的收益达到最大。因此，发包方选择激励报酬中的最优系数 k 应满足：

$$\max_k \ U$$
$$s.t. \quad k\pi'_x - c'_x = 0 \tag{2-7}$$
$$V \geqslant V_0$$

将式（2-2）代入优化模型式（2-7），则可求出最优激励系数 k，根据式（2-5），易得承接方的最优努力水平。

从上述分析可以看出，发包方的收益与承接方的努力水平有直接关系，而承接方的最优努力水平同激励系数相关，在信息不对称的情况下，发包方要想让承接方自觉地努力工作，则应该通过制定激励报酬系数，来增加自己的收入。否则，发包方应该通过进行监督，来督促承接方努力工作。

发包方和承接方在软件服务外包中的博弈主要源于信息不对称。因此，要想使两者能够尽可能地协同合作，使双方的效益都达到最大，则应该从降低信息不对称、提高承接方努力工作的程度入手，完善软件服务外包的协同机制。这不仅需要发包方和承接方自身的努力，还需要政府的参与。

第三节　承接方与政府的博弈分析

印度和爱尔兰是软件服务外包发展较早的国家，该产业的迅速发展，使这些国家获得了巨大的经济利益。在这样的巨大经济效益的吸引下，很多国家纷

纷开始制定产业扶持政策，来促进该产业的发展。为了改变落后的产业结构，促进经济迅速发展，中国各级政府也纷纷出台各种产业扶持政策，以促进该产业的发展。

我国很多学者对政府对服务外包产业的优惠政策与产业发展的关系进行了研究。裴瑱（2007）的研究表明，从承接方角度来看，政府的宏观政策环境对服务外包产业发展起到了非常重要的作用。但是政府的政策扶持也有负面影响。孙晓琴等（2010）的研究认为，政府政策投入增加将促进服务外包出口的增加，但是，政府政策投入相对于服务外包出口的二次项系数为负，这说明政府投入与服务外包出口间呈倒 U 形关系，即政府政策投入是必要的，但也应该是适度的。

政府政策扶持的目的是促进软件服务外包产业的发展。政府投入资本加速互联网、通信设施建设，发展软件园区，对软件服务外包产业的发展具有很大的促进作用。很多地方政府为促进软件服务外包产业发展都设定了专项基金，以大连市为例，2008 年，在大连市政府出台的《关于加快软件服务外包产业发展的意见》中提出："市财政每年用于支持软件服务外包产业的资金都要有一定的增加。各区、市、县和先导区每年也要安排专项资金用于支持软件服务外包产业发展，并逐年增加资金额度。"

政府投入的最终目的是通过产业发展，促进地方经济发展，带动地方产业结构调整和升级，而产业发展的可持续性最终要取决于该产业的竞争力，而软件服务外包产业中的企业质量，对该产业的竞争力具有重要影响。为了促进软件服务外包企业的质量提升，政府应该加大对产业发展资金的监管力度，企业应该将获得的发展基金用到提升企业质量中，而非直接将其作为企业的利润。政府应该加大对专项资金的监管力度。

一、承接方与政府的博弈的基本假设

假设承接方和政府均为理性博弈方，P_1 表示政府，P_2 表示承接方。

假设对政府投资资金，P_1 有两种行为可以选择：监督和不监督；P_2 也有两种行为可以选择：用于企业质量提升和增加利润。

假设政府对企业的监督成本为 C，当企业将扶持资金投入企业的研发或基础设施建设中时，企业可提升自身质量，此时政府获得的效用为 U_1，企业获得的效用为 V_1。如果企业将扶持资金直接作为企业的利润，此时政府获得的效用为 U_2，企业获得的效用为 V_2。

对承接方来说，承接方所在企业选择将投资作为利润而不是用于企业建设，是因为其认为作为利润给其带来的效用要高于将扶持资金用于企业建设。因

此，有

$$V_2 > V_1 \tag{2-8}$$

当政府对企业的资金使用进行监督，发现企业没有将扶持资金用于提升企业的质量时，政府将对企业实施惩罚，企业需要向政府支付 M 单位的罚金。考虑到模型的合理性，罚金应大于政府的监督成本，即

$$M > C \tag{2-9}$$

下面在上述假定成立的条件下，对政府和企业的行为和对应的收益函数进行分析。

二、承接方与政府的博弈模型

根据上述分析，可建立承接方与政府博弈的支付矩阵，如表 2-1 所示。

表 2-1   承接方与政府博弈的支付矩阵

承接方＼政府	企业建设	利润
监督	$U_1 - C,\ V_1$	$U_2 - C + M,\ V_2 - M$
不监督	$U_1,\ V_1$	$U_2,\ V_2$

政府和承接方选择哪种行为，将由双方的博弈结果决定，下面对政府和承接方的博弈问题进行分析。

三、承接方与政府博弈的模型求解

考虑该问题的混合纳什均衡，设 x 为政府监督的概率，y 为承接方将资金用于企业建设的概率。

设政府的期望收益为 E_{P_1}，则有

$$E_{P_1}(\text{监督},\ y) = y(U_1 - C) + (1 - y)(U_2 - C + M) \tag{2-10}$$

$$E_{P_1}(\text{不监督},\ y) = yU_1 + (1 - y)U_2 \tag{2-11}$$

根据支付等值法，当政府监督和不监督的期望收益相同时，即

$$E_{P_1}(\text{监督},\ y) = E_{P_1}(\text{不监督},\ y) \tag{2-12}$$

将式（2-10）和式（2-11）代入式（2-12），可得

$$y(U_1 - C) + (1 - y)(U_2 - C + M) = yU_1 + (1 - y)U_2 \tag{2-13}$$

对式（2-13）进行整理，可得到承接方将资金用于企业建设的概率为

$$y = 1 - \frac{C}{M} \tag{2-14}$$

根据式（2-14）可知，当承接方将资金用于企业建设的概率大于 $1 - \dfrac{C}{M}$ 时，

此时政府选择的行为是监督；当承接方将资金用于企业建设的概率小于 $1-\dfrac{C}{M}$ 时，此时政府选择的行为是不监督。

　　下面对承接方的行为选择进行分析。设承接方的期望收益为 E_{P_2}，选择将资金用于企业建设的期望收益为

$$E_{P_2}(x，企业建设)=V_1 \tag{2-15}$$

$$E_{P_2}(x，利润)=x(V_2-M)+(1-x)V_2 \tag{2-16}$$

根据支付等值法，则有

$$E_{P_2}(x，企业建设)=E_{P_2}(x，利润) \tag{2-17}$$

将式（2-15）和式（2-16）代入式（2-17），则有

$$V_1=x(V_2-M)+(1-x)V_2 \tag{2-18}$$

对式（2-18）进行整理可得

$$x=\frac{V_2-V_1}{M} \tag{2-19}$$

　　上述分析表明，当政府监督的概率大于 $\dfrac{V_2-V_1}{M}$ 时，则承接方的最优行为是选择将扶持资金用于企业建设；当政府监督的概率小于 $\dfrac{V_2-V_1}{M}$ 时，则承接方的最优行为是选择将扶持资金作为企业利润，增加企业短期收益。

　　根据上述分析，可画出政府和承接方的混合策略纳什均衡曲线图，如图 2-2 所示。

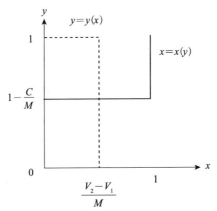

图 2-2　政府与承接方的混合策略纳什均衡

从图 2-2 可以看出，政府与承接方的混合策略纳什均衡点为

$$(x^*，y^*)=\left(\frac{V_2-V_1}{M}，1-\frac{C}{M}\right) \tag{2-20}$$

由式（2-20）可见，政府对承接方的惩罚力度越大，则承接方将政府扶持资

金用于企业建设的概率越大；政府监督的成本越高，承接方选择将扶持资金用于利润的概率越大；而当承接方选择将资金用于利润的收益与企业建设的收益差别越大时，政府的监督概率越大。

显然，当承接方选择不同行为的收益差别较大时，政府应该考虑进行监督，以保证扶持资金可以用于承接方的企业建设，最终促进软件服务外包产业的发展。为了让承接方尽可能自发地选择将资金用于企业建设，政府一方面应该降低自身的监督成本，另一方面，也可以增大惩罚力度，通过两方面的措施，来尽可能地保证政府扶持资金可以最终促进软件服务外包产业的发展。

第四节　软件服务外包中发包方、承接方、政府的协同机制研究

一、监督和评价机制

以对日软件服务外包为例，在软件服务外包过程中，为了保证项目进度和质量，项目的跟踪和监控通常由中方和日方的项目经理共同完成。虽然如此，但由于中国承担的对日软件服务外包业务是从日本的 NEC、NTT 等信息产业公司转包的，或来自其他日本客户的软件业务，在整个开发过程中，作为承接方的中方企业并不和软件最终使用的日方客户直接接触，而且由于地域、语言等方面的限制，中方和日方的沟通协作具有一定困难，且沟通多以文字沟通为主，这些将导致软件服务外包业务的信息不对称。信息不对称的后果是将导致在整个合作过程中，作为发包方的日本企业面临着不同的风险。为了规避风险，发包方可以建立监督和评价机制，来降低信息匮乏的风险，提升发包方和承接方的协同效用。

在监督机制方面，作为发包方的企业可在外包合作中注意以下几点：一是在定期检查承接方的进度时，注重提升沟通效率。在文字交流的基础上，通过网络会议等方式，增加沟通渠道，从项目经理之间的沟通，拓展到项目技术人员之间的沟通，从不同层面对其阶段成果的完成情况进行考核，督促承接方提高外包业务的质量。二是在控制监督成本的条件时，采用共同合作的方式，这样可保证对整个业务的全部过程有着较全面的监督。特别是针对初次合作的承接方，采用第二种监督方式，可以更好地保证业务的质量。

在评价机制方面，作为发包方的企业应该建立对承接方的考核体系。一是

在选择承接方的过程中，可根据价格、资质、信誉等多种因素进行考核，以避免低质承接方利用较低的价格获得合作机会，一方面，可避免承接方之间的非良性竞争，另一方面，也可避免选择不当，降低外包业务质量，影响发包方的收益。二是在产品考核方面，应该建立长期的考核体系。通过对产品的质量跟踪和客户投诉率，获得关于产品的质量更充分的信息，并以此作为是否和承接方建立长期合作关系的依据。

二、激励机制

激励机制一方面是经济利益激励，另一方面是非经济利益激励。对于承接方来说，经济利益激励是指通过实施奖惩措施，来达到促进承接方努力工作的目的。特别是对不能监督的软件服务外包业务，作为发包方的企业可通过设定激励报酬，将承接方的收入和其付出的努力程度挂钩，以此达到激励承接方努力工作的目的。或者通过业务数量激励，如果承接方按照发包方要求完成外包业务，并在后续一段时间内，通过对产品应用状况的跟踪，来对其服务质量进行考核，如果效果良好，则可同承接方继续签订外包合同，并以此来激励承接方。

非经济利益激励既包括承接方，又包括发包方，其主要表现为声誉等方面的激励。对承接方和发包方来说，这种激励是维护其同其他企业长期稳定合作的有效机制。对于承接方而言，按期保质地完成外包任务，才能使自己不断接到订单，保证企业的可持续发展。对发包方来说，按时支付承接方报酬，才能维持和承接方的长期合作，也可以在与承接方签订激励合同时，以自身的声誉作为讨价还价的依据，适当地降低固定支付比例，来降低自己因为信息不对称而面临的风险。通过激励机制的制定，来提升发包方和承接方的协同效率。

三、保障机制

保障机制主要是指通过政府的政策和法规体系的建设，来实现软件服务外包中对发包方和承接方的协同管理，促进软件服务外包产业的稳定发展。政府的保障机制可体现为以下三个方面。

第一是要建立政策扶持体系。政府通过政策引导和实施产业优惠政策，来促成发包方和承接方的合作。通过建设软件园和服务外包出口基地，并提供财税和人才优惠政策，促进企业和人才集聚，降低承接方和发包方的成本，促进我国软件服务外包产业的发展。在实施财税扶持政策时，政府要注意财政扶持的力度。现有研究表明，随着政府投入的增加，软件服务外包企业的创新能力可能会降低，因此，应该注意财政投入的使用，除了在企业建设初期，在企业发展后期，也应该鼓励其将财政投入应用到研发、壮大企业规模等促进企业竞争力提升的方面。政府扶持政策体系应以提升产业自身竞争力为导向，来促进产业的健康发展。

第二是要建立公共信息服务平台。在我国软件服务外包中，承接方和发包方的风险很大一部分源于信息不对称。政府可通过搭建公共信息平台，促进发包方和承接方对各自资质的了解，不仅可以降低发包方和承接方的信息不对称，实现降低风险的目的，也可以降低双方进行市场调查的成本。

第三是要完善我国软件服务外包的知识产权保护体系。就现有研究来看，中国的知识产权保护体系还很不完善。企业知识产权保护意识不强，知识产权保障体系不完善，是我国软件服务外包产业目前面临的问题。政府一方面应该从软件服务外包知识产权的特征出发，完善知识产权的界定方法；另一方面，应该提升企业知识产权保护意识，可借助政府的公共信息服务平台，公布企业的知识产权状况，并以此作为考量企业创新能力的标准。从以上几个方面出发，改善现有的知识产权保护状况，可避免发包方和承接方在合作中因技术溢出带来的风险，促进两者更好地合作。

基于以上三个方面的保障机制，充分发挥政府的协同作用，可以促进发包方和承接方的协同发展。

第三章
软件服务外包产业对承接国（地区）社会经济发展的贡献度分析

　　21世纪在全球信息化浪潮的背景下，软件服务外包产业作为一种"低污染、微能耗、高技术、高就业、高附加值"的智力密集型新兴产业，已成为各国政府尤其是发展中国家政府关注的焦点和推动一国（地区）经济快速增长的重要手段。然而，软件服务外包产业的发展是如何推动承接国（地区）经济发展的呢，对此学术界主要从服务外包的经济效应视角进行了研究，但已有研究对其作用机理的分析缺乏系统性，有待进一步研究。为此本章将进一步探讨软件服务外包产业对承接国（地区）经济发展的贡献问题。

　　在研究软件服务外包产业对承接国（地区）社会经济发展的促进作用之前，有必要简单探讨一下经济增长与经济发展的密切关系。众所周知，二者是两个不同的概念：经济增长在宏观经济学中一般被规定为产量的增加，在此，产量既可以表示为经济总产量（GDP总量），也可以表示为人均产量（人均GDP），可见，经济增长是一个"量"的概念；而经济发展则是一个"质"的概念，除包含经济增长外，还包含经济结构的变化（如产业结构的合理化和高度化、就业结构的改善、分配结构的变化、消费结构的改善和升级），社会结构的变化（如人口文化教育程度的提高、寿命的延长、婴儿死亡率的下降），环境的治理和改善等整个社会各个方面的总体进步。同时，二者又是有密切联系的：经济发展是经济增长的目的。离开经济发展这个目的而一味追求经济增长速度，会导致经济发展中的比例失调、经济大起大落和社会不公及社会剧烈动荡。经济增长是经济发展的基础，没有经济增长就不可能有经济发展，经济增长是推动经济发展的必要物质条件。因此，研究软件服务外包产业对承接国（地区）社会经济发展的促进作用首先要研究对其经济增长的作用，其前提是分析促进经济增长的因素，然后结合相关要素分析对承接国（地区）经济发展的作用机理。

第一节 经济增长的因素分析

一、要素投入视角下经济增长的主要因素

(一) 经济增长的源泉分析

宏观经济学通常借助于生产函数来研究经济增长的源泉。经济学家们认为，推动经济增长的因素主要是四个方面，即人力资源、自然资源、资本投入和技术进步。美国经济学家保罗·A. 萨缪尔森 (Paul A. Samuelson) 和威廉·D. 诺德豪斯 (William D. Nordhaus) 将这四个因素称为"经济增长的四个轮子"（萨缪尔森和诺德豪斯，1999）。由于自然资源的相对稳定性，大多数经济学家涉及的宏观生产函数在一般情况下并不考虑自然资源的投入，而只把经济中的产出与生产要素的投入和技术状况联系在一起。所以，宏观生产函数通常可以表示为

$$Y_t = A_t f(L_t, K_t) \tag{3-1}$$

式中，Y_t、L_t 和 K_t 顺次为 t 时期的总产出、投入的劳动量和投入的资本量，A_t 代表 t 时期的技术状况。依据上述关系，可以得到一个描述投入要素增长率、产出增长率与技术进步增长率之间关系的方程，称其为增长率的分解式，即

$$G_y = G_A + \alpha G_L + \beta G_K \tag{3-2}$$

式中，G_y 为产出的增长率，G_A 为技术进步增长率，G_L 和 G_K 分别为劳动和资本的增长率，α 和 β 为参数，它们分别是劳动和资本的产出弹性。

从增长率分解式 (3-2) 可知，产出的增加可以由三种力量（或因素）来解释，即劳动、资本和技术进步。换句话说，经济增长的源泉可被归结为劳动和资本的增长，以及技术的进步。

(二) 经济增长要素中技术的决定作用

美国经济学家爱德华·丹尼森 (Edward F. Denison) 把影响经济增长的因素归结为以下六个：①劳动；②资本存量；③资源配置状况；④规模经济；⑤知识进展；⑥影响单位投入产出量的其他因素。他认为在这六个因素中，知识进展是发达资本主义国家最重要的经济增长因素。他认为，技术进步对经济增长的贡献是明显的，但是只把生产率的增长看成是大部分采用新技术知识的结果是错误的。他同时也强调管理知识的重要性，即技术知识和管理知识进步

的重要性是相同的，不能只重视前者而忽视后者（高鸿业，2010）。由此可见，尽管丹尼森把技术知识和管理知识对经济增长的贡献看得同等重要，但是与劳动和资本相比，技术知识的作用更大。

此外，考虑技术进步的新古典增长模型也表明，技术进步会引起一国人均产出的持续增长，一旦经济处于稳定状态，人均产出的增长只取决于技术进步的比率。或者说，根据新古典增长理论，只有技术进步才能解释人们生活水平（即人均产出）的长期上升。

综上所述，在促进一国（地区）经济增长的诸要素中，技术进步起着决定性的作用。

二、支出核算法视角下经济增长的主要因素

用支出法核算一国（地区）GDP，就是从产品的使用出发，把一年内购买的各项最终产品的支出加总而计算出的该年内生产的最终产品的市场价值。

在现实生活中，产品和劳务的最后使用，主要是居民消费、企业投资、政府购买和净出口。因此，用支出法核算 GDP，就是核算一个国家或地区在一定时期内居民消费、企业投资、政府购买和净出口这几方面支出的总和。

（1）居民消费（用字母 C 表示），包括购买冰箱、彩电、洗衣机、小汽车等耐用消费品的支出，服装、食品等非耐用消费品的支出，以及用于医疗保健、旅游、理发等劳务的支出。

（2）企业投资（用字母 I 表示），是指增加或更新资本资产（包括厂房、机器设备、住宅及存货）的支出。投资包括固定资产投资和存货投资两大类。固定资产投资指新造厂房、购买新设备、建筑新住宅的投资。存货投资是企业掌握的存货（或称为库存）的增加或减少。从国民经济统计的角度看，生产出来但没有卖出去的产品只能作为企业的存货投资处理，这样从生产角度统计的 GDP 和从支出角度统计的 GDP 相一致。计入 GDP 中的投资是指总投资，即重置投资与净投资之和，重置投资也就是折旧。

（3）政府购买（用字母 G 来表示），是指各级政府购买物品和劳务的支出，它包括政府购买军火、军队和警察的服务、政府机关办公用品与办公设施，建设诸如道路等公共工程，开办学校等方面的支出。政府支付给政府雇员的工资也属于政府购买。政府购买是一种实质性的支出，表现出商品、劳务与货币的双向运动，直接形成社会需求，成为 GDP 的组成部分。

（4）净出口（用 $X-M$ 表示，其中 X 表示出口，M 表示进口）是指进出口的差额。进口应从本国总购买中减去，因为进口表示收入流到国外，同时，也不是用于购买本国产品的支出；出口则应加进本国总购买量之中，因为出口表

示收入从外国流入，是用于购买本国产品的支出，因此，净出口应计入总支出。净出口可能是正值，也可能是负值。

把上述四个项目加起来，就是用支出法计算 GDP 的公式，即

$$GDP = C + I + G + (X - M) \tag{3-3}$$

从式（3-3）可知，虽然该式是核算一国（地区）GDP 的一种方法，但是我们还可以从另一个角度认为，消费、投资、政府购买及净出口是推动一国（地区）经济增长的几项重要因素。尤其是消费、投资和出口被经济学界称为拉动一国（地区）经济增长的"三驾马车"（夏喜全，2008），可见这三大要素对促进一国（地区）经济增长的重要作用。因此，世界各国（地区）常常通过各种政策措施来鼓励居民消费、刺激企业投资和增加政府支出，以及扩大出口等来促进其经济增长。综上所述，我们完全可以将消费、投资、政府购买和出口看做促进一国（地区）经济增长的重要因素。

第二节　软件服务外包产业驱动承接国（地区）经济发展的作用机理

一、软件企业成长与经济发展

（一）软件服务外包与软件企业成长

1. 技术进步可以促进软件服务外包企业成长

（1）软件服务外包与软件企业技术进步。软件服务外包能够提升承接国（地区）的技术水平，产生技术外溢效应。软件知识不同于资本和劳动要素，它具有自然的外部性，在与生产过程结合的过程中容易产生扩散和对外传播，这成为溢出效应产生的根本原因。在软件服务外包产业中，随着外包服务经验的积累，承接国（地区）软件服务外包企业能潜在地获取客户方的业务领域知识和软件开发技能，并以较低成本分享和使用，从中获取的收益就是溢出收益。软件服务外包业务中的技术溢出使得承接国（地区）软件企业在完成外包业务的同时能够得到技术进步。

软件服务外包承接国（地区）软件企业获得技术外溢效应的途径主要来自以下三个方面。

一是外包培训。在离岸软件服务外包中，跨国外包企业为满足自身的技术标准、管理与质量要求，通常要对承接国（地区）软件企业进行知识培训。这

种培训能够直接提高承接国（地区）企业人员的技术素质、管理素质，这样可以为承接国（地区）产业发展缔造一支高素质的人才队伍。

二是"干中学"。软件服务外包承接国（地区）企业在承接外包企业和外包业务中通过不断学习，可以加速吸收、掌握先进技术，获取自主创新能力。

三是人才流动。承接离岸软件服务外包中的人才流动是产生技术外溢的重要途径。一方面，承接国（地区）企业为了承接离岸软件服务外包业务，大都聘用部分国外技术人员和管理人员，使承接国（地区）企业技术管理水平得到提升；另一方面，在跨国外包企业工作过的人员，一旦到承接国（地区）软件企业就职或自己创办软件企业，他们在跨国外包企业中学到的技术、管理、营销知识就会扩散到承接国（地区）的软件企业。

总之，软件服务外包承接国（地区）软件企业主要通过外包培训、"干中学"和人才流动等获得技术外溢效应，使得承接国（地区）软件企业在完成外包业务的同时能够得到技术进步。

（2）技术进步对承接国（地区）软件服务外包企业成长的决定作用。宏观经济增长理论认为，决定经济增长的三大因素是技术进步、资本形成和劳动投入。而根据新古典增长理论，在这三大因素中，只有技术进步才能解释生活水平（即人均产出）的长期持续增长。同样，软件企业成长因素必然包含这三大因素，其中技术进步的作用同样举足轻重。国内学者原毅军教授将软件企业成长的要素归结为企业能力、企业资源和市场规模三要素。同时，他还特别强调了技术在企业成长中的特殊作用。原毅军（2009）指出："软件企业成长要素的层次和水平与技术密切相关，受到技术条件的制约。不同的技术水平意味着企业具备不同的成长能力。技术水平较高，企业利用资源创造价值和实现价值的水平也较高，企业家会更具有创新和风险意识。企业可用资本也会因为技术手段的先进而迅速得到补充，风险投资、证券市场等融资渠道可以为企业成长提供资本。企业文化也在技术的影响下发生着深刻的变革，技术创新改变人们的思维和生活方式，企业文化的构建方式也必然随之相应调整。可以认为，技术决定了资源的质量。此外，企业的能力受技术的影响也相当深远，在较高的技术水平下，企业能力也会相应提高。另外，市场也在技术的影响范围之内，技术能够改变人们的购买和消费习惯，必然改变市场对企业的产品的需求规模，同时市场也在技术的影响下越发复杂，震荡的幅度与频率也越来越大。"由此可见，促进软件企业成长的诸要素，最终可归结为技术对企业成长的促进作用。

2. 获取软件服务外包收入可以促进软件服务外包企业成长

（1）软件服务外包企业价值链与价值创造。根据软件工程学对软件产品生产过程的划分，可以将软件服务外包企业价值链分为需求分析、系统设计、软件编码、系统测试及后期维护五个环节。这五个环节对于软件服务外包企业而言价值创造是不同的，如图 3-1 所示。

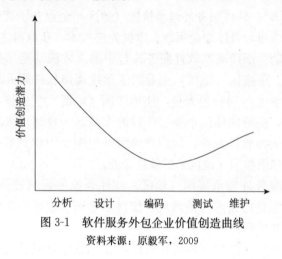

图 3-1　软件服务外包企业价值创造曲线
资料来源：原毅军，2009

从图 3-1 可知，在价值链中位于高端的是需求分析环节，该环节往往要求软件企业具有高素质的人才和较高的企业管理能力，并且高度参与软件的开发，其对经验要求也最高，因此，价值创造最多，软件服务外包企业所获得的利润回报也相应最高（杨丽琳，2010）。

系统设计环节对企业人员素质、管理能力及参与程度的要求也很高，需要由开发团队中的核心人物来完成。因此价值创造仅次于需求分析阶段，软件服务外包企业利润也较高。

位于价值链低端的是编码、测试环节，该阶段通常是些简单的、重复性的脑力劳动，这个环节对人员素质、企业技术水平及参与程度的要求不高。因此价值创造和所获得的利润也最低。

维护环节主要是由外包服务公司对程序出现的问题或根据客户新的需求对原有程序进行改进，需要技术人员对程序和技术进行全面掌握，因此对技术人员素质要求也较高，其价值创造和利润要高于编码和测试环节。

由此可见，在整个软件服务外包价值创造过程中，需求分析、系统设计及后期维护环节价值创造和利润较高，而软件编码和系统测试环节价值创造和利润较低。

（2）软件服务外包企业价值创造能力提升与企业成长。根据产业梯度转移理论，由于资源供给或产品需求条件的变化，某些产业会从某一国家或地区转移到另一国家或地区，同时，在经济全球化条件下，随着软件服务外包企业价值链可分解度的深化，国际软件服务外包产业转移主要是把价值链中低附加值环节转移到他国（地区）。因此，软件服务外包承接方常常是首先从低附加值（价值链低端）环节入手接包。随着承接项目的不断增多和逐步完成，承接方人员的素质、技术水平、研发能力、管理水平、经验等都会得到不断提升，企业知名度及与老客户的关系也会不断提高和加强，因此承接的项目会进一步增多，服务价值链的层次也会不断提高，所以软件服务外包企业价值创造和获得的利润也会进一步增多，从而有利于企业的进一步成长和壮大。

（二）软件企业成长与软件服务外包产业壮大

产业经济学认为，产业是具有某种同类属性的企业的经济活动集合。因此，软件服务外包产业可以被看做从事软件服务外包活动的企业的集合。所以，软件服务外包产业的发展壮大必须以软件服务外包企业的成长和壮大为前提，即通过软件服务外包企业的整体发展，实现产业壮大，进而提高软件服务外包产业占第三产业乃至 GDP 的比重。此外，产业梯度转移理论认为，由于资源供给或产品需求条件的变化，某些产业会从某一国家或地区转移到另一国家或地区，并主张发达地区应首先加快发展，然后通过产业和要素向较发达地区和欠发达地区转移，以带动整个经济的发展。因此，承接国（地区）软件服务外包产业发展到一定规模后，考虑地区资源供给和产品需求的情况，软件企业将会向其他地区转移，进而实现软件服务外包产业规模的进一步壮大及其产值的进一步增加。

（三）软件服务外包企业成长与承接国（地区）经济发展

从前文分析可知，软件服务外包企业一方面可通过提供软件服务外包的服务实践，不断提高技术水平并使其作用于其他成长要素（企业能力、企业资源、市场规模、企业文化等），实现自身的成长和壮大，另一方面可通过外包服务价值链层次的提高和外包业务的增多获取软件服务外包收入来促进企业成长和壮大。而若干个软件服务外包企业的成长和壮大及产业区域转移必然会促进整个软件服务外包产业的规模的扩大和产值的增长，进而提高软件服务外包产业在第三产业及 GDP 中的比重，既可以使承接国（地区）社会经济得到快速、持续增长，同时产业结构也不断得到优化，从而有利于促进承接国（地区）的经济发展。

二、产业结构优化与经济发展

产业结构这个概念始于 20 世纪 40 年代。随着对产业经济的研究不断发展和深化，产业结构的概念逐渐明确下来。产业结构是指产业间的技术经济联系与联系方式。这种产业间的技术经济联系及联系方式可以从两个角度来考察：一是从"质"的角度动态地揭示产业间技术经济联系与联系方式不断变化的趋势，揭示经济发展过程的国民经济各产业部门中，其主导或支柱地位的产业部门的不断替代的规律及其相应的"结构"效益，从而形成狭义的产业结构理论；二是从"量"的角度静态地研究和分析一定时期内产业间联系与联系方式的技术经济数量比例关系，即产业间"投入"与"产出"的量的比例关系，从而形成产业关联理论。

根据产业经济学理论，产业结构促进国民经济增长的作用机理为：通过调整产业结构，使产业结构得到优化，即实现产业结构的高度化和合理化，进而使产业结构效应发挥作用，最终实现国民经济的持续快速增长。因而软件服务外包产业的发展无疑会起到调整和优化产业结构，最终实现国民经济持续、快速增长的作用。下面将分别从产业结构高度化和合理化两个视角，阐述软件服务外包产业对承接国（地区）经济增长的促进作用。

（一）软件服务外包产业发展与产业结构的高度化

产业经济学理论认为，产业结构高度化主要是指产业结构从低水平状态向高水平状态的发展，是一种动态的过程。根据产业结构的演进规律，产业结构高度化具有如下特征：①产业结构的发展顺着第一、第二、第三产业优势地位顺向递进的方向演进；②产业结构的发展顺着劳动密集型产业、资本密集型产业、技术（知识）密集型产业分别占优势地位顺向递进的方向演进；③产业结构的发展顺着低附加价值产业向高附加价值产业方向演进；④产业结构的发展顺着低加工度产业占优势地位向高加工度产业占优势地位方向演进。对于软件服务外包产业而言，软件服务外包产业属于服务业中现代服务业的一种重要产业，软件服务外包产业的发展壮大，可以增大承接国（地区）服务业占 GDP 的比重，即提升第三产业增加值在国民经济中的比重，从而提升产业结构。此外，软件服务外包产业属于技术（知识）密集型产业，具有高附加值、高加工度、节能环保等特点，显然，软件服务外包产业的发展非常符合产业结构高度化的特征，其发展也必将有利于推进产业结构的升级。

（二）软件服务外包产业发展与产业结构的合理化

产业经济学理论认为，产业结构合理化主要是指产业与产业之间协调能力的加强和关联水平的提高，它是一个动态的过程。产业结构趋于合理化的标志是：能充分有效地利用本国的人力、物力、财力及国际分工的好处，使国民经济各部门协调发展，社会的生产、交换和分配顺畅进行，社会扩大再生产顺利发展；使国民经济持续、稳定地增长，社会需求得以实现；能实现人口、资源、环境的良性循环。而承接国（地区）软件服务外包产业的产生和发展，不仅能充分有效地利用本国（本地区）的人力、物力、财力，同时还能很好地吸引和利用国外资本，并获得参与国际分工的收益。此外，软件服务产业的地区集聚，往往能够吸引银行、保险、餐饮、通信等行业在周边的入驻，这有利于加强行业之间的联系，社会生产得以扩大，部门经济乃至国民经济得以进一步增长，产业之间的协调能力和关联水平也在一定程度上能够得到进一步提高，从而使承接国（地区）的产业结构日趋合理化。

（三）产业结构优化与产业结构效应

产业经济学理论认为，产业结构效应是指产业结构变化的作用对经济增长产生的效果，即对经济增长发挥的一种特殊的作用。促进产业结构优化有利于发挥产业结构效应，推动和保持经济的增长率。产业结构效应主要包括产业关联效应和产业扩散效应。赫希曼在他的《经济发展战略》一书中详细分析了产业之间的前向关联、后向关联，以及关联效应、前向关联效应和后向关联效应。产业的关联效应就是指一个产业的生产、产值、技术等方面的变化，通过它的前向关联关系和后向关联关系对其关联产业部门产生直接和间接的影响。而根据罗斯托的观点，产业扩散效应是指某些主导产业部门在各个历史间歇的增长中，"不合比例增长"的作用对其他关联产业产生的影响。具体表现在以下三个方面：①回顾效应，是指主导部门的增长对那些向自己供应投入品的供应部门产生的影响；②旁侧效应，是指主导部门的成长还会引起它周围地区在经济和社会方面的一系列变化，这些变化趋向于在广泛的方面推进工业化进程；③前向效应，是指主导部门的成长诱导了新兴工业部门、新技术、新原料、新材料、新能源的出现，改善了自己供应给其他产业产品的质量。对于软件服务外包产业而言，软件服务外包产业的发展，使承接国（地区）的产业结构得到优化，产业结构关联效应和扩散效应得以发挥作用，即软件服务外包产业的发展能对与其相关联的产业或部门（如计算机、电子、水电、通信、金融、保险、餐饮、娱乐等）的发展起到带动和促进作用。

（四）产业结构效应与承接国（地区）经济发展

从前文的分析可知，软件服务外包产业不断发展壮大，有利于承接国（地区）产业结构实现合理化和高度化，即实现产业结构优化，进而使该国（地区）产业结构效应（即产业结构关联效应和扩散效应）作用得以发挥，从而实现该承接国（地区）经济的持续、快速增长，进而有利于实现承接国（地区）的经济发展。

三、就业效应与经济发展

瑞典经济学家赫克歇尔（1919）和俄林（1933）在大卫·李嘉图比较优势理论的基础上进一步发展了国际分工理论，提出要素禀赋理论（H-O 理论）（黄秀英，2009）。其理论的主要内容是：根据比较优势的原则，一国应生产并出口密集地使用本国丰富要素生产的产品，进口密集地使用稀缺要素生产的产品。该理论认为生产活动所必须具备的生产要素主要有：劳动力、资本、土地和企业家才能四种。而世界上任何一个国家不可能具备所有的生产要素，有些国家劳动力生产要素丰富，劳动力密集型产品供给能力较强，在劳动力密集型产品上具有比较优势；有些国家资本生产要素丰富，资本密集型产品供给能力较强，在资本密集型产品上具有比较优势。因此，一国可以把本国生产要素稀缺的产品外包给那些生产要素丰富的国家生产。由此可见，软件服务外包产业的产生和发展正是依据这一理论，世界上各个国家通过参与基于要素禀赋的软件服务外包的国际分工各取所需，共同发展。

（一）产业内就业效应

宏观经济学认为，高失业对于一国的社会和经济影响严重，因此，充分就业是各国政府所追求的宏观经济调控的重要目标之一。尤其是对于发展中国家而言，更是重中之重。发展中国家劳动力或人力资源丰富，而软件服务外包所需的最主要的就是人力资源。软件服务外包产业的发展需要大量的具有相关知识的专业性人才，因此该产业自身的发展及规模的扩大可以吸纳众多的劳动力就业。

（二）产业间关联效应

由于产业关联效应和产业扩散效应的存在，软件服务外包产业的发展可以带动周边相关联产业（如计算机、电子、水电、通信、金融、保险、餐饮、娱乐等）的发展，而关联产业的发展和壮大同样可以进一步吸纳众多的劳动力就业，从而进一步提高承接国（地区）的就业水平，使承接国（地区）的就业结构进一步得到改善。

（三）就业效应与承接国（地区）经济发展

从前文的分析可知，软件服务外包有利于承接国（地区）提供本地富裕要素，通过承接软件服务外包参与国际分工而获得最基础的分工利益，使其就业空间得到拓展，就业结构得以改善。一方面，软件服务外包产业不仅自身可以吸纳承接国（地区）大量的劳动力就业；另一方面，还可以通过产业关联效应和产业扩散效应带动相关产业的发展而进一步吸纳众多的劳动力就业。而根据宏观经济学理论推论，在软件服务外包产业和其他相关产业就业的劳动力可以通过创造产品或提供劳务增加该地区最终产品的总量，从而实现承接国（地区）GDP总量的增长。此外，承接软件服务外包服务，还可以提高承接国（地区）就业者的工薪收入而实现其生活水平的提高和福利的改善。综上所述，软件服务外包产业的发展可以促进承接国（地区）就业结构的改善、GDP总量的增长及居民生活水平的提高，从而有利于实现承接国（地区）的经济发展。

四、贸易效应与经济增长

1. 软件服务外包与出口增长

从国际贸易的角度来看，承接软件服务外包活动是服务贸易的一种新形式。承接软件服务外包有利于承接国（地区）增加软件服务出口，扩大服务贸易出口规模，改善贸易状况，提高服务贸易出口比重，优化出口商品结构，有利于贸易增长方式的转变。

2. 软件服务外包与规避贸易壁垒

承接软件服务外包，能有效地规避贸易壁垒，提高出口竞争力。跨境交付是软件服务业离岸外包的形式，在这种交付形式下，服务提供者和被提供者分别在本国境内，并不移动过境，这种服务提供方式往往要借助于远程通信手段，或者是远程通信服务本身，它一般不直接受海关的监察，因而各种关税和非关税壁垒对于软件服务业离岸外包都具有先天不足的约束性。除了离岸外包本身的抗壁垒性，在约定成文的贸易法规中，其贸易限制也最少。软件服务业离岸外包的相对自由化贸易为承接国（地区）专心提供产品、有效地规避贸易壁垒，提供了绝佳的机会。

3. 贸易效应与承接国（地区）经济增长

从前文的分析可知，软件服务外包能够促进承接国（地区）服务贸易的发展，能够扩大软件出口贸易，通过增加出口，促进经济增长。软件服务外包的出现冲破了服务特殊性质对服务贸易带来的种种限制，有效规避贸易壁垒，提高出口竞争力，能大大促进承接国（地区）软件业的发展（任超和蔡茂森，2011），改善服务业结构，优化承接国（地区）的产业结构。综上所述，软件服务外包不仅能促进软件服务外包产业甚至服务业的发展，改善产业结构，同时有利于扩大出口，促进经济增长，从而有利于承接国（地区）的经济发展。

第三节　软件服务外包产业
促进大连经济发展的实证分析

大连的软件服务外包产业通过 10 多年的年均 40％左右的增长速度的发展，在促进和带动全市经济及社会发展方面发挥着越来越重要的作用，促进了本市产业结构和出口结构的调整，推动了大连西部城区的改造，带动了金融、酒店、航空、房地产等相关产业的发展，优化了城市的人口结构和文化构成。

一、软件服务外包产业对大连 GDP 的贡献

（一）软件服务外包销售收入分析

1998 年，大连软件产业服务外包销售收入仅为 2 亿元，2004 年则大幅上升为 70 亿元，2005～2009 年分别为 100 亿元、145 亿元、215 亿元、306 亿元和 400 亿元，而 2010 年，按全口径统计，大连实现软件服务外包销售收入 535 亿元。另据前瞻产业研究院资料，2011 年大连实现软件服务外包销售收入 760 亿元，增速继续在全国领先（前瞻产业研究院，2012）。根据软件服务外包销售收入和大连市的历年 GDP 可以测算出大连软件服务外包销售收入对 GDP 的贡献度，其测算结果如表 3-1 所示。

表 3-1　大连软件服务外包销售收入对 GDP 的贡献度

年份	销售收入/亿元	增长率/%	GDP/亿元	对 GDP 贡献率/%	对 GDP 贡献度/%
2004	70	—	1961.8	—	—
2005	100	42.9	2150.0	15.9	1.5
2006	145	45.0	2569.7	10.7	2.1
2007	215	48.3	3131.0	12.5	2.7
2008	306	42.3	3858.2	12.5	2.9
2009	400	30.7	4417.7	16.8	2.4
2010	535	33.8	5158.1	18.2	3.1
2011	760	42.1	6150.1	22.7	4.4

注：对 GDP 的贡献率表述为大连软件服务外包销售收入对大连 GDP 的贡献为百分之多少，用报告期软件服务外包销售收入增量占同期大连 GDP 增量的比重来计算。对 GDP 的贡献度表述为大连软件服务外包销售收入拉动大连 GDP 多少个百分点，以计算的贡献率作为权数乘以报告期 GDP 增速，所得百分比即软件服务外包销售收入对 GDP 的贡献度

资料来源：大连市统计局和国家统计局大连调查队，2012

从表 3-1 可以看出，大连软件服务外包销售收入不仅增长迅速，且对经济增长的贡献率总体呈递增态势，而且对 GDP 的贡献率也占有一定的比重。同时它对大连经济增长的拉动作用也基本在逐年递增，贡献度越来越大。

（二）软件服务外包产业增加值分析

10 多年来，软件服务外包产业对大连经济的贡献越来越大。中国服务外包研究中心副主任、大连软件园股份有限公司副总裁杨冬在"第十届科博会中国服务贸易发展国际论坛"上表示，从增加值角度来看，同样金额的出口，服务外包对中国经济的贡献是来料加工的 20 倍以上；从能源消耗上看，服务外包单位 GDP 能耗仅为制造业的 20%。

大连软件服务外包产业增加值对 GDP 的贡献率在 1999 年为 0.38%，而到 2007 年就提高到 4.81%，增长了 4.43 个百分点。另有研究文献显示，大连软件和信息服务业增加值占全市 GDP 的比重呈逐年上升趋势，使大连产业结构日趋优化，如图 3-2 所示（金东淑，2010）。

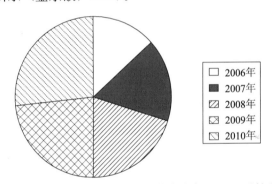

图 3-2　软件和信息服务业增加值占全市 GDP 比重情况

2007 年，全市软件服务外包产业增加值占全市 GDP 的比重超过 4%，已显现出未来支柱产业的雏形（张星，2009）。

2009 年全市实现软件和信息服务外包销售收入 400 亿元，占大连 GDP 的 9%，此外，据大连对外贸易经济合作局有关人士预计，到 2013 年，大连市软件服务外包产业增加值占 GDP 的比重将达到 10% 以上，软件服务外包产业将成为大连市重要的支柱产业之一（国际商报，2011）。

二、软件服务外包对软件产业规模的贡献

软件服务外包不仅使承接外包的软件企业的收入增加、规模壮大，而且在利益驱动下会使从事软件服务外包的企业数量增加，即促进软件服务外包产业

规模的扩大（图 3-3）。1998 年，大连市从事软件产业的企业仅 100 余家。近年来，大连实现了软件产业的快速发展，已成为全国软件产业发展速度最快的城市之一。2006 年全市软件和信息服务企业达到 600 家，2007 年增加到 700 多家，2009 年超过 800 多家（金东淑，2010）。前瞻产业研究院资料显示，2011 年，大连软件服务外包企业总数达到 960 家，规模超千人、收入超 10 亿元的骨干企业达到 13 家。全球前十大软件服务外包供应商有 8 家在大连高新区设有公司，全国知名的软件服务外包领军企业绝大多数分布在大连高新区（前瞻产业研究院，2012）。根据图 3-3 的数据可以测算出，大连市软件服务外包企业在 1998～2011 年的 13 年间实现了年均 19％的增长速度，可见其发展之快。

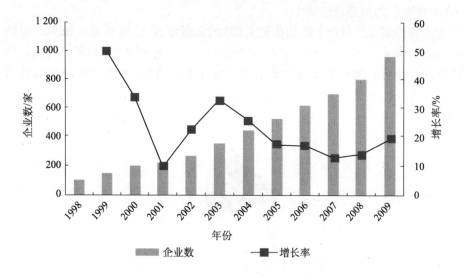

图 3-3　大连软件服务外包企业数及增长速度

三、软件服务外包对大连劳动力就业的贡献

承接软件服务外包，必然带来工作岗位的转移，拉动就业。在劳动力充裕的情况下，会创造更多的就业机会，带动承接地区经济社会的综合发展。1998 年，大连市软件产业的从业人员仅 3000 人，直到 2000 年整个大连市软件产业从业人数也只有 7000 多人，而经过 10 余年的发展，截至 2010 年年底，全市软件从业人员达到 9 万余人，12 年间以近 36.2％的速度增长（金东淑，2010）。在此数据基础上，通过整理从大连市经济和信息化委员会、各年《中国电子信息产业统计年鉴》收集的资料，可以绘制出大连市软件业从业人员变动情况，如图 3-4 所示。

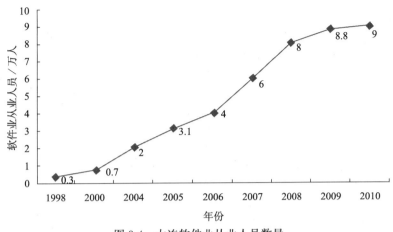

图 3-4　大连软件业从业人员数量

从图 3-4 中明显可以看出，大连市软件业从业人员呈明显递增态势。此外，根据前瞻产业研究院资料显示，2011 年，大连软件服务外包企业从业人员突破 10 万人（前瞻产业研究院，2012）。以上只是反映其产业内就业人数的情况，同时它还会带动其他相关产业的人员就业。由此可见，以大连软件服务外包为主的软件产业为解决大连市劳动力的就业问题做出了巨大贡献。

四、软件服务外包对大连出口的贡献

软件服务外包有利于扩大承接国（地区）出口的增长。1998 年，大连市软件服务外包产业的出口额仅为 1000 万美元，2004 年出口额增长到 2.1 亿美元，2005 年为 3.0 亿美元，2006 年为 4.5 亿美元（姬睿睿，2007），2007 年为 7.2 亿美元（中国服务外包网，2008）。另据大连信息产业局提供的资料，2008 年大连市软件服务外包出口额实现 10.5 亿美元，增幅在 40％以上。2009 年全市实现软件出口 14 亿美元，到 2010 年为 18 亿美元，同比增长 28.6％（金东淑，2010）。前瞻产业研究院的资料显示，2011 年大连软件服务外包企业出口创汇 25 亿美元，增速将近 40％（前瞻产业研究院，2012）。大连软件服务外包产业出口额增长情况如图 3-5 所示。

从图 3-5 中可以看出，1998～2011 年，大连软件服务外包产业出口额增长迅速，2004～2010 年，出口额各年的增长速度都在 30％以上，2011 年软件产业出口额增长速度也基本接近 30％。这样快的增长速度，显然有利于大连市出口总额的增长。

图 3-5　大连软件服务外包企业软件出口额及增长速度

五、结论分析与建议

（一）结论

　　根据前文的实证分析可知，大连软件服务外包产业经过十几年的时间得到了快速发展，不仅产业自身规模发展迅速，而且在销售收入、增加值、出口额等方面对大连经济总量的增长及产业结构的调整都做出了重要贡献，同时在解决大连市劳动力就业方面也是功不可没。不但如此，其在带动相关产业发展和进一步吸纳劳动力就业方面必然也起到一定的辐射作用。应该看到，上述作用的显现应该归功于软件服务外包产业的快速发展，因此必须努力探究其快速发展的积极因素和制约障碍，进而采取有针对性的措施，实现软件服务外包产业的长期、持续、快速发展，以此确保其对大连经济发展做出更大的贡献。

（二）原因分析

1. 软件服务外包产业快速发展的积极因素

　　首先，大连软件服务外包产业的快速发展要归功于政府的高度重视和大力支持。近年来，大连市紧紧抓住在国际产业调整过程中，全球软件产业服务外包开始向发展中国家转移的有利机遇，积极采取措施，大力发展软件服务外包业，促进了大连市软件产业的快速发展。政府采取的措施主要包括以下方面：一是采取"官助民办"的发展方式；二是提高企业科技含量，支持企业打造自主品牌，提高本土企业自主研发能力和自主创新能力，对拥有自主知识产权的企业，大连市政府给予财政补贴，帮助企业开拓市场；三是扶持中小企业发展，大连市政府专门为中小企业建立了创业基金，为中小企业提供土地、财政、金融等方面的政策支持，降低中小企业经营成本；四是积极引进世界 500 强企业，带动大连软件产业的发展和全面提升；五是采取"本地培养"和"大量引进"两种方式，解决软件产业发展人才需求问题。

其次，大连软件服务外包产业的快速发展得益于其得天独厚的地缘优势。大连地处北亚中心，毗邻日本和韩国，是北亚著名的金融、商贸、交通和旅游中心，具有发展软件服务外包业务得天独厚的优势。再加上中国大连和日本有着共同的东亚文化底蕴和习惯，经历十几年的长足发展，大连对日软件出口和外包业务已经成为大连软件的最大特色。在大连软件产业中，国际业务占全市软件业务的 25% 左右，其中，对日外包业务占到出口量的 80% 以上。对日业务的良好发展也进一步推进了大连市软件服务外包产业规模的大幅增长。

再次，大连软件服务外包产业的快速发展有赖于人才优势。大连有着深厚的文化底蕴，全国知名的高等院校很多，如大连理工大学、大连海事大学、东北财经大学等知名学府，为大连经济发展提供了大量高素质、高科技人才。全市 22 所高等院校、40 所职业中专全部开设了 IT 相关专业，成立了 6 所软件学院、1 所软件高级经理人学院，还有 200 多家 IT 人才培训机构，成功引进了美国 IBM 等国际知名企业在大连开展 IT 人才教育培训。最近几年，大连市软件服务外包产业人才每年增长 1 万人以上（王海燕，2009）。

2. 制约大连软件服务外包产业发展的因素分析

制约大连软件服务外包产业快速发展的因素主要包括以下几点：一是软件服务外包企业规模偏小、竞争力不强。大连市软件服务外包起步较晚，目前，多数软件服务外包企业规模较小，千人以上的软件企业很少，难以形成有效的企业竞争力，多数企业承接的高端服务外包业务份额偏低（赵红娟，2012）。二是缺乏既懂 IT 技术又精通外语的复合型人才。人力因素对软件技术发展和服务外包都是至关重要的。软件服务外包行业需要掌握专业知识和语言交流技能及具有国际化背景的外向型、复合型人才。大连虽然有众多高校，但是仍然在一定程度上存在人才培养模式与用人单位的需求有较大差异的情况。软件人才结构不合理，位于产业上层的软件架构师、系统设计师，以及产业基础的软件蓝领严重短缺，而处于中层的系统工程师阶层却极度膨胀。另外，我国教育体制培养的软件人才缺乏项目实践经验和实际操作能力，同企业需求有较大差距（邢智毅和李辉，2008）。三是基础设施因素。基础设施的好坏影响着大连市能否以相对低廉的成本提供有效的服务外包。大连市已经形成了以旅顺南路软件产业带为核心的软件服务外包产业基地，但是相关基础设施建设仍有待进一步加强，特别是在硬件设施方面还需加强（黄明等，2010）。四是软件服务外包企业获得的附加值不高。大连软件企业提供的国际软件服务外包服务，其贸易方式与制造业的加工贸易较为类似，承揽的是技术含量低的工序，如程序录入、单体测试等，而创意、设计等智力密集型工序仍较多地掌握在日本或美国、印度等国家的企业手中。这一业务模式使本地企业获得的是极为有限的附加价值。

（三）建议

针对大连软件服务外包产业发展的正反两方面因素，为促进大连软件服务外包产业的快速发展，本书主要建议如下：一是政府在法律、制度、优惠政策等软环境和基础设施等硬环境方面进一步加大扶持力度；二是努力做大做强软件服务外包企业，努力延伸外包服务价值链，并鼓励其聚集发展，进一步提高产业集聚度；三是加快软件服务外包相关科技产业的发展，逐步形成互动机制；四是构建以日本市场为主、以欧美和国内市场为辅的多元化市场体系；五是建立和完善引进与培养相结合的人才供需机制。

第四章
软件服务外包与产业自主创新能力提升

第一节 软件服务外包中的知识外溢的一般过程

一、知识外溢的产生与发展

知识外溢又被称为知识溢出，Arrow（1962）最早提出了知识的累积过程及其经济含义。而知识溢出概念正式被提出是在 20 世纪 60 年代，Simusic 在研究审计定价和风险收费时首次提出知识溢出效应。Romer（1986，1990）沿着Arrow 的思路作了进一步地探讨，用外部性解释了溢出效应对经济增长的作用，建立了知识溢出的内生经济增长模型，认为知识和技术研发是经济增长的源泉。Griliehes（1992）则把知识外溢定义为"一个从原机构向目标机构流动的知识流，只有接受者在追求创新时它才发生效应，从而获得更多收益"。Bannock 等（1992）认为，知识外溢是通过某种由单个企业研发努力获取的独特技术被其他公司自由获取的现象。De Bond 在 1996 年认为知识外溢是指有用技术信息的无意泄漏或自愿交易（何瑞卿等，2007）。Kokko（1996）把知识外溢定义为外商企业所拥有的知识并没有经过外商企业的正式转移而被本地企业所获得的一种现象。Branstetter（1998）认为知识外溢是指当一企业能够从另一企业从事的R&D 活动中获得经济收益，并且不承担另一企业的研究成本，这是知识外溢产生的结果。Nieuwenhuijsen 和 Stel（2000）将知识外溢定义为一个经济体不用向其他经济体付出任何切实的报酬就可以从其研发成果中获得收益的情形。

国内关于知识外溢的研究最早开始于 20 世纪 90 年代，北京大学的王缉慈在研究中发现，世界各国的高技术产业集中在大公司、大学和公共研究机构密集的地区发展，不仅是因为这些地区有丰富的人力资源和创新知识源，而且是因为它们之间存在着高效率的互动，即知识溢出效应（李文文和陈雅，2011）。知识溢出和知识传播都是知识扩散的方式。知识传播是知识的复制，而知识溢出则是知识的再造。王庆年（2011）把知识外溢定义为"其他所有经济活动的无意识的副产品，是在经济、业务交往活动时知识和技术的自然输出和外露，是一种无意识的或自愿交流的、有用的技术信息，是一个表征总量的宏观的概念"。何瑞卿等（2007）认为知识外溢是指由于知识的外部性，某个（些）经济体在没有获取产权的情况下从持有人的知识中获益。宁军明（2008）从知识外溢产生的原因的角度将其定义为"知识溢出是知识的生产者得不到补偿、获取者无需付费的一种外部性现象。知识是无法垄断的，只要进入市场，生产者就无法决定谁来得到它，总是会外溢出去"。杨志学（2011）通过建立内生增长模型分析知识溢出对经济增长的影响，得出知识溢出是一种造成地区间差异产生的离心力。

知识外溢的特征表现在如下几个方面。

（1）无意识性。知识外溢是自然的、无意识和非自愿的。在知识的生产与使用过程中，绝对的溢出（百分之百的）和绝对的产权保护（没有溢出）两种理想情况是不存在的。在软件服务外包过程中，发包方与承接方频繁交往，由于知识的外部性及其流动的无形性，企业很难对知识外溢进行监控。

（2）局域性。根据知识能否清晰地表述和有效地转移，可以把知识分为显性知识和隐性知识。显性知识又称明晰知识、外显知识，是指"能明确表达的知识"，即人们可以通过口头传授、教科书、参考资料、期刊、专利文献、视听媒体、软件和数据库等方式获取，也可以通过语言、书籍、文字、数据库等编码方式传播，也容易被人们学习的知识。隐性知识则是指那种我们知道但难以言述的知识。隐性知识存在于个人头脑中，不能通过正规的形式（如学校教育、大众媒体等形式）进行传递。隐性知识是通过人们的身体的感官或者直觉、领悟获得的，与特定的情景紧密相连（何瑞卿等，2007）。根据主体之间交流和互动方式的不同，知识可以在个人和区域之间交流和互动的过程中，通过不同途径和方式发生溢出（赵勇和白永秀，2009）。隐性知识的溢出以邻近区域为主，显性知识的溢出不受地理范围的限制（孙兆刚等，2005）。对日软件服务外包中的很多知识属于隐性知识，是在具体企业的软件服务外包中（特定的情景）通过实践领悟获得的（通过人们的感官领悟的），并且不具备特定的表达方式。

（3）价值性。知识外溢价值具有价值量的递增性、价值决定的独特性、价值量计量的复杂性和价值实现的非让渡性等特征（王立平等，2011）。知识外溢的价值论根源于知识外溢效应，知识外溢作为知识传播与知识创造的一种特殊方式，其自身独特的属性符合价值论的一般规律。

（4）风险性。合作中企业外溢的知识会被合作伙伴利用，从而造成企业的知识及技术被挪用、模仿或复制从而降低企业潜在的竞争优势，知识外溢引发的知识产权风险包括可预知的和无意的知识外溢引发的知识产权风险（何瑞卿等，2007）。

二、知识外溢的生产函数

根据传统的柯布-道格拉斯函数，生产函数模型为 $Y = AL^\alpha C^\beta$，其中 Y 代表的是产量，L 代表的是劳动投入量，C 代表的是资本投入量，A、α 和 β 为三个参数，A 是科技水平因子，α 和 β 分别代表投入要素的弹性系数。从公式上看，提高了 A 就直接增加了产出，因此必须研究 A 与什么因素相关，如何相关，这就是本章其余部分要分析和探讨的内容。我们认为根据对 A 的研究，具体到本书所述对日软件服务外包的情况，可以把上述传统生产函数扩展为 $Y = (\varepsilon k^\lambda) L^\alpha C^\beta$。其中，$\varepsilon$ 代表知识学习率，k 代表知识，$A = \varepsilon k^\lambda$。知识学习率 ε 取决于参与双方的水平差距等因素。k 代表溢出的知识，取决于参与双方的交流程度，聚集程度等因素。

以对日软件服务外包为例，溢出效应主要是通过外包业务扩大和贸易沟通增加这两个方面来实现的。业务扩大体现在随着中国对日软件服务外包能力的增强，日本企业从将低端的编码程序部门外包给中国转向为加深和中国进一步的合作，使得中国企业也够参与软件上游的设计和分析工作（黄庐进和康文娟，2008），通过这种方式增加的只是 k，同时也增加了知识学习率 ε。这样中国企业既可得到更高的利润，有更多的资金投入到软件开发设计当中去，与此同时，中国企业员工在此过程中也学到了专业技术和经营管理经验，了解了客户的真正的需求，收集到了市场需求变化的信息，知识的溢出效应更加明显。而贸易沟通的增加体现在对日交流的频繁程度上，显然业务量的增加会显著提高沟通和交流的次数。这使得一些隐性知识得以传播。

作为知识的拥有者，有时会有避免知识溢出的动机。而作为学习的一方，总是会关心知识溢出的，争取知识溢出的最大化。这就涉及企业的学习能力，知识学习率 ε。在给定的知识总量的情形下，ε 越大，学习到的知识越多。知识学习能力通过长期学习行为获得，是学习行为的不减函数。所谓"脑子越用越活"说的就是这个道理。

企业的学习能力最终影响溢出的比率，值得一提的是，学习能力越强，学到的知识就越多，而随着掌握的知识越来越多，学习能力又在逐步增强。关于这点的一个例子是，我们一开始没有很强的学习能力，随着小学、中学的学习，我们慢慢提高了学习能力，因而可以学习的东西就越多，而随着学习的东西的增加，我们的学习能力又逐步增强，等到上大学的时候，甚至可以自学一些课程。理由是知识越多，能够运用的工具就越多，学习的能力也越强。因此，知识外溢和学习能力呈正相关，我们可以通过提高学习能力来增加知识溢出率。

三、 软件服务外包中发包方的知识外溢过程

(一) 软件服务外包的模式

1. 一对一外包模式

一对一外包模式是指发包方直接将外包业务交予单一承接方，由一个承接方独自完成。这种外包的优点是：发包方与承接方信息对称，沟通较为便利，信息传递不易失真，针对性强，此时的沟通交流最为充分。同时，最终客户和承接方关系密切，易于建立长期的合作关系，实现一对一的服务。其缺点是：发包方对承接方的依赖性很强，转换成本较高，如图 4-1 所示。

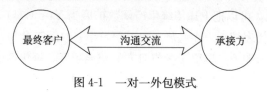

图 4-1 一对一外包模式

2. 平行外包模式

平行外包模式是指发包方同时寻求多个承接方完成软件设计与开发的某一模块或者某一部分，然后整合完成软件的开发。这一外包模式的优点是：由于分工，能够在较短的时间内完成软件的设计与开发，提高项目运行的效率。其缺点是：由于多个承接方的存在，交易成本与协调成本明显增加。同时，对软件服务外包需求表述的要求增加，内容必须更加详细。此时，最终客户和承接方仍然有沟通，但紧密程度较一对一外包模式低很多。如图 4-2 所示。

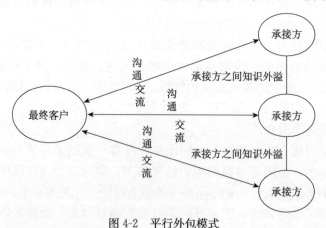

图 4-2 平行外包模式

3. 多重外包模式

多重外包模式是我国软件服务外包中常见的方式，即最终客户将软件交给

若干个一级承接方，再由一级承接方分包给若干个二级承接方，二级承接方按此逻辑，再继续分包下去。以对日软件服务外包为例，一级承接方从客户处承接业务，进行总体设计和任务分解后，将各个模块分包给若干二级承接方，中国承接企业一般作为三级或者四级承接方承接业务，共同完成模块设计、代码转换或测试任务。日本由于受单一民族文化的影响，企业的关系是金字塔形的，日本软件企业中的分级开发体系使得上游承接企业，必须向下游承接企业提供详细的作业指示文件，这为详细设计和代码转换的离岸外包提供了有利条件（张明辉和赵玲玲，2007）。这种外包模式的优点是多级发包，提升完成整个项目的效率，缺点是对于发包要求的信息经过多级承接方的传递，很容易产生信息失真，影响最终承接方对客户需求的准确把握与理解。同时，信息对于作为第三级和第四级的承接方来说没有设计与发挥的空间，而最终客户对一级承接方的依赖程度增加。多重外包模式如图 4-3 所示。

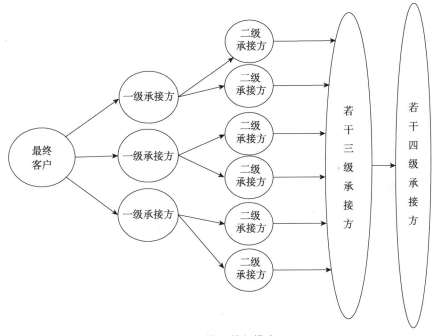

图 4-3　多重外包模式

（二）发包方在不同外包模式下的知识外溢

1. 一对一外包模式下的知识外溢

在一对一的外包模式下，承接方与最终客户关系密切，交流频繁，而且对于最终客户来说，有意愿与在承接方合作的过程中，把自身对软件的需求与承接方深入沟通，反复探讨，进而达到软件的设计完全为客户所需。因而站在承接方的角度看，这种软件服务外包模式能够提升软件需求分析和架构设计的水平。在一对一外包模式下，发包方与承接方之间的知识并不完全是单向流动的，在流动的过程中有交流的成分，在这一过程中会产生知识溢出，如图 4-4 所示。

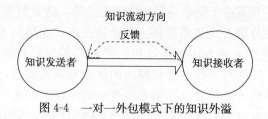

图 4-4　一对一外包模式下的知识外溢

2. 平行外包模式下的知识外溢

平行外包模式下的知识外溢主要体现在两个方面：首先是客户与多个承接方之间的知识外溢，这点比较明显，知识外溢不均等地分布在各个承接方中。知识外溢的总量取决于各个承接方与最终客户的交流程度，以及各个承接方所分配的任务的数量和性质。和一对一外包比较，显然其知识外溢的总量较少。其次，在平行外包模式下，存在承接方之间的知识外溢，因为承接方之间需要对软件的设计和整体架构部分进行探讨，所开发的各个部分和模块需要进行整合。因此从这个层面上说，承接方之间知识外溢是存在的，对各个承接方的水平提升也是有益的，如图 4-5 所示。

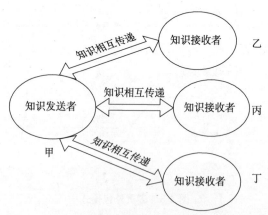

图 4-5　平行外包模式下的知识外溢

3. 多重外包模式下的知识外溢

在多重外包模式下，总发包方一般从客户处承接项目，进行总体设计和任务切割后，将各模块工作再分给若干个二级发包方，二级发包方再找三级、四级发包方一起完成模块的设计、代码转换和测试工作。作为一级承接方，可以因此掌握很好的行业知识并进行业务咨询，而作为三级、四级的承接方，能够得到的溢出知识就不是特别多（杨波，2009）。在发散状的知识传递中，知识的接收者同时也会是下一步知识的发送者。软件服务外包中的转包，甲的角色为第一承接方，一般为日本国内的软件企业。而当甲把知识继续往下传递时，此时的知识传递就具有了差异性，即知识接收者乙、丙、丁所接受的知识并不完全相同。

从语言层面来看，如果是国际软件服务外包，发包方是外国企业，无疑需要接收大量的外语信息，语言问题可能成为交流的障碍。研究表明，双方的语言能力会极大地影响知识转移效果（Haghirian，2003），因为糟糕的语言能力有可能会使知识难以理解（Simonin，1999）。尽管显性知识能够通过语言或者公式等进行描述，但在合作过程中大量的隐性知识，并不能通过语言、文字、图表或符号明确表述，就语言层而言，沟通难度较大。在知识层中，承接方在沟通与交流中理解了发包方的要求，以及传授的相关知识，实现了知识的成功转移。而能力层解决的是在知识转移的过程中，知识为我所用的问题。在成功完成了能力层的交流与沟通之后，能力能获得显著提升。从应用层上看，企业间知识转移时，双方最关心的实际都是自己通过转移能获多少利益（王国红，2010）。如果双方都有促成转移的动机和愿望，则成功的可能性大；反之，如果其中的一方没有知识转移的愿望，或者双方都没有这种愿望，则知识转移很难成功。而影响双方转移动机的主要因素是利益，即各自从转移中获得的利益。这与转移后的总收益及双方的利益分成比例有关。双方都获益能成为双赢局面的，则双方都会有转移的愿望。若只有单方获利，如窃取他方知识者，在这种知识转移中，只有获取方获利，知识源方没有利益，所以知识源方会极力阻止这种知识转移（杨波，2009），如图4-6所示。

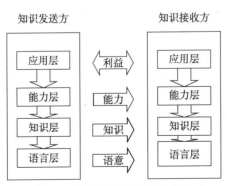

图 4-6　知识转移网络层次模型

Long（2005）考察了外包与技术外溢的关系，当初，在外包生产之前，对低工资国家人员进行的培训会产生技术外溢，进而使东道国市场的竞争企业获益，降低其成本。发散式知识转移网络在外包中涉及发包方、一包、二包，以及同行业的相关企业，而且各方是相互影响的。在网状结构中，信息的传递将会增加，由此带来的是不确定性，因而知识的外溢途径增加，这使得知识的外溢呈现花簇状，而接收方的任务是选择性地学习外溢的知识，这和单一途径的知识外溢不一样，单一途径的知识外溢接收方关注的是如何更好更多地学习到外溢的知识，并且为我所用。而在网状知识转移网络中，接收方的任务不仅在于学到知识，同时在于鉴别外溢的知识，也就是说，哪些知识是有用的，在大量的信息中甄别出有用的信息，这将增加学习的难度。

（三）承接方对外溢知识的学习及学习模式

1. 影响承接方知识学习的因素

第一，发包方刻意避免溢出。发包方把知识当做商业机密刻意隐藏或者刻意抑制其溢出，这将显著导致承接方对知识的获取出现难度（Haghirian，2003）。这种行为对于发包方来说，并不是完全有利的，因为知识外溢，对承接方来说是学习的机会，也是提高其业务水平的机会。而承接方业务水平的提高，对发包方也是有利的。第二，知识外溢过程存在失真。知识在溢出的过程中可能丢失，或者被错误理解。这在知识外溢上体现为知识的失真，即与真实的信息并不相符。大部分情况下，承接方不能观察到知识的整体，接触的只是知识的某一层面（Simonin，1999），这也是知识失真的一个重要原因。以对日软件服务外包为例，日本公司通常会将拟开发的软件服务外包给某一日本软件公司，而日本软件公司为了节约成本有时会将此项目中的部分模块再转包给中国软件服务外包公司。在转包的过程中，软件开发人员并不知道之前的具体细节，只是完成他们承包的任务，这就使得在信息传递过程中，承接方对信息的把握不全面。而中国的对日软件服务外包公司的总公司一般都在日本，总公司负责接包，然后再由总公司将项目发到国内进行最终制造（王国红，2010），这无疑对全面了解信息增加了难度。

2. 承接方外溢知识的学习模式

（1）模仿学习。模仿是中国承接方学习外溢知识的重要通道，同行竞争者溢出的知识和信息，具体实现方式包括正式的购买、许可和非正式的观察和逆向工程（马萍，2004）。但是承接企业现有的技术能力和基础是影响技术外溢效果的关键点。承接方在完成业务过程中可以学习发包企业高端的软件技术、成熟的科学管理模式和高效的营销模式。在国际软件服务外包中，可以模仿的内容很多，如模仿先进企业进行需求分析、架构设计；模仿先进企业的流程管理模式等，在很多方面均可以采用观察与模仿的办法，以此来提高自身的水平和理念。模仿的过程是学习的过程，在模仿中会出现很多问题，而这些问题的解决则是从模仿到吸收的过程，从而真正掌握并且创新，提升员工专业技能，快速地提升企业技术水平、研发和管理能力。

（2）企业合作带动学习。中国承接企业与发包方建立合作关系，在合作机构建立、研究人员讨论、专业人员培训的过程中，促进了专业技术人员、信息知识在发包企业和承接企业之间的快速流动，企业间的信息交流程度加深。发包企业和承接企业之间或者中国承接企业间的联系和合作程度越密切，产生的知识外溢效果就越明显。

（3）人员流动促进学习。中国软件服务外包的人员流动包括两个方面：一是进入国外先进企业的本土人才的回流。在国外先进软件企业工作的人才回到本国企业工作或者自己创业建立公司，将在国外学到的知识技术和管理模式运用到本土企业，完成了知识的传递、转移、共享过程，扩散了知识溢出效应（熊小丽，2011）；二是软件企业之间的人才流动，即"跳槽"。软件服务外包企业的员工向其他软件企业的流动有利于知识传播和技术交流，给企业带来了新的信息资源和新的知识，在提升自身的实力、不断开拓创新的同时促进了知识外溢。

（4）集群环境推动学习。随着知识在整个聚集范围内流动，促进不同专业、不同类型的企业和员工在一定的范围聚集，形成分工合理的产业链，促使知识、信息流动，推动各成员在知识相互交错、碰撞的情形下解决相关问题，由此提高各成员的学习能力和知识水平（马萍，2004）。通过产业聚集，信息、技术、人员会在软件服务外包聚集范围内流动，吸引软件产业内先进企业入驻，企业的聚集使得每个企业都能从所在地区集群中受益，提高集群的创新能力，产生各种资源要素的协同效应。

（5）"干中学"。"干中学"，即工作学习化，利用一切机会最大限度地学习，就是在实践中获取知识。例如，日本的"全面管理思想"贯彻于日本企业的管理之中，日本企业需要用软件来评价"全面管理"的有效性，因此，软件的设计必须体现与贯彻这一思想。故我们的软件开发企业，也能在开发的过程中理解和领悟这一理念。此仅为一例，在软件服务外包中，可以学习到的还包括高端的软件技术、成熟的管理理念和高效的营销模式等。因此，"干中学"已经成为知识溢出的基本方式之一。

四、我国软件服务外包中发包方知识外溢的动力因素

（一）认知距离与知识外溢

考虑知识的结构和主体对知识的理解水平的差异，需从认知距离方面来分

析知识溢出的效应。认知距离可理解为主体的知识库之间的重叠程度和可以理解的距离，通俗地讲，就是人与人之间对某一问题了解的多少（知识库之间的重叠程度）和能够彼此理解的范围的差异（可以理解的距离）。在知识溢出中如果认知距离小，会产生较高的理解能力，相反，如果认知距离大，理解能力就会有限，但是能够得到较多的新知识。由此可以得到三种结论：第一，主体间的认知具有相似性，存在一定的认知距离，即知识库存在部分重叠，他们对知识的理解和运用就会相似，能够了解彼此之间的行为和表达，所以存在一定的认知距离有利于主体间的交流和沟通。从集合的角度来讲，交集的部分较多。举例来说，同一个老师培养的学生大致就类似于此情况，学生之间彼此有差异，但是在理解问题上会有很多相似点，而彼此之间的沟通能产生创新点。第二，主体间的认知完全相同，即知识库完全重叠，双方对于问题拥有无任何异议的认同，无法实现知识溢出，失去创新能力。这是两个集合完全重叠的情况，因而无法找到差异，此种情况下，双方的情况是彼此知道对方谈话和思考的内容，因此，无法产生新的内容，所以也无法创新。第三，主体间的认知完全不相同，双方在认识论和方法论中无任何交集，即知识库没有重叠，此种情况同样无法实现知识溢出。这种情况的例子是两个语言不通的人进行交流，其结果是无法交流，根本不知道对方在说什么，更不用谈知识溢出。

　　第二种和第三种情况属于理论中存在的极端情况，现实中以第一种知识库有部分重叠为主，适当的认知距离有助于主体间的知识理解和新知识的获得。对日软件服务外包就属于前文中所说的第一种情况，中日软件企业所拥有的软件设计制造的能力就是知识库，由软件产业的特点可知，中日企业的知识库必然是有一定重叠的，但是在软件开发中重要的环节，如需求分析、系统分析、基本设计、技能设计等都是由日方完成，在对日软件服务外包的过程中，中方也接收到了溢出的知识，提升了自身的软件开发能力，通过近些年的不断发展，这种认知距离正在不断缩小。

（二）吸收能力与知识外溢

　　将溢出的知识变为己用，其中一个重要因素就是接受方的吸收能力。吸收能力是指识别、消化与利用外部知识的能力（Cohen 和 Levinthal，1989）。它来自主体对外长期的投资与自身知识的积累过程，是成功获取外部知识技术的重要条件。吸收能力强的企业需要在人力资源、前期知识储备和创新再造等多方面有较多的投入作为保障，首先投入相适应的人员作为基础，用来吸收外部的知识溢出，前期的知识储备是吸收的重要前提，有利于更快速、准确地掌握新知识，进行消化吸收，创新再造是将外部知识吸收为己用的阶段，真正实现了知识溢出，也为下一步的再吸收打下了基础。主体的吸收能力越强，知识外溢的效应越大，两者存在正相关的关系。

从目前我国软件服务外包产业的整体来看，其吸收能力还不够强，尤其是利用再创造的能力还需要再提高，软件服务外包是我国软件产业发展的推动力，我国企业应该加大人才培养力度，建立相应机制，提升吸收能力，积极主动参与到分析和设计当中，避免单纯地成为外包的劳动工具，从发包方处获得更多先进的理念和技术，以推动我国软件产业的向前发展。

（三）技术差距与知识外溢

Findlay 在 1978 年的实证研究中，指出企业间的技术差距越大，知识溢出越多，原因是学习的空间更大。而一些学者却持相反意见，他们认为，内外资企业技术差距越小，溢出越明显（Haddad 和 Harrson，1993），他们的解释为：技术差距过大，更难以学习。

由于各个国家和地区之间技术发展水平不同，技术领先的国家和相对落后的国家之间就存在技术差距，这种技术差距是主体间知识溢出存在的必要条件，如果主体间的知识水平（不考虑知识结构）是相同的，就不会有溢出（宁明军，2008）。技术相对落后的国家会对先进国家的技术进行模仿，在模仿中技术领先国家的这种比较优势就会逐渐消失，相对落后的国家模仿成功时就得到了扩散的或溢出的知识。技术差距与知识溢出效应呈倒 U 形的关系（陈飞翔和郭英，2005），如图 4-7 所示。

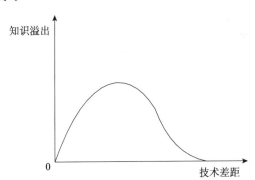

图 4-7　技术差距与知识溢出效应倒 U 形关系曲线

由图 4-7 可以看出，开始阶段随着主体间技术差距的加大，知识溢出效应也同样加大，两者存在正相关关系，但是这个技术差距无限扩大是不可能的，当技术差距扩大到一定程度时，也就是到达倒 U 形的顶点，之后的知识溢出效应会随着技术差距扩大而减少，这也就说明当主体间的技术差距大到落后者已经无法在自身现有知识水平上接受先进的新技术时，知识溢出效应会与技术差距出现负相关关系。

　　我国软件产业发展起步晚、起点低、技术人才匮乏，相应配套的财政和政策支持不足，这些因素使得我国软件产业与国际先进水平相比存在一定差距。现阶段，我国的外包业务大部分是信息技术外包。信息技术外包的主要内容是企业的信息管理系统，如数据转换、数据库管理、系统管理等。信息技术外包主要依赖管理能力和信息与网络技术。比信息技术外包更有难度的是业务流程外包，业务流程外包参与到了企业的管理流程当中。以对日软件服务外包为例，我国作为日本软件服务外包的主要承接国，双方的技术差距处于倒 U 形曲线的左侧，也就是从这种外包中我国软件企业会接受到溢出知识（图 4-7）。但是随着这些年对日外包承接和我国软件产业自身的发展，技术差距在缩小，知识溢出也在相应减少，这对于我国软件产业的发展来说是值得肯定的。但是如果不能消化接受到的溢出知识，开始独立开展软件项目开发，我国的软件产业仍难获得大的发展，无法形成与日本软件业竞争的能力。

　　我国承接企业的技术水平和日本的差距还比较大，这个差距包括基础技术和软实力两个方面。基础技术属于显性知识，更容易外溢，也更容易扩散，因而其差距更容易通过知识外溢与学习来弥补。但在基础的网络技术都相同的情况下，我们需要学习的就是企业流程的管理技术，这些隐性知识就比较难以扩散，也难以学习，这些技术属于软实力。信息技术外包的知识外溢程度较低，对于软件的承接方来说，可以学习的内容更少，大部分仍然停留在基础技术层面，而没有软实力的参与，即企业的管理与运营。

（四）文化差异与知识外溢

　　文化差异是不同文化之间的差别，当它们相遇之时会产生冲击、竞争及失落等反应，文化差异主要体现在种族群体、语言能力、社会阶级、民族主义、文学艺术修养等方面。这种文化差异是客观存在因素，也是知识溢出的润滑剂，在知识溢出的过程中文化差异小有利于知识的溢出，因为在相似的文化体系下，人们有相似的知识背景和意识形态，对问题的认识能够达成更多的一致性，对是非标准不需要更多的交流，减少了信息的不对称性和不完整性。反之，如果文化差异特别大，主体间对问题存在着严重的分歧，缺少一致的认识，无法对信息进行充分交流，知识在溢出过程中就出现了较大的损失。

　　以对日软件服务外包为例，中日企业同样存在文化差异，这种文化差异属于东方文化内部的差异，比起与欧美国家之间的东西方文化差异要小（蒋莉琴，2009），但依然存在着。例如，日本人是以严谨和高效率闻名的。一般的日本软件的文档里会对需求进行很详细的描述，这也是为什么有人称"软件服务外包"是"代码工厂"的原因。日本人规范得很细，推行 TQM 管理理念，追求零差错率。在效率上，我们可能涉及返工或者调试。从效果上说，即便经过调试，也很难达到使用者的预期。例如，习惯和管理理念是一种隐性知识，而这种隐性知识是蕴含在文化之中的，因此对文化的理解和把握，有利于进一步提高知识溢出的效率和效果。同时，如果能够结合中国的文化，提出适合我国国内企业发展的理念和思想及一些管理模式，这就已经从知识外溢走向了自主创新。

（五）政策环境差异与知识外溢

知识溢出受到政府政策的影响，包括知识溢出的提供方和接收方的政府的相关政策。通常情况下，政府鼓励"夕阳产业"的知识溢出，来保护环境、节约资源和降低成本，限制"朝阳产业"的知识溢出，保持自身相对优势的产业地位，获得更多的经济利益。以对日软件服务外包为例，日本主观上并不愿意知识外溢，日本有很强的内合群性，一旦和国外企业发生竞争，则群策群力，一致对外。而政府关于知识产权和技术出口的政策也阻碍着知识溢出，在主客观上都不支持知识外溢。从中国的角度来说，我国鼓励自主创新，鼓励引进、消化、吸收，鼓励对外学习，在这方面已经取得了显著成效，因此政策差异直接影响着知识外溢。

第二节　我国软件服务外包
与开放式创新的内在一致性

一、我国软件服务外包知识溢出的效应分析

（一）联系经济性

联系经济性（linkage economy）说的是发包方和承接方是经济利益共同体，是静态的软件发包方和承接方的关系。一个简单的例子是，2011 年 3 月 11 日的日本大地震直接影响了日本国内企业的发展，从而影响了软件服务外包的业务总量，中国国内对日外包的企业也放慢了增长速度（邱善勤，2011）。另一个显著的例子是，印度班加罗尔的软件人员要求更高的报酬，使得短期内外包成本增加，发包企业的管理成本不可控。另外，假设只有印度一个软件园，如果印度政局不稳定，将直接影响其他国家企业的发展。

（二）协同进化

协同进化（co-evolution）的基础是联系经济性，指的是发包方和承接方能够同时变得更好，是动态的软件发包方和承接方的关系。我们不能孤立地把发包方和承接方看成是客户和供应商。站在发包方的角度，发包方的精力和时间是有限的，只有将非核心业务外包，才能够将注意力完全花在最具有核心价值和核心竞争力的部分，从而获得更大的经济利益。而发包方作为客户，需要的是最好的服务，因此确实有提高承接方业务能力的动因。站在承接方的角度，承接方的业务能力的提升是企业持久发展的根本保证，因此，承接方也渴望从发包方处获取知识，提升自己的能力，以便下次能够获取更大的发展。

在软件服务外包中，发包方发包的虽然是非核心业务，但是对于中国的软件企业来说，这些业务却对我们软件企业水平的提高起到了正面的促进作用。二者实际上已经连成一体，要求共赢。这激励了发包方让知识溢出的动力，最终达到共同进步，也就是协同进化。经济联系性与协同进化二者共同对发包方和承接方持续、稳定、互利共赢的发展提出了要求，二者同时促进了发包方的知识外溢和承接方的长久发展。

（三）聚集效应

聚集效应（agglomeration effect）主要是在承接方之间有所体现。知识的溢出可以通过承接方的传递，也可以通过承接方的交流合作与人员流动实现。产业园的聚集效应表现得很明显，作为发包方来说，可以方便其选择承接企业，承接方可以通过软件园来吸引客户，因为软件园的存在，可以吸收大量的人才，一般也不会出现供不应求的现象。在软件服务外包中，聚集效应体现了沟通的便利与知识溢出的扩大化，主要体现是由于企业聚集在一起，减少了信息在传输过程中的失真度，增加了信息的传送幅度，因此，能够让知识更快速、更准确地被学习与掌握。聚集效应对发包方和承接方起到了共同促进的作用。

（四）知识融合

从与软件相关的知识到金融、医药、物流等各个行业的知识的共同发展，复合型人才的需求量大增，而软件服务外包就是在实战中培养复合型人才的地方，在这里各种知识的融合（knowledge pooling）使得人力资源大步前进与发展。例如，软件服务外包中的业务流程外包和知识流程外包都涉及行业的交融贯通，尤其是知识流程外包需要更多的专业知识和研究，用以评估和决策。例如，完成简单的银行取款业务，就必须对该行业的一些具体流程有所了解，如判断存折是否有效，计算账户余额，记录取款金额和时间，最后打印凭条等一系列工作（国家服务外包人力资源研究院，2012）。又如，东软集团股份有限公司为阿尔派电子公司设计过汽车导航软件，这一软件就同时涉及 GPS 定位系统、数据库地图导航等各个方面的知识（埃尔钦汗，2010），这就比上述取款一例更为复杂，绝不仅限于软件层面。

（五）研发合作

软件服务外包需要发包方和承接方共同合作完成，在合作的过程中，很多知识在沟通与交流中得到传递。一些问题甚至双方会反复探讨，这就使得知识不断地从发包方溢出到承接方手中。研发合作（research collaboration）的基础是双方有共同的利益。如果说协同进化是从宏观和长期上说的话，那么研发合作就是实现协同进化的方式之一，是专门提出研发合作作为知识溢出的效应来分析，是因为研发合作在短期内能够产生知识成果。不仅如此，研发合作还提高了部门间，企业间的沟通和交流能力。因此，研发合作产生的效应也对外包企业产生了显著影响。

（六）文化融合

文化融合（culture integration）在对日软件服务外包中有所体现。在对日软件服务外包的合作当中，涉及大量的日本文化，主要体现在软件的设计和使用，以及企业管理的方式和方法中。在对日软件服务外包中，日本的管理文化具有其先进性，如 JIT、TQM 均为日本企业管理的产物。因此，在对日软件服务外包中，可以适度学习到日本的管理文化和管理理念，这对国内的企业管理来说是一种交融和提升。

二、我国软件服务外包中的知识学习优势——以对日软件服务外包为例

（一）政策优势

中国政府非常重视软件服务外包产业的发展，制定并实施了一系列鼓励和支持软件服务外包产业发展的优惠政策。作为东北地区最早对外开放的城市之一，大连率先在东北地区崛起，成了东北地区璀璨的明珠。早在 1982 年大连就启动建设了第一个日中合资的工业园，还制定了一系列吸引日本制造业投资办厂的优惠政策，促使日本对中国大连市的投资日益活跃起来。作为中华人民共和国国务院（以下简称国务院）批准的第一批沿海开放城市，大连在建设大连经济技术开发区的同时，以开发区为载体，吸引了大规模的外商投资（日向裕

弥，2006）。大连的软件产业又是大连的支柱产业之一，拥有大量的行业优惠政策。例如，率先成立软件园，就把大量的分散的资源集中整合，形成了聚集效应；又如，对软件产业实施的财政税收政策，对产业的发展起到了显著的作用。

（二）语言文化优势

发包国与承接国之间的文化渊源，尤其是语言联系，对服务外包的影响非常大。日本和中国的文化都属于东方文化，生活习惯和文化的相似性较强。根据杨波（2009）在《IT服务外包——基于客户和供应商的双重视角》一书中的调研结果，有50%左右的企业认为语言问题是影响IT服务外包企业发展的制约因素。在对日软件服务外包中，汉语和日语的相近性，使得沟通较为便利。更重要的是，由于历史原因，中国东北地区对日语的掌握水平高于其他地区，语言文化优势无论是在对日软件服务外包的标准和需求的一致性上，还是在对业务的理解和承担上，都显得非常显著。

（三）区位优势

区位优势主要体现在大连与日本的距离较近，在其他条件相同的情况下，地理距离近可以减少交易成本，如交通费、通信费等。除此之外，地理距离近还可以减少投资成本，日企对大连软件企业的参股和或者在大连软件园内设立子公司为其服务就是一个例子（朱晓明等，2006）。大连的区位优势是一个比较优势，为大连软件产业的发展提供了其他城市没有的自然优势。

（四）人才优势

对日软件服务外包是人才资源密集型产业，需要大量懂日语的技术人才。在人才培养方面，大连长期而广泛的日语教育造就了众多日语人才，对日资企业有着极大的魅力。大连有著名的大连外国语学院，日语教学水平很高，每年都向中华人民共和国外交部等输送日语人才。除此之外，辽宁省、吉林省、黑龙江省是朝鲜族聚居的地方，从中学就开始学习日语的人也很多，可以说这里具有良好的日语教育环境，大量优秀的日语人才为了寻求商机和用武之地汇集到大连。

另外，在软件专业人才的培养上，也取得了显著成效。近几年来，我国已经逐步建立起较为完整、渐成规模的IT人才教育培训体系。从目前来看，全国有37所国家级示范性软件学院和47所省级软件示范性学院。这些软件学院所培养的软件人才可分为精英型软件人才、蓝领型软件人才和应用型软件人才三个层次。同时，高等院校都能够开设与IT相关的各专业学科，在培养人才方面，也形成多层次的培养体系。例如，大连东软信息技术学院就是企业带头办的具有针对性的学校，是全国第一所规模最大的民办软件专业大学，经过5年的发展，它已经发展成为1万人的大学。在复合型人才的培养上，大连交通大学开设了"会计＋软件"，"土木工程＋软件"，"机械工程及自动化＋软件"等专业，培养了一批又一批复合型人才。

（五）成本优势

随着基础设施的完善和技术水平的提升，大连的软件服务外包人员在对日软件服务外包业务中的成本优势更加明显，即大连的软件产业能够在一个比较低廉的成本下，提供优质的软件服务。与日本比较，日方劳动力成本远远比中国高，这促进了日方外包的需求。而低价的成本换来的是更多的学习机会，从而促进了大连软件产业的发展。

三、我国软件服务外包发展与开放式创新之间的矛盾与双赢

（一）软件服务外包产业发展抑制开放式创新

1. 有限资源与机会成本

外包的发展在一定程度上会占据自主创新的资源。以对日软件服务外包为例，在资源有限的情况下，软件服务外包行业的发展会消耗大量人力资源，而无暇顾及研发与创新。另外，外包的业务量一般情况下比较大，并且大量外包业务处于中低端，同时日本人对项目的要求规范得很细，很难有发挥的空间，这就意味着很难在完成外包工作的同时进行自主创新。另外一个必须注意的事实是，外包的软件一般比较花费时间，这些从业人员甚至经常加班来完成该任务，尤其是对日软件服务外包。综上所述，外包的发展在一定程度上对创新起到抑制作用。

2. 边际知识外溢递减

随着产业的发展，可以学到的知识逐渐较少，呈现边际收益递减的趋势，从而使对日软件服务外包中知识的学习有限。从一般意义上说，发包企业不会把核心业务外包出去，外包的业务一般都是重复的和非核心的业务。这类业务对创新的作用不大，因为这些业务很多是机械和重复性的。而且一般发包企业对知识产权和商业秘密看得很重，这就使得创新的一些途径（如模仿创新）被一些外部条件控制，从而减少了创新的可能性。

3. 产权管理不完善

我国对知识产权的管理并不完善，外包产业的发展使得各种软件的总量增加。盗版猖獗使得很多软件均可以免费获得，这直接决定了研发创新只赔不赚。研发出的新软件立刻被模仿，这就使得国内软件公司失去研发的动力，从而也

就间接影响了创新。

（二）软件服务外包产业发展促进开放式创新

我们必须注意到另外一个事实，就是外包是自主创新的思路来源，外包对自主创新的人才培养也起到正面作用。

1. 走向国际与了解前沿

外包的过程开启了我国企业与国际接轨的渠道，使得我国的软件产业能够接触到发达国家的主流需求和前沿问题等。这是创新的很重要的一步，只有发现了问题，才能解决问题。与此同时，通过软件服务外包实际上也可以部分地了解发达国家的解决方案。外包可以成为自主创新的灵感的来源。

2. 促进交流与增强合作

外包服务业的发展增加了知识交流的途径。从零星的外包企业到产业园，从产业园到国际市场，外包的发展促进了沟通与交流，使得人员流动更加频繁，隐性知识的传递更加迅速。这些都有助于促进知识外溢，而知识外溢是提高企业的创新能力的动力之一。这点在我国软件服务外包中的知识学习与产业自主创新能力的互动关系中已有论述。

3. 示范作用与培训作用

外包的存在，的确也使得世界各地的大型企业来我国的软件产业园设立研发基地，这里就有两个作用：一个是示范作用，这点很明显，群体里通常都会有领头羊，这些企业引领了发展方向。根据刘绍坚的研究，中国通过承接国际软件服务外包所产生的示范效应，能够直接影响本土研发能力的提升，具体来讲，示范效应每提升 1 个百分点，本土研发能力提升 0.219 个百分点（刘绍坚，2008）。另一个是培训作用，指的是外资企业对我国从业人员进行培训，这与我国的自主创新间接相关。两者都使得我国外包的创新能力得到提高。

4. 专业交融与复合型人才

因为软件服务外包行业涉及的面比较广，包括金融、计算机、能源等各种门类的行业，因此，软件服务外包的发展可以培养出综合性人才，而该类人才的出现，从长期看是有利于我们国家的发展和自主创新的。该类复合型人才的培养，源于软件服务行业的发展，尤其是当软件服务外包行业取得长足进展时，各式各样的人才都会随着软件产业的发展而发展。从当前软件人才的角度考虑，可以分为技术型人才和管理型人才，技术型人才需要精通软件的基础语言，能够熟练编写程序。而管理型人才则需要深入到企业的管理流程中去，对企业的管理流程进行深入分析，在此基础上，为业务流程再造等提出意见。管理型人才的培养成了当前的重点，技术型人才在我国软件服务外包的发展中可逐渐成长为管理型人才。

第三节　我国软件服务外包促进产业
自主创新能力提升的策略

一、产业自主创新能力的内涵

探究产业自主创新能力的内涵需要回归到最早提出"创新"一词的经济学大师熊彼特的"生产要素的新组合"的思想，产业自主创新能力也就是"一个产业进行资源要素有效配置、提高经济增长质量（发展绩效）的能力"。产业自主创新能力在自主创新能力的基础上增加了主体形成的概念，是一个系统的概念，是产业各个方面创新能力的综合体现。李冶（2007）认为，产业自主创新能力是指该产业内部所有企业主体通过原始创新、集成创新、引进—消化吸收—再创新过程，解决企业生产的关键技术问题，形成核心技术和自主知识产权，以提升企业竞争力和社会效益的集合（胡海波，2010）。产业自主创新能力的大小不仅取决于企业自主创新能力，同时，它还与产业内企业的组织结构、产品结构等密切相关，是一个区域竞争力的核心（张明辉和越玲玲，2007）。从组成来看，产业自主创新能力主要包括产业技术创新能力、产业制度创新能力和产业管理创新能力，以及三者之间的相互作用。

二、从创新源角度探讨我国软件服务外包产业发展与软件产业创新能力的关系

（一）产业发展与客户创新

从自主创新的创新源上考虑，客户发包业务的复杂程度的增加和价值链的上移，对于企业的自主创新来说都起到了正面的作用。客户的需求随着经济的发展和管理理念的提高而改变和提升。在此过程中，国内软件产业接触了更多的前沿信息，在创新能力上取得了进展。而创新的增加又进一步带动了行业的发展，从而可以接到更高端和更复杂的业务，二者相辅相成，共同发展。

（二）产业发展与员工创新

外包产业的发展对创新的另外一个好处是，外包产业的发展极大地发展了另一个创新源——员工。首先，本行业的发展促使员工的能力得到提升，增加

了创新源的质量，而在数量上，提高了创新源的总量。更为重要的是，员工是一线人员，有第一手的资料和经验。另外，从业人员的综合素质会因为产业的发展而提高。这里有两个原因：第一，产业的发展使得教育更加被重视，因此对既有员工的培训及对大学在校生的培养都被更加重视；第二，一些不能适应本行业的员工将会被淘汰，而这种优胜劣汰的机制将显著地提高当前从业人员的水平。这对软件产业的自主创新起到了极大的促进作用。

（三）产业发展与产学研一体化

作为创新源之一的学校，也应当具有导向性，大连理工大学和大连交通大学就均成立了软件学院，来应对这一发展趋势。而软件学院的成立，也标志着产学研的一体化，这就使得在行业创新的外部引入了高校，高校的加入也加快了创新的进程。产学研一体化可以迅速加快本行业的创新与发展。行业的发展也使得国内外更多的专家、学者聚集在我国，在我国的软件园驻足，对我国软件服务外包产业的长期发展和自主创新都起到了积极的作用。

三、我国软件服务外包发展中创新能力影响因素分析

（一）外部因素

1. 创新氛围

产业的自主创新能力，最终还是会落实到行业的企业中。任何一个企业，均需要有良好的创新氛围。创新氛围是一个外部因素，该因素能使企业敢于创新、乐于创新。创新氛围于企业，如学风于校园。良好的氛围具有自由的精神、独立的思想、活跃的思维等表现形式，在我国软件服务外包中体现为对每一笔业务进行思考与总结，在此基础上进行探讨与分析。良好的创新环境是一个外部因素，但该因素却是孕育思维的温床。创新如同种子，可以结出丰硕的果实，但需要一个适宜的环境，而该环境正是前文中提及的良好的创新氛围。

2. 政策支持

政策支持分别体现在以下几个方面。

（1）软件园政策。软件产业的发展需要充分发挥聚集效应，集思广益，从而达到发展与创新。软件园可以满足产学研一体的专业化的要求，是具有规模的产业基地。软件园可以形成一个集工作、生活、商务为一体的国际化科技新城。在我国软件服务外包中，软件园的存在，可以通过地理上的聚集，达到研发创新的聚集。软件园这一平台可以促进发包方与承接方、承接方之间的交流程度与人员回流互动的强度，从而间接促进与增强了企业的自主创新。

（2）财政税收政策。财政政策包括对创新项目拨款等行为。政府财政政策的支持，相当于给企业吃了定心丸。因为创新需要的是大量的科研资金，而资金的来源则成了一个亟待解决的问题。对于企业来说，政府拨款的风险很小，无资金压力，可以更安心地进行科研工作。一旦科研资金的获得有了政府作为保障，将极大鼓励企业精心研发。税收政策的影响可以从三个角度加以说明。从行业的角度来说，软件产业的售价高、原材料少，从而附加值比较高。因而需要多缴纳税收，可以考虑对软件产业的企业本身给予适当的减免税。对软件产业的减免税可以促进该行业的发展。从行为的角度来说，可以考虑对软件产业的研究行为、创新行为给予减免税，这将有助于行业创新。从主体的角度来说，可以对创新的团队或者个人给予税收上的一些减免税政策，这将提高个人创新的动力。

（3）人才政策。人才政策指的是对人才的引进和安置的相关政策。例如，以何种标准来评价本行业的高端人才，评定后高端人才如何引进，引进后如何解决其日常生活等问题。人才政策的优劣可以决定人才回流互动的速度和幅度，可以加快区域自主创新的速度。一个运行良好的人才政策是行业持续发展和自主创新的直接动力。

3. 组织协会

一个运转良好的行业协会扮演着多方面的角色。第一，行业协会是本行业发展方向的引导者，行业协会可以为整个行业的发展指明方向，起到一个引导作用，行业中的专家、学者一般更加关注行业的前沿发展状态，因此对当前的发展方向有更深入的了解和分析。第二，行业协会在一定程度上是本行业的规则制定者，起到规范行业行为的作用。例如，在对创新的保护上，行业协会可以在一定程度上抵制抄袭行为。第三，行业协会扮演着中介的角色，构建了一个本行业交流合作的平台，使得行业内各个企业，可以很便捷地相互联系。印度的软件行业协会在这方面就做得很好，他们构建了数据库，记录了本行业的相关信息，提高了行业内交流程度，对本行业的发展起到了积极的作用。

（二）内部因素

1. 创新动力

企业的自主创新缺乏动力。大量企业当前面临的主要是如何获取较高利润的问题，说得直接一些，就是生存的问题，急需做大做强。没有小企业有动力在自身规模还比较小的情况下获取和寻求创新，因为创新需要承担很高的风险，企业甚至可能因此倒闭。故创新的动力在于企业做大做强以后，寻求新的利润增长点。企业缺乏创新的动力的另外一个原因是企业安于现状，仍然依靠廉价劳动力获取利润，此类企业不多，并且会被逐步淘汰。最后一个原因是行业内不存在自主创新的氛围，因此外部环境使企业失去了创新的动力，这点在前面已有提及。综上所述，软件企业在当前的情况下不会有太多的动力进行自主创新。

2. 有限的时间和精力

软件服务外包工作强度大，有时候，我们的软件人员会因一个软件项目而长期无法安心休息。时间对于人们来说是有限的，完成软件项目的机会成本是大量的时间和精力，而创新也恰恰是最需要时间和精力的，在一个工作强度相当大的环境下，软件人员无法进行深入思考，也就没有时间和精力完成工作之外的事情。因此，这一问题的存在对区域自主创新产生了显著影响。

3. 产业创新的资金来源

自主创新需要资金支持，支持创新其实是一种风险，因为创新不一定成功，创新的失败在财务上很可能导致亏损，对于一个以赢利为目的的企业来说，市场经济不允许其亏损与失败。并且创新需要持续的现金流来支持，只有企业"财大气粗"的时候，才有底气进行创新活动。因此首先要提高企业应对风险的能力，这点至关重要，在应对风险的能力提高之前，盲目创新、研发会让企业周转困难。这也是为什么大量企业不能进行自主创新的原因。

4. 人才培训

教育的作用是长期的，在短期内并不能显示出来。从长期来看，一旦教育环节出现了问题，直接受影响的就是创新的主体——人。例如，对日软件服务外包需要复合型人才，这就是一个前导信号，要求教育随之进行变革，通过入职前高校的人才培养及入职后企业的人才培训，加强和重视复合型人才的培养，以解决软件产业发展的人才缺口。

四、我国软件服务外包产业促进产业自主创新能力提升的策略

（一）产业策略

1. 优化产业创新环境

改变传统观念，摒弃依靠低廉劳动力获取利润的思想。鼓励新的思想和观念，提倡畅所欲言的风气，唯才是举。倡导敢为人先的思想，不怕失败，敢于创新，乐于创新。缓解创新压力，明确缺乏创新是产业成长的瓶颈，鼓励产业内企业通过创新找到新的利润增长点。

2. 加强软件产业互动程度与频率

通过行业协会举办一些论坛或者会议，用论坛有效地发布本行业最新的进展信息，增进行业人员的交流和互动。协会牵头出台的本行业的权威性刊物和

书籍，使得从业人员能够了解行业当前的发展动向。协会带领行业创新，集思广益，群策群力，共同开发研究。协会需要参与打击抄袭的行为，对这一行为的抵制包括仲裁争议、给出舆论压力、指责抄袭行为。

3. 构建互动学习的交流平台

通过构建互动学习的交流平台，消除合作障碍。合作障碍表现为：优秀员工被"挖墙脚"，核心技术被同行掌握，商业机密被泄露。一个理想化的方法是分歧内部化，即把企业统一为一个整体，拥有共同的目标，分享利润，在实务中表现为项目合作共赢。此外，加强行业行为规范，提高行业素质，也成为亟待解决的问题。

4. 加强复合型人才培养

我国软件服务外包中出现精通技术和懂得大型软件研发管理经验的高端精英人才缺乏、基础程序员过剩的局面，成为产业发展的瓶颈。复合型人才不同于基础软件人才，既需要精通日语，熟知计算机领域的技术，有相关的软件开发经验，又要了解行业发展动向、善于营销管理、培养行业人才、对行业环境变化有快速应变和处理能力。产业发展需要通过构建高校、企业和行业协会一体化的复合型人才培养体系，为产业的可持续发展提供人才支持。

（二）企业策略

1. 外包与自主创新相结合

针对前文提及的资源的有限性，企业有必要考虑机会成本，统筹二者均衡发展。在扩大外包业务、发展软件产业的基础上，加大对新增资源的利用程度，将开放式创新与外包的发展相结合。例如，可以让软件服务外包行业的人员在从事外包若干年后，给予他们自主思考的时间与相互探讨的契机。对之前的工作进行总结与梳理，从而达到融会贯通、自主创新。适度引入风险资金，专门针对企业的研发活动进行投资。建立完善的风险投资市场，以便于风险投资者进入，选择相应的软件公司进行投资。在研发成功时制定相应的政策对风险投资者进行分配，该政策包括如何界定研发的成功与否，如何对因创新带来的收入进行分配等。

2. 争取中高端业务

提高软件服务外包水平，争取获得一些中高端的业务。外包业务的拓展，不应当仅仅是价值链的低端项目的增加，而应该是从中低端业务走向高端，从重复机械的"代码工厂"走向软件开发设计，这才是发展的出路。争取中高端业务，同时也是促进产业转型的必经之路。产业转型就是要从技术含量低的劳动密集型转向技术含量高的高新技术类型。通过争取中高端业务，也增加了知识外溢的总量，提高了软件服务外包企业的技术水平，无论是对自主创新还是对提高竞争力都是有帮助的。

3. 加大知识产权保护

自主创新是需要投入的，对承接方来说，一定的投入可以提升研发能力，对发包方来说，可以享受更好的服务质量。但这一点均建立在对知识产权的保护上，缺乏知识产权的保护，发包方不愿意让承接方知道更多的关于其企业的事情，承接方的研发投入也将因为盗版的出现而石沉大海，无法收回。因此，加强知识产权的管理和保护对承接方来说，既是促进行业发展的一剂良方，也是走向开放式创新的必经之路。

4. 服务于国内需求

从服务外包转向国内需求是一个质的转变，这一转变使得国内的软件公司可以更好地为民族产业的提升做贡献。通过把从软件服务外包中学习到的思想和技术，加以改造和提升，然后服务于国内企业，可以为我们国家的企业规范化管理做出很大贡献。中国的软件企业的优势是能够深入了解国内情况，结合中国的文化和思想，研发适用于国内企业管理的软件，引入软件服务外包中学到的技术与方法。这是一种双赢的选择，实现了两条腿走路，从软件服务外包走向内需，更好地服务于国内企业，实现了产业转型。

（三）政府政策

进一步加强知识产权保护的执法，形成优良的软环境来鼓励创新，从而让创新的企业切实从中得到经济利益。加快地方法规建设，使得地方法规与国际惯例相结合，并且出台具体的操作规范和实务指南，明确创新的界定与应用问题。优化财政税收政策，出台细则和具体规范，把优惠政策落到实处，减少审批手续，为企业的发展提供便利。注重教育，立足长远。通过不同的培养模式，培养出"专才"和"通才"，即通过职业教育，满足软件产业的从业人数需求；通过高等教育，提高软件产业的综合水平与创新能力，使教育与企业需求结合。企业及时把对人才类型的需求反馈到学校，做到"嗅觉灵敏"，在第一时间察觉到需求的变化。高校应当在政府的主导下，调整教育方案，适应市场，提高自主创新水平。

第五章
软件服务外包产业核心竞争力评价体系构建与实证

第一节　软件产业竞争力评价体系研究概况

一、评价指标体系研究概况

王建平等（2004）从环境、产业资源、企业组织与市场需求四个要素出发，对区域软件产业竞争力的要素构成进行了理论分析，但并未进行实证研究。贾建莉（2005）从产业投入、产业产出、市场绩效、技术创新和支撑环境五个方面，并通过指标海选和筛选，得到 38 个海选指标和 15 个最终指标。管晓燕（2006）从生产竞争力、市场竞争力、技术竞争力三个方面，构建了软件产业竞争力评价指标体系。焦晓阳（2010）从产业投入、产业产出和创新环境三个方面，构建了辽宁省软件产业竞争力评价指标体系，并采用因子分析法，选取 27 个省市的数据进行了实证分析。胥艾（2011）以 GEMS 模型为基础，构建了服务外包竞争力评价模型，并选用因子分析法进行了评价。赵枫（2010）以产业竞争力理论为基础，从产业规模竞争力、技术创新能力、人力资源竞争力、企业运营成本和环境支撑力五个方面，构建了软件和信息服务产业竞争力评价指标体系，并采用层次分析法确定各指标的权重，应用模糊多因素、多层次综合评价方法对我国具有代表性的 14 个基地城市进行了综合评价和排序，并应用聚类分析法对各基地城市进行定位。

虽然国内外对产业竞争力评价指标体系做了很多研究，但是针对区域软件服务外包产业核心竞争力评价指标体系的研究还不多见，现有的指标体系或是过于庞大不利于评价实施，或是不能涵盖软件服务外包产业的特点。要想对不同区域软件服务外包产业核心竞争力的发展状况进行科学评价，就必须从影响该产业核心竞争力的影响因素入手，构建指标体系。

二、评价方法研究概况

根据指标权重赋权的不同，可以将现有评价方法研究分为以下两种。

（一）基于主观赋权的评价方法

彭国甫（2004）、吴建南（2004）提出用平衡计分卡法从政府的财务状况、顾客服务、内部经营、学习与成长四个维度来评价政府绩效。赵枫（2010）采用层次分析法确定各指标权重，并对我国具有代表性的 14 个基地城市进行了综合评价和排序。这种评价方法主要通过主观来确定指标权重，缺乏对评价指标权重的客观分配。

（二）基于客观赋权的评价方法

王炳兴和苏为华（2006）利用总体几何均值的参数估计方法评价社会和谐度。贾建莉（2005）采用因子分析法，对区域软件产业竞争力进行了评价。焦晓阳（2010）采用因子分析法，选取 27 个省市的数据，对区域软件产业竞争力进行了评价。胥艾（2011）选用因子分析法，对我国大连市服务外包竞争力进行了评价。此类研究通过客观评价来进行赋权，可能会导致计算结果解释性差。

第二节　软件服务外包产业核心
竞争力评价指标体系构建

一、软件服务外包产业核心竞争力要素分析

本章从钻石模型出发，结合其他竞争力理论，在对软件服务外包产业特点分析的基础上，提出软件服务外包产业核心竞争力的影响要素应包含生产能力、市场状况、成本与赢利能力和支撑能力四个方面。

（一）生产能力

根据迈克尔·波特的钻石模型，生活要素可以分为基本要素和高级要素。其中，基本要素指一国先天拥有的或不用花费太大代价就能得到的要素；高级

要素是指通过长期投资或培育才能创造出来的要素（王力等，2011）。

从软件服务外包产业的全球发展状况来看，在生产要素方面，决定软件服务外包产业发展更重要的是高级要素，其可表现为软件服务外包人才的数量、技术水平和企业规模。一是要求有能满足软件服务外包产业发展的大量的劳动力资源；二是要求劳动力资源具备一定的专业水平；三是要形成规模效应。具体可以分别从研发状况、产业规模等方面进行衡量。

研发状况是影响软件服务外包产业技术水平的重要因素。软件服务外包产业为高技术行业，因此，研发人员的人数和技术水平是影响该产业发展的一个主要因素。此外，该产业在研发方面的投入也对提升该产业的研发水平具有重要的作用。

产业规模是衡量不同区域软件服务外包产业发展情况的一个必要条件。根据集聚优势理论，产业集聚可以降低产品成本，吸引相关产业资源，有利于相同类型的企业集聚，形成产业集群效应。区域中该产业的人数、企业数和资产总额，可以反映软件服务外包产业的规模状况。

（二）市场状况

市场状况反映的是产业对国内市场和国际市场的占有情况。按发包方和承接方的地域分类，软件服务外包业务可分为国际服务外包和国内服务外包两种类型（丁磊，2010）。而随着离岸外包业务的快速发展，中国软件离岸外包市场也迅速壮大，2010年上半年，中国软件服务外包服务出口已达12.3亿美元，同比增长38.8%，增长速度远远超过其他软件业务收入（王力等，2011）。

因此，在服务外包，特别是离岸外包迅速发展的背景下，衡量区域软件产业的市场状况，既要考虑当前的市场占有状况，又要考虑其是否适应离岸外包迅速发展的新形势，即要从总体和出口两个方面进行衡量。

（三）成本与赢利能力

产业由企业构成，若区域某产业中的大部分企业在该行业中具有竞争优势，则区域产业也具有竞争优势。根据钻石模型的相关理论，产业竞争力受企业战略、组织结构和竞争情况的影响。产业中企业的质量对产业核心竞争力有重要作用，企业生产成本和赢利能力是决定企业是否具备可持续发展能力和竞争优势的主要因素，因此也是影响产业核心竞争力的主要因素。

企业的生产成本包括人力资源成本、办公成本、上交税金等几个方面，其中，人力资源成本占据生产成本的较大比例。根据印度的经验可以看出，大量的廉价劳动力是促使印度软件服务外包产业发展的重要因素。同印度相比，中国劳动力成本相对更低，除了软件服务产业发展较好的北京、上海等城市，中国很多二线、三线城市的劳动力成本更低，因此在该方面具有较强的竞争力。

除了人力成本，企业的办公成本也是影响区域产业竞争力的一个重要因素。随着中国房地产市场的快速发展，各地房价飞涨，这使得企业办公成本也随之增加，与软件服务外包产业发展较早的城市相比，房价较低的城市在节省办公成本方面更具有优势，这也是导致中国软件服务外包产业开始向很多二线、三线城市扩展的主要原因。

（四）支撑能力

支撑能力体现的是产业外部环境对产业的作用，包括政府作用、机遇和相关支撑产业的发展状况。虽然钻石模型将政府作用和机遇作为辅助因素，但就各国软件服务外包产业的发展经验来看，政府作用和机遇对促进该产业发展起到引导和推动作用，是提高软件服务外包产业核心竞争力的关键因素。

政府作用是促进软件服务外包产业发展的外因。政府通过实行产业优惠和扶持政策（如减免税收、建设产业园）来吸引相关企业，对降低产业生产成本、促进产业集群的形成具有重要的作用；通过规范产业发展的法律法规，支持产权保护体系建设，对健全市场环境，促进产业的健康发展具有重要的作用。

机遇也是促进产业发展的外部因素。就中国软件服务外包产业而言，自2006 年以来，中国开始实施"千百十"工程（中国服务外包研究中心，2013），并分批在国内具有发展服务外包基础的城市中选择较好的设立"服务外包基地城市和示范园区"，这为促进区域软件服务外包产业发展提供了机遇。目前，已批准的中国服务外包示范城市已达到 21 个（中国服务外包研究中心，2013），这些示范城市享受包括税收和人才引进等优惠政策。这为这些城市的软件服务外包产业发展提供了机遇。

除了政府作用和机遇，相关支撑产业的发展状况也是影响软件服务外包产业发展的一个重要方面。根据钻石模型的相关理论，具有竞争力的相关产业是支撑一个产业的可持续发展的重要因素。对于软件服务外包产业来说，其相关支撑产业包括软件产业和电子、信息服务业等，这些产业发展得越好，对软件服务外包产业的支撑作用越强，越有利于提高生产效率，降低生产成本。此外，相关产业在区域 GDP 中所占的比重越大，则说明其对区域经济发展的作用越大，对区域经济发展导向的作用越大，进而对改进区域产业发展环境起到有利的推动作用。

二、软件服务外包产业核心竞争力评价指标体系

基于上述分析，以生产能力、市场状况、成本与赢利能力和支撑能力为准则层，并结合软件服务外包产业的特点选取指标，形成软件服务外包产业核心

竞争力评价指标体系，如表 5-1 所示。

表 5-1　软件服务外包产业核心竞争力评价指标体系

准则层	指标层	备注
生产能力 X_1	从业总人数 X_{11}（正向）	
	研发人员数 X_{12}（正向）	
	企业数 X_{13}（正向）	
	资产总额（万元）X_{14}（正向）	
	研发经费（万元）X_{15}（正向）	技术水平
市场状况 X_2	软件服务外包出口额（万元）X_{21}（正向）	代表国外需求
	软件服务外包出口额占软件收入比例（％）X_{22}（正向）	
成本与赢利能力 X_3	员工平均工资（万元/年）X_3（负向）	
	利润率（％）X_{32}（正向）	
	利润总额（万元）X_{33}（正向）	
支撑能力 X_4	是否有软件产业园 X_{41}（正向）	
	软件业务总收入/GDP（％）X_{42}（正向）	衡量支撑和关联产业状况
	软件业务总收入（万元）X_{43}（正向）	衡量支撑和关联产业状况
	有无软件出口基地 X_{44}（正向）	机遇

第三节　软件服务外包产业核心竞争力评价方法

一、软件服务外包产业核心竞争力评价模型建立的思路

（1）指标原始数据标准化。

（2）通过不同的单一赋权方法确定评价指标权重。

（3）基于评价得分差距最小的最大化原则，通过单一赋权权重确定组合权重上下界，构建计算组合权重的优化模型。

（4）求解优化模型，得到的最优解即为满足约束条件下评价得分最小差距最大化的组合权重。

（5）根据组合权重确定评价对象的排序。

二、基于组合赋权的软件服务外包产业发展评价模型

（一）组合权重确定思路

合理的组合权重应该在涵盖单一赋权方法权重信息的条件下，最大限度地区

别评价对象。通过每个指标不同单一赋权权重的最小值和最大值获得组合权重上下界，并兼顾权重的归一化条件，来确定优化模型的约束条件，确保求得的组合权重既涵盖单一赋权法权重的信息，又满足所有权重之和等于 1 的基本要求；以所有评价对象综合评价得分两两之差中差距平方项最小的作为目标函数，建立目标函数最大化模型，确保得到的组合权重能够最大程度地区分评价对象，避免权重不合理导致评价对象综合评价得分结果近似而使其无法区分的弊端。

（二）组合赋权模型的构建思路

组合赋权模型的构建思路如下：①以所有评价对象综合评价得分两两之差平方项最小的作为目标函数；②以多种单一赋权方法得到的权重的最小值和最大值确定组合权重上下界，并保证组合权重之和为 1；③建立目标函数最大化的优化模型。

基于最小评价值差距最大化的组合权重优化模型：

$$\max f = \min_{i<h}\Big(\sum_{j=1}^{m} x_j r_{ij} - \sum_{j=1}^{m} x_j r_{hj}\Big)^2 \tag{5-1a}$$

$$s.\,t.\ \min_k(w_{jk}) \leqslant x_j \leqslant \max_k(w_{jk}) \tag{5-1b}$$

$$\sum_{j=1}^{m} x_j = 1 \tag{5-1c}$$

$$(x_j \geqslant 0,\ j=1,\ 2,\ \cdots,\ m) \tag{5-1d}$$

式中，一共有 n 个评价对象，m 为评价指标个数，k 为单一赋权方法个数，x_j 为第 j 个指标的组合权重，是待求的变量，r_{ij} 和 r_{hj} 分别为第 i 个和第 h 个评价对象第 j 个指标标准化后的指标值（$i=1,\ 2,\ \cdots,\ n;\ h=1,\ 2,\ \cdots,\ n$），$w_{jk}$ 代表根据第 k 种赋权方法求出来的第 j 个指标的权重（$k=1,\ 2,\ \cdots,\ l$）。

式（5-1a）的含义为求得的组合权重使评价对象综合评价得分之间差距最小的最大值，选择平方项最小的目的是消除距离差正负号的影响。

式（5-1b）的含义是每个指标的组合权重，应该介于该指标单一赋权方法获得的 k 个权重中的最小值和最大值之间。

式（5-1c）和式（5-1d）分别为组合权重的归一化条件和非负性条件。

因为优化模型式（5-1）中的目标函数 $\min_{i<h}\big(\sum_{j=1}^{m} x_j r_{ij} - \sum_{j=1}^{m} x_j r_{hj}\big)^2$ 是不可微函数，无法直接对模型进行求解，所以本章采用光滑化方法（李兴斯，1991），可得到模型如下：

$$\max f = -\frac{1}{p}\Big\{\ln \sum_{i=1}^{n(n-1)/2} \exp\Big[-p\Big(\sum_{j=1}^{m} x_j r_{ij} - \sum_{j=1}^{m} x_j r_{hj}\Big)^2\Big]\Big\} \tag{5-2a}$$

$$s.\,t.\ \min_k(w_{jk}) \leqslant x_j \leqslant \max_k(w_{jk}) \tag{5-2b}$$

$$\sum_{j=1}^{m} x_j = 1 \tag{5-2c}$$

$$(x_j \geqslant 0, \ j=1, \ 2, \ \cdots, \ m) \tag{5-2d}$$

在式 (5-2a) ～式 (5-2d) 中，p 是一个很大的常数。

式 (5-2) 的目标函数是一个可微函数，因此可以对其进行求解。

(三) 基于组合赋权的评价模型构建

设 x^* 为求解式 (5-2) 得到的组合权重向量，第 i 个评价对象的综合评价值为 c_i，则有

$$c_i = \sum_{j=1}^{m} x_j^* r_{ij} (i=1, \ 2, \ \cdots, \ n) \tag{5-3}$$

将式 (5-2) 求出的 x_j^* 代入式 (5-3)，即得组合赋权下不同评价对象的综合评价值 c_i。

同现有的组合赋权方法相比，本书提出的基于评价值差距最小的最大化方法得到的组合权重，一是保证了评价结果差异最大，可更好地区分评价对象；二是消除了不同评价方法排序不一致的问题；三是通过凝聚函数对模型的目标函数光滑化，保证了组合权重计算上的可行性和可靠性。

第四节 中国城市软件服务外包产业核心竞争力评价实证

一、评价对象的选取

鉴于数据采集的可行性，本书选择北京、上海、大连等 18 个城市为研究对象，对各城市 2010 年软件服务外包产业核心竞争力的综合评价得分进行排名，根据排名情况，判断不同城市该产业核心竞争力状况，并根据评价结果，找出大连该产业核心竞争力的优势和不足，为促进大连软件服务外包产业核心竞争力提升提供理论依据和参考，如表 5-2 所示。

表 5-2 部分城市的指标值

指标层	北京	大连	⋯	重庆	长春
从业总人数 X_{11}	371 683	79 877	⋯	32 743	22 861
研发人员数 X_{12}	135 205	49 256	⋯	9 439	8 409
企业数 X_{13}	2 562	459	⋯	249	427

指标层	北京	大连	…	重庆	长春
资产总额（万元）X_{14}	31 163 552	1 910 331	…	6 903 506	532 229
研发经费（万元）X_{15}	2 187 241	71 090	…	87 646	31 560
软件服务外包出口额（万元）X_{21}	132 060	129 056	…	725	644
软件服务外包出口额占软件收入比例（%）X_{22}	0.54	3.01	…	0.05	0.05
员工平均工资（万元/年）X_3	9.899 63	6.074 54	…	6.376 9	5.079 52
利润率（%）X_{32}	9.86	20.88	…	2.01	21.32
利润总额（万元）X_{33}	3 073 561	398 782	…	138 586	113 472
是否有软件产业园 X_{41}	1	1	…	0	0
软件业务总收入/GDP（%）X_{42}	17.18	8.3	…	1.68	3.98
软件业务总收入（万元）X_{43}	24 246 524	4 281 341	…	1 331 503	1 325 288
有无软件出口基地 X_{44}	1	1	…	0	0

资料来源：《中国电子信息产业统计年鉴（软件篇）2010》

二、原始数据的标准化处理

软件服务外包产业核心竞争力评价指标体系中有两类指标：一类是从业总人数等，指标值越大表示核心竞争力越强的正向指标；另一类是员工平均工资，指标值越小表示核心竞争力越强的负向指标。为了消除量纲和指标正负向的影响，本书通过模糊隶属度方法对指标进行标准化（杨惠敏和付萍，2005）。

设 R_{ij} 为第 i 个评价对象第 j 项指标值；R_{max} 为第 j 项指标的最大值；R_{min} 为第 j 项指标的最小值；r_{ij} 为标准化值，则有

$$r_{ir} = \frac{R_{ij} - \min_{1 \leqslant i \leqslant n}(R_{ij})}{\max_{1 \leqslant i \leqslant n}(R_{ij}) - \min_{1 \leqslant i \leqslant n}(R_{ij})} \tag{5-4}$$

$$r_{ir} = \frac{\max_{1 \leqslant i \leqslant n}(R_{ij}) - R_{ij}}{\max_{1 \leqslant i \leqslant n}(R_{ij}) - \min_{1 \leqslant i \leqslant n}(R_{ij})} \tag{5-5}$$

式（5-4）和式（5-5）分别是正向指标和负向指标的标准化公式。标准化后的指标值如表 5-3 所示。

表 5-3　标准化后的指标值

指标层	北京	大连	…	重庆	长春
从业总人数 X_{11}	1.0000	0.1758	…	0.0427	0.0148
研发人员数 X_{12}	1.0000	0.3475	…	0.0453	0.0375
企业数 X_{13}	1.0000	0.1299	…	0.0430	0.1167
资产总额（万元）X_{14}	1.0000	0.0450	…	0.2080	0.0000
研发经费（万元）X_{15}	0.9830	0.0180	…	0.0256	0.0000
软件服务外包出口额（万元）X_{21}	1.0000	0.9771	…	0.0006	0.0000

续表

指标层	北京	大连	…	重庆	长春
软件服务外包出口额占软件产业收入比例（%）X_{22}	0.1655	1.0000	…	0.0000	0.0000
员工平均工资（万元/年）X_{31}	0.2745	0.7016	…	0.6679	0.8127
利润率（%）X_{32}	0.3570	0.8581	…	0.0000	0.8781
利润总额（万元）X_{33}	1.0000	0.1102	…	0.0236	0.0153
是否有软件产业园 X_{41}	1.0000	1.0000	…	0.0000	0.0000
软件业务总收入/GDP（%）X_{42}	0.8408	0.3741	…	0.0263	0.1471
软件业务总收入（万元）X_{43}	1.0000	0.1617	…	0.0378	0.0376
是否有服务外包出口基地或是服务外包基地城市 X_{44}	1.0000	1.0000	…	0.0000	0.0000

三、单一赋权方法的指标权重确定

（一）层次分析法的权重确定

20 世纪 70 年代初期，美国运筹学家 T. L. Saaty 教授提出层次分析法（analytic hierarchy process，AHP）（胡立华，2010）。该方法通过对指标体系中的各准则层指标构造两两比较判断矩阵来计算指标的单层次权重，并进行一致性检验。在通过检验后，再根据指标的相对权重进行逐层排序得到层次总权重。

1. 构造两两比较判断矩阵

在指标的两两比较过程中，针对某一准则层中的两个元素 A_i 和 A_j，要比较两个元素哪个更重要及其相对重要程度，通常使用 1～9 的比例标度来进行表述，该比例标度的具体意义，如表 5-4 所示。

表 5-4　比较矩阵的意义

比例标度	意义
1	表示两个元素相比，具有同样的重要性
3	表示两个元素相比，一个元素比另一个元素稍微重要
5	表示两个元素相比，一个元素比另一个元素明显重要
7	表示两个元素相比，一个元素比另一个元素强烈重要
9	表示两个元素相比，一个元素比另一个元素极端重要
2，4，6，8	为上述相邻判断的中值

对于 n 个元素 A_1，A_2，…，A_n 来说，可通过表 5-4 中的比较方法，采用两两比较，得到判断矩阵 $\boldsymbol{A} = (a_{ij})_{n \times n}$。

判断矩阵 $\boldsymbol{A} = (a_{ij})_{n \times n}$ 需要满足如下三条性质：①$a_{ij} > 0$；②$a_{ij} = 1/a_{ij}$；③$a_{ij} = 1$。

下面本书按照层次分析法的基本思路，得到准则层和四个指标层各自的判别矩阵如下。

（1）准则层判断矩阵，如表 5-5 所示。

表 5-5　准则层判断矩阵

指标	1	2	3	4
1	1.00	5.00	3.00	5.00
2	0.20	1.00	0.33	1.00
3	0.33	3.00	1.00	3.00
4	0.20	1.00	0.33	1.00

（2）生产能力的判断矩阵，如表 5-6 所示。

表 5-6　生产能力判断矩阵

指标	1	2	3	4	5
1	1.00	3.00	3.00	1.00	5.00
2	0.33	1.00	1.00	0.33	3.00
3	0.33	1.00	1.00	0.33	3.00
4	1.00	3.00	3.00	1.00	5.00
5	0.20	0.33	0.33	0.20	1.00

（3）市场状况的判断矩阵，如表 5-7 所示。

表 5-7　市场状况判断矩阵

指标	1	2
1	1.00	3.00
2	0.33	1.00

（4）成本与赢利能力的判断矩阵，如表 5-8 所示。

表 5-8　成本与赢利能力判断矩阵

指标	1	2	3
1	1.00	0.33	0.33
2	3.00	1.00	1.00
3	3.00	1.00	1.00

（5）支撑能力的判断矩阵，如表 5-9 所示

表 5-9　支撑能力判断矩阵

指标	1	2	3	4
1	1.00	3.00	3.00	1.00
2	0.33	1.00	1.00	0.33
3	0.33	1.00	1.00	0.33
4	1.00	3.00	3.00	1.00

2. 计算单一准则下元素的相对权重

根据判断矩阵数据，可得准则层和指标层的权重和检验数，具体公式（胡

立华，2010）如下。

（1）将各判断矩阵进行归一化处理，有

$$\overline{a_{ij}} = \frac{a_{ij}}{\sum\limits_{k=1}^{n} a_{kj}} (i, j = 1, 2, \cdots, n) \tag{5-6}$$

（2）计算各层级指标权重 $\boldsymbol{w} = [w_1, w_2, \cdots, w_n]^{\mathrm{T}}$，有

$$\overline{w_i} = \sum_{j=1}^{n} \overline{a_{ij}} (i = 1, 2, \cdots, n) \tag{5-7}$$

$$\boldsymbol{w} = \frac{\overline{w_i}}{\sum\limits_{j=1}^{n} \overline{w_j}} (i = 1, 2, \cdots, n) \tag{5-8}$$

根据式（5-6）～式（5-8），计算准则层和指标层的权重，如表 5-10 所示。

表 5-10　指标权重和检验数

W	准则层	X_1	X_2	X_3	X_4
1	0.5549	0.3424	0.7500	0.1429	0.3750
2	0.0967	0.1298	0.2500	0.4286	0.1250
3	0.2516	0.1298		0.4286	0.1250
4	0.0967	0.3424			0.3750
5		0.0557			
CI	0.0124	0.014	0	0	0.0145
RI	0.89	1.12	0	0.52	0.89
CR	0.0140	0.0125	—	0	0.0163

3. 判断矩阵的一致性检验

求检验数，其中 RI 为常数，即

$$\lambda_{\max} = \sum_{i=1}^{n} \frac{(AW)_i}{nW_i} \tag{5-9}$$

$$CI = \frac{\lambda_{\max} - n}{n - 1} \tag{5-10}$$

$$CR = \frac{CI}{RI} \tag{5-11}$$

当 $CR < 0.1$ 时，一般认为判断矩阵的一致性是可以接受的，否则应对判断矩阵作适当的修正。

根据表 5-10 可以看出，5 个一致性比例系数均小于 0.1，因此一致性检验通过。得到软件服务外包产业核心竞争力评价指标体系和权重状况，如表 5-11 所示。

表 5-11　软件服务外包产业核心竞争力评价指标体系

准则层	指标层	单层次权重	层次总权重
生产能力	从业总人数 X_{11}	0.3424	0.1900
	研发人员数 X_{12}	0.1298	0.0720
	企业数 X_{13}	0.1298	0.0720
	资产总额 X_{14}	0.3424	0.1900
	研发经费 X_{15}	0.0557	0.0309
市场状况	软件服务外包出口额 X_{21}	0.7500	0.0725
	软件服务外包出口额占软件产业收入比例 X_{22}	0.2500	0.0242
成本与赢利能力	员工平均工资 X_{31}	0.1429	0.0359
	利润率 X_{32}	0.4286	0.1078
	利润总额 X_{33}	0.4286	0.1078
支撑能力	是否有软件产业园 X_{41}	0.3750	0.0363
	软件业务总收入/GDP X_{42}	0.1250	0.0121
	软件业务总收入 X_{43}	0.1250	0.0121
	是否有服务外包出口基地或是服务外包基地城市 X_{44}	0.3750	0.0363

（二）熵值法的权重确定

熵值法是一种确定客观赋权的方法，该方法的具体计算过程（李刚等，2011）如下。

设 v_{ij}（$i=1$，2，…，n；$j=1$，2，…，m）为第 i 个对象第 j 项指标的原始数据，根据熵权法的基本思想，对于给定的 j，v_{ij} 的差异越大，该项指标对系统的比较作用就越大。熵权法计算指标权重分为两步，一是确定指标的特征比重；二是计算指标的熵权，具体步骤如下。

（1）确定第 i 个评价城市第 j 个指标的特征比重。

设 e_j 为第 j 个评价指标的熵值，则指标的特征比重和熵值为

$$f_{ij} = v_{ij} \Big/ \sum_{i=1}^{n} v_{ij} \tag{5-12}$$

式中，f_{ij} 为第 i 个城市第 j 个指标的特征比重。

（2）计算各指标熵值及指标权重。

设 e_j 为第 j 项指标的熵值，则熵值的计算公式为

$$e_j = -\frac{1}{\ln n} \sum_{i=1}^{n} f_{ij} \ln(f_{ij}) \tag{5-13}$$

根据熵值，可得指标的熵权 μ_j 为

$$\mu_j = (1 - e_j) \Big/ \Big(m - \sum_{i=1}^{m} e_i \Big)，\quad j = 1，2，\cdots，m \tag{5-14}$$

（三）标准离差法的权重确定

标准离差法是一种客观赋权方法，该方法计算权重的基本思想是，如果用

指标值的差异程度来衡量该指标在评价中起到的作用，则单个指标的标准差越大，表示该指标各评价对象的差距越大，指标的权重也应该越大；反之，则该项指标的权重应该越小。标准离差法计算权重的公式（王昆和宋海洲，2003）如下：

$$w_j = \frac{\sigma_j}{\sum_{j=1}^{m} \sigma_j} \tag{5-15}$$

式中，σ_j 为第 j 个指标标准化后指标值的标准差。

四、组合权重的确定

由此将表 5-3 中标准化后的数据代入式（5-12）～式（5-15），可得各指标熵值法权重和标准离差权重。

综上所述，根据 AHP 方法、熵值法和标准离差法，本书计算得到指标的主观和客观权重如表 5-12 的 3～5 列所示。

表 5-12 指标权重

准则层	指标层	熵值	AHP	标准离差	组合权重
生产能力	从业总人数 X_{11}	0.0492	0.1900	0.0605	0.1203
	研发人员数 X_{12}	0.0537	0.0720	0.0668	0.0720
	企业数 X_{13}	0.0391	0.0720	0.0595	0.0720
	资产总额 X_{14}	0.0606	0.1900	0.0611	0.0606
	研发经费 X_{15}	0.0969	0.0309	0.0720	0.0969
市场状况	软件服务外包出口额 X_{21}	0.1181	0.0725	0.0701	0.1181
	软件服务外包出口额占软件产业收入比例 X_{22}	0.0971	0.0242	0.0518	0.0266
成本与赢利能力	员工平均工资 X_{31}	0.0110	0.0359	0.0672	0.0110
	利润率 X_{32}	0.0225	0.1078	0.0642	0.1078
	利润总额 X_{33}	0.0753	0.1078	0.0754	0.1078
支撑能力	是否有软件产业园 X_{41}	0.1073	0.0363	0.1162	0.0763
	软件业务总收入/GDP X_{42}	0.0378	0.0121	0.0692	0.0437
	软件业务总收入 X_{43}	0.0613	0.0121	0.0566	0.0121
	是否有服务外包出口基地或是服务外包基地城市 X_{44}	0.1700	0.0363	0.1095	0.0748

将表 5-3 和表 5-12 中的相关数据代入式（5-2），采用 matlab 编制程序，求解优化问题，可得组合权重如表 5-12 的第 6 列，当达到最优时，$p=300$。

五、各城市评价结果的计算和排名

将表 5-12 第 6 列的组合权重代入式（5-3），可得组合权重对应的 18 个城市的准则层和综合评价的评价值和排名（表 5-13）。

表 5-13　各评价对象的评价结果和排名

评价方式 评价对象	评价值 C_i^1	排名 X_1	评价值 C_i^2	排名 X_2	评价值 C_i^3	排名 X_3	评价值 C_i^4	排名 X_4	评价值 C_i^5	排名 综合
北京	0.4202	1	0.1225	2	0.1493	4	0.2000	1	0.8919	1
大连	0.0600	11	0.1420	1	0.1121	6	0.1694	2	0.4835	4
上海	0.2174	3	0.0645	3	0.1324	5	0.1652	4	0.5796	3
深圳	0.3289	2	0.0318	5	0.1623	1	0.1160	6	0.6391	2
沈阳	0.0909	9	0.0365	4	0.0811	10	0.0199	12	0.2284	11
杭州	0.1136	6	0.0269	6	0.1088	7	0.0979	9	0.3471	8
南京	0.1599	5	0.0174	8	0.1496	3	0.1249	5	0.4519	5
西安	0.0624	10	0.0212	7	0.0204	16	0.1683	3	0.2723	10
广州	0.2133	4	0.0157	10	0.0803	11	0.0933	10	0.4026	6
济南	0.1124	7	0.0160	9	0.0835	9	0.1123	7	0.3242	9
成都	0.0946	8	0.0059	11	0.1501	2	0.1018	8	0.3524	7
天津	0.0293	13	0.0040	12	0.0653	12	0.0801	11	0.1787	12
宁波	0.0160	15	0.0032	13	0.0456	13	0.0023	16	0.0672	15
武汉	0.0446	12	0.0017	15	0.0433	14	0.0048	15	0.0944	14
青岛	0.0132	16	0.0012	16	0.0112	17	0.0070	13	0.0326	18
哈尔滨	0.0112	18	0.0023	14	0.0412	15	0.0000	18	0.0547	16
重庆	0.0266	14	0.0001	17	0.0099	18	0.0016	17	0.0382	17
长春	0.0129	17	0.0000	18	0.1052	8	0.0069	14	0.1250	13

第五节　软件服务外包产业核心竞争力评价结果分析

一、各城市软件服务外包产业核心竞争力总体状况

采用 SPSS16.0，选取表 5-13 第 10 列的 18 个城市综合评价结果进行 ward 聚类，结果如图 5-1 所示。

由图 5-1 的聚类分析结果看出，18 个城市软件服务外包产业竞争力的综合评价得分大致可分成四类。

第一类为发展较好型，18 个城市中只有北京（0.8919）是发展较好型。其特点是软件服务外包产业核心竞争力情况居于前列，其评价得分明显高于其他城市，大部分正向指标得分很高，软件服务外包产业竞争力发展较好。

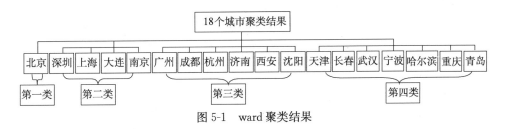

图 5-1　ward 聚类结果

第二类为发展良好型，包括深圳（0.6391）、上海（0.5796）、大连（0.4835）、南京（0.4519）。其特点是软件服务外包产业核心竞争力情况良好，且其评价得分的数值相对集中。

第三类为发展一般型，包括广州（0.4026）、成都（0.3524）、杭州（0.3471）、济南（0.3242）、西安（0.2723）、沈阳（0.2284）。其特点是软件服务外包产业核心竞争力情况一般，各方面亟须改善。

第四类为发展较差型，包括天津（0.1787）、长春（0.1250）、武汉（0.0944）、宁波（0.0672）、哈尔滨（0.0547）、重庆（0.0382）、青岛（0.0326）。其特点是软件服务外包产业核心竞争力较差，产业发展处于起步阶段。

二、影响软件服务外包产业核心竞争力的关键因素分析

从表 5-12 可以看出，从业人员数是影响软件服务外包产业核心竞争力的最重要因素。从表 5-2 可以看出，排名第一的北京从业人数有 30 多万人，而重庆、长春等城市还不到 4 万人，从业人员数的多少决定该地区对软件服务外包的承接能力，对产业核心竞争力有重要影响。

软件服务外包出口额、利润率和利润总额也是影响软件服务外包产业核心竞争力的重要因素。从表 5-2 的第 7、10、11 行可以看出，各区域该项指标差别较大，其中排名第一的北京无论是软件服务外包出口额、利润率还是利润总额，都排在最前面，一方面说明北京在软件服务外包出口的市场方面，已经占据了重要地位；另一方面也说明，高额的利润回报，为北京软件服务外包产业提供了可持续发展的条件。因此，这三者对软件服务外包产业核心竞争力具有重要影响。

此外，研发经费、研发人员数、企业数、资产总额，是否有软件产业园和服务外包出口基地等指标对软件服务外包产业发展也有重要影响。研发经费和研发人员数决定了产业的创新能力，资产总额和企业数可体现不同地区该产业的现有规模，而软件产业园和软件出口基地会促进该产业集群的形成。从对 18 个城市评价的统计数据可知，排名第一的北京，其研发人员数是宁波、长春等

城市的几倍，而研发经费更是宁波、长春等城市的几十倍，资产总额已经达到3000多亿元，而宁波、长春等城市还不到200亿元，如此巨大的差距，导致这些城市的软件服务外包产业发展要远远落后于北京。因此，要想促进软件服务外包产业发展，应该在政府的引导和推动下，大力发展软件产业园和软件出口基地，吸引相关企业到地方落户，进而促进产业集群的发展，最终使产业资产总额和企业数不断增加。在产业规模扩大的同时，要注意不断提升自身的创新能力，通过研发资本的投入和中高端软件服务外包人才培养，来提升我国软件服务外包产业的创新能力，促使中国软件服务外包产业从代码编写、软件测试、数据录入等低端软件服务外包服务，发展到知识流程服务等高端软件外包服务，实现产业由"成本和人力资源优势驱动"到"创新驱动"的转变，掌握该产业在世界领域的尖端技术，实现自主创新，提升产业的核心竞争力。

第六节　促进对日软件服务外包产业发展的对策研究

一、建立对日软件服务外包高素质人才培养体系

根据软件服务外包评价结果可知，软件产业就业人员数和研发人员数是影响软件服务外包产业核心竞争力的关键因素。从中国目前软件服外包的业务现状来看，对日软件服务外包业务占据服务外包业务总量的比例较大。而据我国软件人才的供求可知，虽然IT类人才的供给基本上可以满足需求，但高素质软件服务外包人才供给不足。根据我国软件服务外包产业的现状和发展趋势，要想保证我国软件服务外包人才的供应，应建立高素质的软件服务外包人才培养体系。

高校是对日软件服务外包人才输出的最基本来源，但目前我国高校对相关人才的培养还存在一些不足，如软件专业的学生精通日语的数量不多、课程设置不合理、实践能力较差等。因此，高校应该在今后的人才培养中注意以下几点：一是增加"软件＋日语"专业的学生招生人数，或者对软件专业的学生开设日语必修课，为对日软件服务外包人才的日语能力培养提供基础条件；二是应该尽可能地紧跟国际软件服务外包的技术前沿，根据技术前沿来选择教材和教学内容，使学生学到的理论知识同市场需求保持协同；三是应该在教学过程中，增加实践教学环节，并加强高校和企业的合作，增加学生进入软件企业实习和培训的机会，提升学生的实践能力。

软件企业也应加强对日软件服务外包人才的相关培训：一是应重视对软件

人才的语言培训，通过专业化的培训机构为企业员工培训日语，从而为从业人员提供提升外语能力的机会；二是增加专业技术培训机会，通过定期举办业务培训，选派研修生赴日本进行技术研修，增加国内外企业间的交流，定期邀请行业专家进行授课和培训等，以此来提升企业员工的技术水平。此外，也可以通过鼓励企业员工参加认证考试，来提升从业人员的技术水平和能力。

二、促进我国对日软件服务外包产业向价值链高端转变

按照从低到高的顺序，对日软件产业价值链可分为信息技术外包、业务流程外包和知识流程外包三个阶段，从信息技术外包—业务流程外包—知识流程外包的发展路径来看，其对专业能力、创新能力和企业规模的要求也在提高。就我国来说，对日软件服务外包产业目前还主要承担软件服务外包的低端业务，要想提升产业核心竞争力，增加产业利润，则应该促使其承担的外包业务由低端向高端发展。根据评价结果可知，研发经费和产业规模对提升软件服务外包产业核心竞争力有重要影响，同样，这也是影响对日软件服务外包产业核心竞争力的关键因素。因此，可以从加大研发投入和企业规模等方面入手，提升我国对日软件服务外包产业在软件产业价值链中的地位。

增大对日软件服务外包产业的研发资金的投入，并对资金使用进行监控。根据评价结果可知，研发经费对提升软件服务外包产业核心竞争力有重要影响。调查显示，我国对日软件服务外包产业从事的多为代码编写、测试等软件服务外包价值链低端的业务，这样的业务对技术水平要求不高，产生的利润也较小。因此，我国软件服务外包产业应适当地增加研发资金的投入，并对研发资金的使用进行监控，确保研发资金用于提升企业关键技术开发。

扩大对日软件服务外包产业规模，提升产业集聚度。根据评价结果可知，企业数、资产总额、是否有软件产业园和服务外包出口基地等指标是软件服务外包产业核心竞争力的关键因素，也是产业规模的重要影响因素。因此，我国对日软件服务外包产业可从以上几个影响因素入手，通过培养大型龙头软件企业、增强企业间的国际合作、进行企业并购或重组、建设软件园和服务外包出口基地等方式，完善企业产业链、增加企业的规模效应和产业集聚度。

第二篇

条件篇

第六章
软件服务外包产业风险管理及投融资平台建设

第一节　软件服务外包产业风险管理分析

在全球化水平越来越高的大背景下，企业在发展过程中，为了更好地专注于核心业务和实现经营目标，开始从多元化向归核化转变，服务外包（service outsourcing）是一大表现（邢智毅和李辉，2008）。由于 IT 技术的发展，企业普遍采用信息技术，导致软件服务外包成为一种重要的外包方式（邵明，2010）。软件服务外包涉及发包方和承接方，是否采取外包方式，需要权衡外包中生产成本的节约和交易的成本，当企业自行生产成本－外包生产成本＞外包交易成本时，外包才有经济价值，即此时应采取外包方式。外包交易成本中一项重要的成本是风险成本，风险成本是在外包交易中缺乏约束机制的情况下，因某种原因发生扰动和中断，或者关键信息技术面临不同程度的外泄和流失，以及潜在机会主义行为等风险因素可能给发包方带来的损失（樊丽明和郭健，2010）。在软件服务外包交易成本中，外包风险成本不可避免，因为外包风险是客观存在的。由于发包方和承接方所面临的外部环境、理念和文化等都存在差异，而且作为外包交易中的委托方和受托方，必然存在信息不对称和利益的博弈，因此在软件服务外包中，风险不可避免。通过识别风险并加以管理，对于发包方和承接方来说都具有重要的意义。

一、软件服务外包风险内涵

（一）风险的内涵

风险一词源于早期的意大利语"risicare"，意思是"敢于"，对其的研究始于 18 世纪末 19 世纪初。Gluch（1994）指出，风险与表示可能性的不确定性相关，Charette（1990）认为不确定性是由环境变动的非线性和非确定性（nonde-terministic）的特点导致的。不确定性不仅来自于无法准确描述或计量与风险相关的环境条件，还来自于与时间相关的环境的动力学和运动学特征。

虽然风险是与运营相关的重要因素，但它却很抽象，难以把握。由于风险包含了不确定性、可能性和影响因素，因此认为风险是由于环境的变化、限制条件和不确定性所衍生出来的时间价值，风险的衍化贯穿于产生—存在—变化—消亡的整个生命周期。

对于风险的定义可归纳为两类：一类是将风险界定为可能的损失。例如，Kontio（2001）将风险定义为：风险是损失的可能性，换句话说，是对将来事件可能不利后果的担心。Wiegers（1998）认为，风险就是还没有发生的问题，但是它若发生则可能引起某种损失或威胁项目的成功。另一类将风险界定为对期望目标的偏离，可能是损失也可能是赢利。例如，1998 年国际风险管理会议认为风险不仅仅是指损失发生的可能性这一种情况，风险往往既包括损失的可能性也包含赢利的可能性。他们认为与所期望目标的任何偏离都是风险，而风险管理不仅要降低损失发生的可能性及大小，同时要增大获利的可能性及大小。

（二）外包风险的内涵

外包业务中的风险通常偏重于损失。最早全面开展软件项目风险管理的美国国防部（DoD）把风险定义为："在预定的成本、工期和技术约束下，可能无力达到全面计划目标的度量指标，含有两个部分：（1）无法达到具体结果的概率/可能性；（2）达不到那些结果的后果/影响。"（Software Engineering Insititute，1992）。Gluch（1994）在提交给 SEI 联合项目组的技术报告《描述软件开发风险的架构》中基于必需条件—转换—后果（condition-transition-consequence，CTC）模式界定风险概念，CTC 的风险概念是"只要感觉到当前的状况可能引起损失或伤害就是风险。但是为了辨识和管理软件风险，最低限度的风险定义为当前条件和可能损失的感觉"。损失的感觉表达为潜在的结果/后果，即当前状况将引起系统（事件）的连续后果状态，以致在系统进化的某一时点上或最终结果上，系统达不到期望的状态。CTC 的风险架构，如图 6-1 所示。

图 6-1　CTC 风险架构图

在图 6-1 中，必需条件（required condition）是指对引起关注的当前条件的描述；转换（transition）是与变化（时间）相关的部分；后果（consequence）

是对潜在后果的描述。

关于外包风险的概念，本书采用 Aubert 等（1998）对外包风险的定义，即外包风险为"预期损失"，即负面事件造成的损失与负面事件发生概率的乘积。外包风险可以采用 Boehm（1991）的关系式：$RE = P(UO) * L(UO)$ 表达。RE 代表风险暴露度，即外包风险的大小；$P(UO)$ 是一个不满意的因素后果发生的可能性，即负面事件发生的概率；$L(UO)$ 是如果结果不令人满意的话对组织的影响，即负面事件造成的损失。

（三）软件服务外包风险的特点

软件服务外包是高投入、高风险的工程，软件服务外包是发包方将软件项目中的非核心部分工作发包给承接方完成的软件需求活动，它作为软件产品、技术研发和信息技术服务提供的新方式，面临着各种风险。

软件服务外包作为一种外包方式，具有自己独特的特点：①提供产品或服务的独特性。软件服务外包是由承接方为发包方提供所需要的产品或服务，具体需求随着发包方的要求会发生变动；软件服务外包提供的产品或服务具有知识含量高、附加值高的特点，相应地，对人才、设备的要求更高；而且软件服务外包的成果是由发包方独享的，保密要求也很高。②软件服务外包过程中沟通的必要性。软件服务外包中发包方和承接方必须相互协作才能更好地推进产品或服务的提供，在全球协作的背景下，发包方和承接方极有可能分别位于世界的不同地方，而项目可能是同步开发和测试的，因此，软件服务外包中的及时、有效的沟通极为重要。③环境与软件服务外包的实施和效益密切相关。由于软件服务外包中的发包方和承接方分别处于不同的国家或地区，具有不同的企业文化氛围，外包需要将内部组织与外部市场资源有效整合，因此，软件服务外包如何实施、实施的效果如何与周围的环境密切相关。④发包方对项目进展的监控及时性差。软件服务外包项目由承接方推进，发包方在此过程中应加强监控，但由于发包方和承接方分处两地，双方存在信息的不对称和信息传递的滞后，如果承接方再存在道德风险问题，必然会导致发包方无法及时监控项目进展情况，影响软件服务外包的顺利推进。

基于软件服务外包自身的特点，软件服务外包风险也具有独特性，具体表现在以下几方面：①风险因素的复杂性高，软件服务外包涉及发包方和承接方之间的关系，受双方政治、经济、法律环境及技术变化等不确定性因素的影响，因此，软件服务外包中涉及的风险因素众多，而且风险处于不断变化中。②风险的随机性强，软件服务外包风险发生的时间、持续时间及风险后果的程度等具有随机特点。③风险的可控性差，由于软件服务外包风险的复杂性，发包方和承接方控制风险的能力受到限制。④软件服务外包风险应及时控制。软件服务外包风险必须及时防范和规避，否则可能导致软件服务外包项目的失败，进而影响到软件服务外包企业的效益，甚至对整个国家软件服务外包产业的发展产生不良影响。

二、软件服务外包风险识别

(一) 软件服务外包风险因素

李华等 (2009) 在研究中认为，风险管理的关键在于如何识别风险及如何控制风险。识别风险是控制风险、加强风险管理的基础。软件服务外包涉及的风险因素众多，包括由于采取外包方式造成的风险和外包中存在的风险。国内外关于软件服务外包风险因素的研究很多，通过对相关文献的梳理，可归纳出20 项风险因素。

(1) 战略风险是指发包方外包决策失误或者承接方选择失误，或是发包方采取外包策略后导致发包方对承接方过度依赖，或者发包方或承接方被套牢而丧失柔性战略的风险。Earl (1996) 指出，软件服务外包中存在缺乏组织学习、丧失创新能力等风险；Leavy (2004) 指出，发包方面临失去技能的风险和在工业进程中错误的阶段转向外包的风险；Aron 等 (2005) 认为，业务流程外包中会存在来自发包方和承接方的机会主义行为，或者由于外包丧失掌握关键技术的核心团队导致业务缩小，他们还认为，外包产业中发包方面临的战略风险为盗窃知识产权、服务资源配置不足及依赖失衡；Bahli 和 Rivard (2005) 指出，IT 外包中存在承接方太少的风险；Shi (2007) 研究了业务流程外包中发包方短期面临 IT 或业务知识丧失的风险，长期面临战略柔性丧失的风险，主要表现为营运依赖、丧失战略资产或者对战略资产的控制、程序锁定、丧失创新能力等；Herath 和 Kishore (2009) 研究了离岸外包中发包方可能面临的核心业务丧失或竞争力丧失的风险；聂规划等 (2002) 明确指出 IT 外包中存在企业战略柔性丧失和削弱企业学习和创新能力的风险；张成虎等 (2003) 提出金融信息技术外包中存在金融机构过分依赖 IT 外包服务提供商所导致的风险；徐姝等 (2004) 指出，业务外包中会存在外包商锁定和企业竞争力丧失的风险；张云川和蔡淑琴 (2005) 指出，IT 外包中与发包方相关的风险有：学习不到新的 IT 知识、缺乏创新能力、IT 资源不再与核心业务紧密相关等；王梅源 (2006) 分析了发包方在对外软件服务外包项目中会存在外包决策失误的风险；左显兰和沈时仁 (2011) 指出服务外包中存在源于承接方项目的战略风险；孟国保和苏秦 (2004)，林则夫等 (2004) 和丛国栋 (2011) 指出，软件服务外包或 IT 外包中存在套牢风险。

(2) 业务不确定性风险：发包方和承接方之间没有形成亲密的合作关系导

致承接方业务不确定或项目可行性不确定。Earl（1996）、张云川和蔡淑琴（2005）提出，商业上的不确定性是发包方和承接方的一项关系风险；Bahli 和 Rivard（2005）指出，IT 外包中存在不确定性风险；聂规划等（2002）明确指出，IT 外包存在项目可行性不确定风险。

（3）机会主义风险，包括道德风险、逆向选择等。Gefen 等（2008）探讨了软件开发外包中发包方和承接方关系风险中存在违约风险、后合约风险（即开发和执行过程中的道德风险）；Herath 和 Kishore（2009）指出，离岸外包中存在承接方故意提供较低服务的风险；林则夫等（2004）指出，信息技术外包中存在选择承接方失误造成的风险；孟国保和苏秦（2004）指出，软件服务外包中存在道德风险和逆向选择；吴琳（2009）提出，软件服务外包中存在项目管理风险和项目失败风险；左显兰和沈时仁（2011）指出，服务外包中存在源于承接方的道德风险。

（4）成本风险。软件服务外包成本包括开发成本和运行维护成本，成本风险是指成本预算控制不力造成承接方提供产品或服务的成本超出预算或者发包方为获得产品或者服务需要付出更高的成本。Earl（1996）、Quélin 和 Duhamel（2003）提出了外包中发包方面临的隐性成本，扩展了成本的概念，将发包方和承接方关系协调成本及为了适应发包方要求的学习成本也包括在内；Aron 等（2005）指出，外包产业发展中成本偏差是一项运营风险；Shi（2007）认为，发包方在业务流程外包中面临的短期风险之一是高运行成本；Gefen 等（2008），Herath 和 Kishore（2009）、Zhao 和 Watanabe（2010）分别从承接方、发包方或者承接方-发包方关系角度提到了成本超支风险；徐姝等（2004）分析了业务外包中隐藏的过渡与管理成本及隐藏的服务成本；孟国保和苏秦（2004）指出，软件服务外包中存在非期望的交易和管理费用，以及昂贵的合同修订费用；张云川和蔡淑琴（2005）指出，隐藏成本是 IT 外包中与承接方相关的风险；吴琳（2009）指出，软件服务外包中与服务商交流的成本及项目的额外管理成本是额外管理消耗；田红云和杨海（2010）指出，成本上升的风险是 IT 外包中的一种能力风险；丛国栋（2011）指出，意外的周转和管理成本是 IT 外包中的一项风险因素。

（5）资金风险：发包方没有足够的资金支持外包业务或者承接方在提供服务过程中出现资金短缺的风险。Willcocks 等（1999）指出，在 IT 外包中发包方在缺乏资源的情况下，为了发展和研发新技术而签订外包合约；Dasgupta 和 Monhanty（2009）认为，软件服务外包中价格的异常波动是一项市场风险；徐姝等（2004）指出，业务外包中会存在承接方规模和财务稳定性欠佳的风险；李炜（2008）指出，政府软件服务外包中承接方资金出现短缺是一项组织环境风险；王梅源（2006）分析了软件服务外包项目中发包方资金支持不足的风险；

左显兰和沈时仁（2011）指出服务外包中承接方存在财务风险。

（6）汇率风险：离岸外包中由于汇率变动给发包方和承接方可能造成的实际价格（收入）与合同价格（收入）相差很多的风险。Kliem（1999）指出，软件服务外包中外汇交易波动是一项财务风险；Aron 等（2005）认为，业务流程外包中存在汇率风险；赵辉（2006）提出，离岸外包中存在国际贸易风险；王梅源（2006）分析了软件服务外包项目中外汇波动较大的风险；左显兰和沈时仁（2011）指出，服务外包中存在汇率风险。

（7）知识产权风险：软件服务外包成果的归属及使用中的风险。Herath 和 Kishore（2009）指出，离岸外包中存在为其他目的偷盗或使用专用信息的风险；李爱华和陈世平（2009）分析了软件服务外包中的知识产权保护风险；吴琳（2009）提出，软件服务外包中知识产权侵占是一项商业风险；左显兰和沈时仁（2011）指出，服务外包中存在知识产权保护不到位的风险。

（8）数据安全风险：软件服务外包开发和传送成果中存在的数据丢失或被盗窃的风险。Davison（2004）提出了离岸外包中的数据安全/保护；Shi（2007）研究了业务流程外包中存在机密信息泄露风险；Zhao 和 Watanabe（2010）指出，软件服务外包中存在数据安全性风险；张成虎等（2003）提出，金融信息技术外包中存在战略信息伤害风险；赵辉（2006）提出，离岸外包中存在核心产品信息泄露的风险；吴琳（2009）提出，软件服务外包中存在商业机密泄露的商业风险；田红云和杨海（2010）指出，IT 外包中存在技术泄露风险；左显兰和沈时仁（2011）指出，服务外包中存在技术与信息泄密的风险。

（9）技术过时风险：承接方技术过时或者其掌握的技术与发包方已使用的技术不兼容的风险。Earl（1996）、张云川和蔡淑琴（2005）指出，承接方疏于掌握新技术是承接方特征风险之一；Kliem（1999）指出，软件服务外包中可能面临的技术风险来自通信基础设施、复杂性、配置控制、数据库、方法、标准、需求和工具；Bahli 和 Rivard（2005）指出，IT 外包中存在 IT 运作的专业化程度是否满足外包需要的风险；Gefen 等（2008）探讨了软件开发外包中由于技术不成熟导致的风险；Wendell（2009）指出，技术风险是外包中的一项一般风险；Herath 和 Kishore（2009）指出，离岸外包中存在承接方提供过时技术的风险和开发工具不兼容的风险；张丽霞（2005）提出了软件服务外包项目中的技术风险；王梅源（2006）分析了软件服务外包项目中承接方售后服务技术不得力的风险；田红云和杨海（2010）指出，IT 外包中存在技术落后和技术复杂性风险。

（10）需求风险是指软件服务外包中，承接方对发包方的需求理解错误，可能是由于需求表达不清晰，或者需求变更所导致的；或者是发包方需求预期过高的风险。Davison（2004）提出了离岸外包中需求变更的风险；Willcocks 等

（1999）指出，发包方对于外包有多重不现实的目标和期待；Aron 等（2005）认为，外包产业中存在承接方需求理解错误的运营风险；Wendell（2009）指出，由于需求说明书错误或者需求变更导致外包中的功能风险；Zhao 和 Watanabe（2010）将软件服务外包中的需求表达不清晰的风险归为技术因素风险；张成虎等（2003）提出金融信息技术外包中存在 IT 服务提供商不能很好地理解金融机构的业务需求的风险；张丽霞（2005）提出了软件服务外包项目中的需求风险；李炜（2008）分析了政府软件服务外包中的需求风险，包括难以与发包方良好沟通，难以引导发包方尽可能细致地提出要求，难以做出正确完善的系统需求分析，无法依据需求分析定义系统成功的范围，未对可能出现的持续的需求变更做准备；李爱华和陈世平（2009）分析了软件服务外包中的错误地理解需求的风险；王梅源（2006）分析了软件服务外包项目中发包方需求不断变更、超越现实的过高期望和承接方需求分析不准确的风险；左显兰和沈时仁（2011）指出，服务外包中存在发包方期望表达不清楚和合同理解偏差的风险。

（11）进度滞后风险：承接方提供软件服务外包的进度落后于合同规定。Aron 等（2005）认为，外包产业中存在时间偏差的运营风险；Shi（2007）研究了业务流程外包中价格或合同执行滞后的长期市场绩效风险；Zhao 和 Watanabe（2010）指出，软件服务外包中存在进度滞后的风险。

（12）合同不完备风险，包括合同的内容不完整、不明确、缺乏灵活性等，缺乏明确的服务条款，如最低服务水平、服务范围和标准、发生故障时的服务级别及响应时间、信息泄密处理机制等（何有世等，2012）。Willcocks 等（1999）指出，发包方在 IT 外包中面临不完全合约，在完整的外包合约管理和签订上不成熟或缺乏经验；Wendell（2009）指出，合同不完备是外包中的一项额外风险；徐姝等（2004）指出，业务外包中会存在合约修订风险；王梅源（2006）分析了软件服务外包项目中合同不完善的风险；左显兰和沈时仁（2011）指出，服务外包中存在合同不完备的风险。

（13）质量风险：承接方提供的软件或服务质量低，难以运行或者不符合合同规定的标准。Aron 等（2005）认为，外包产业中存在质量偏差的运营风险；Shi（2007）研究了业务流程外包中短期存在的低服务质量风险；Herath 和 Kishore（2009）指出，离岸外包中存在提供服务不符合需求的风险；聂规划等（2002）明确指出，IT 外包中存在承接方不能很好地提供服务的风险；徐姝等（2004）指出，业务外包中会存在服务质量下降的风险；孟国保和苏秦（2004）指出，软件服务外包中存在承接方服务质量下降的风险；赵辉（2006）提出，离岸外包中存在承接方产品质量风险；李爱华和陈世平（2009）分析了软件服务外包中的质量保证风险；王梅源（2006）分析了软件服务外包项目中软件开发达不到要求的风险；吴琳（2009）提出，软件服务外包中工期质量风险是一项商业风险；田红云和杨海（2010）指出，IT外包中存在服务质量下降的风险。

（14）人员流动风险是指外包中由于项目成员流动导致项目难以顺利完成的风险。Davison（2004）提出了离岸外包中关键人员流动和知识转移造成的风险；Shi（2007）研究了业务流程外包中短期面临忠诚和高效员工流失的风险；李炜（2008）指出，政府软件服务外包中承接方人员的不断流动和变化及员工培训计划不切合实际是组织能力风险；田红云和杨海（2010）指出，IT外包中存在核心技术人员流失风险。

（15）能力欠缺风险是指承接方因为技术、人才等方面的欠缺导致缺乏业务技能或专业知识，不具备完成接包任务能力的风险。Earl（1996）、张云川和蔡淑琴（2005）指出了软件服务外包中可能存在的11种风险，其中之一是缺乏有经验的工作人员；Quélin和Duhamel（2003）指出，外包中存在承接方缺乏必要能力的风险；Davison（2004）提出了离岸外包中承接方不能及时交付的风险；Shi（2007）研究了业务流程外包中短期存在雇员道德和效率低下的风险；Gefen等（2008）的研究指出，软件开发外包中技术或经验欠缺是项目执行中的风险；Dasgupta和Monhanty（2009）认为，软件服务外包中存在由于人、程序或系统失败导致的运行风险；徐姝等（2004）、张丽霞（2005）指出，业务外包或软件服务外包中承接方对承担的外包业务缺乏经验和专业水平；李炜（2008）指出，政府软件服务外包中由于承接方对软件项目情况不熟悉、对项目的困难估计不足、用人不当、缺乏专业技能或者开发软件项目的经验不足等，都会导致组织能力风险；丛国栋（2011）讨论了IT外包中承接方能力下降的风险。

（16）缺乏沟通风险是指在软件服务外包项目的全过程中，发包方和承接方没有建立有效的沟通机制进行及时沟通的风险。Earl（1996）、张云川和蔡淑琴（2005）明确指出，发包方和承接方双方管理者和技术人员可能缺乏沟通；Kliem（1999）指出，沟通不畅是一项管理风险，而语言差异作为一项行为风险也可能造成沟通不畅或理解偏差；Willcocks等（1999）指出，在IT外包中发包方在供应商合约和关系纬度管理上缺乏主动性；Aron等（2005）认为，业务流程外包中发包方和承接方地理位置沟通和传递限制导致产出次优的风险；Herath和Kishore（2009）指出，离岸外包中存在沟通设施不全的风险；赵辉（2006）提出，离岸外包中存在发包方和承接方沟通不畅的风险；李炜（2008）指出，政府软件服务外包中承接方人员的沟通能力差是一项组织能力风险；王梅源（2006）分析了软件服务外包项目中外包主体之间缺乏沟通的风险；吴琳（2009）提出，软件服务外包中交流沟通风险是一项商业风险；左显兰和沈时仁（2011）指出，服务外包中存在源于发包方和承接方缺乏有效沟通的风险。

（17）信任风险是指发包方和承接方之间不能相互信任导致关系恶化，最终可能使项目完成成本升高甚至导致项目难以进行的风险。Wendell（2009）指出，双方关系恶化是外包中的一项额外风险；Dasgupta 和 Monhanty（2009）认为，软件服务外包中存在发包方或承接方一方或双方不能履约的风险；Zhao 和 Watanabe（2010）将信任危机作为软件服务外包中的管理因素风险；孟国保和苏秦（2004）指出，软件服务外包中存在争议和诉讼风险；田红云和杨海（2010）指出，IT 外包中存在伙伴一方违约的风险；左显兰和沈时仁（2011）指出，服务外包中存在源于发包方随意终止合同的风险。

（18）政府管制风险是指由于发包方和承接方国家采取相关管制措施，导致软件服务外包业务难以顺利开展的风险。Kliem（1999）指出，进出口限制是软件服务外包中的一项法律风险；Davison（2004）提出了离岸外包中的政府监管风险；Aron 等（2005）认为，业务流程外包中存在政府管制风险；Wendell（2009）指出政治风险和环境风险是外包中的一般风险，宏观环境因素、政府管制和法律都可能阻碍项目的成功；Herath 和 Kishore（2009）指出，离岸外包中存在承接方所在地运营风险、环境和法律差异风险；左显兰和沈时仁（2011）指出，服务外包中存在发包方政治机会主义风险。

（19）地理政治风险是指由于发包方和承接方国家的政治状况或所处的地理位置等外部环境导致的风险。Kliem（1999）指出，社会政治混乱是一项法律风险；Quélin 和 Duhamel（2003）指出，外包中面临社会风险；Aron 等（2005）认为，业务流程外包中发包方和承接方地理位置间隔会导致产出次优的风险；Wendell（2009）指出，外部环境的巨大变化有可能影响到项目赖以存在的基础；Dasgupta 和 Monhanty（2009）认为，软件服务外包中外界事件（如地震、火灾等）会对项目产生负面影响；徐姝等（2004）指出，业务外包中会存在环境的不确定性；张丽霞（2005）提出了软件服务外包项目中的开发环境风险；王梅源（2006）分析了软件服务外包项目中政治法律环境差异大的风险；左显兰和沈时仁（2011）指出，服务外包中存在全球经济动荡风险。

（20）文化风险是指由于发包方和承接方在文化上存在的差异可能造成的风险。Kliem（1999）将文化差异作为一项行为风险；Davison（2004）提出了离岸外包中的文化风险；Herath 和 Kishore（2009）指出，离岸外包中存在文化差异风险；徐姝等（2004）指出，业务外包中会存在发包方和承接方之间文化的不相容性；田红云和杨海（2010）指出，IT 外包中存在文化冲突风险。

上述 20 项风险因素，可以归纳为五大类：第一类是战略决策风险，包括战略风险、业务不确定性风险和机会主义风险；第二类是财务风险，包括成本风险、资金风险和汇率风险；第三类是技术风险，包括知识产权风险、数据安全风险和技术过时风险；第四类是运营风险，包括需求风险、进度滞后风险、合同不完备风险、质量风险、人员流动风险、能力欠缺风险、缺乏沟通风险、信任风险；第五类是环境风险，包括政府管制风险、地理政治风险和文化风险。

（二）对日软件服务外包风险识别

在我国的外包项目中，相对比较成熟的是对日外包，根据 Gartner 的分析师永纲浩二对中日外包项目发展过程的分析，我国对日外包有巨大的发展潜力，（何京玉和李云杰，2004)，但对日外包发展中也存在很大的风险。

为了识别对日软件服务外包面临的风险，根据前面的 20 项风险因素设计调查问卷，利用李克特五级量表进行评分，风险"最高"为 5 分，"较高"为 4 分，"一般"为 3 分，"较低"为 2 分，"很低"为 1 分。在大连软件园和高新园区从事软件服务外包的企业向相关从业人员发放调查问卷，发出问卷 227 份，收回131 份，全部为有效问卷，问卷回收率为 57.71%。根据回收问卷统计各风险因素平均得分情况，如表 6-1 所示。

表 6-1　对日软件服务外包风险因素评价得分（$N=131$）

风险因素	平均得分
战略风险（X_1）	1.37
业务不确定性风险（X_2）	1.60
机会主义风险（X_3）	1.34
成本风险（X_4）	4.50
资金风险（X_5）	4.37
汇率风险（X_6）	1.40
知识产权风险（X_7）	4.15
数据安全风险（X_8）	4.21
技术过时风险（X_9）	4.35
需求风险（X_{10}）	4.26
进度滞后风险（X_{11}）	4.31
合同不完备风险（X_{12}）	3.94
质量风险（X_{13}）	4.24
人员流动风险（X_{14}）	3.43
能力欠缺风险（X_{15}）	3.93
缺乏沟通风险（X_{16}）	4.52
信任风险（X_{17}）	1.63
政府管制风险（X_{18}）	1.32
地理政治风险（X_{19}）	1.37
文化风险（X_{20}）	3.68

各风险因素平均得分的分布情况如图 6-2 所示。

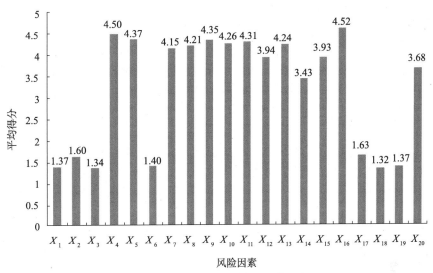

图 6-2　对日软件服务外包风险程度

从表 6-1 和图 6-2 中可以看出，在对日软件服务外包中，风险评价平均得分超过 4 分的有缺乏沟通风险（4.52）、成本风险（4.50）、资金风险（4.37）、知识产权风险（4.15）、数据安全风险（4.21）、技术过时风险（4.35）、需求风险（4.26）、进度滞后风险（4.31）和质量风险（4.24），其中风险最高的是缺乏沟通风险和成本风险。这 9 种风险涉及三大类风险：财务风险（成本风险、资金风险）、运营风险（缺乏沟通风险、进度滞后风险、需求风险、质量风险）和技术风险（技术过时风险、数据安全风险和知识产权风险）。

三、软件服务外包风险管理策略

（一）软件服务外包风险管理的一般策略

张金隆等（2009）认为，不从风险产生的源头管理风险难以达到"事半功倍"的效果。针对 IT 外包中存在的诸多潜在风险，IT 外包的理论研究者与实践者均指出，引入系统性、综合性的风险管理对于保障 IT 外包的成功具有不可替代的作用（从国栋，2011）。

1. 应对战略决策风险

从发包方角度来说，应该明确不同承接方的优劣势，利用承接方选择模型，选择恰当的承接方，并通过完备的合同和有效的沟通机制，特别是要与承接方建立相互信任关系，防范机会主义风险；承接方应该在合约签订前详细论证项目的可行性，特别要明确发包方的需求，通过完备合约和与发包方建立"合作伙伴型"关系消除业务不确定性风险。互联网数据中心提出，未来，服务商与客户将从传统的"契约型"外包服务关系向更为灵活的"合作伙伴型"外包服务关系进行转变，同时将会在业务层面进行更为密切的合作，因此多样化和灵活化的服务模式将会应运而生。例如，外包服务商的绩效直接与客户的业务绩效挂钩，服务商与客户共担风险，服务商和客户组成合资公司，共同推动业务目标的实现。

2. 应对财务风险

发包方应做好项目成本预算，尽量消除外包中的隐性成本，对显性成本进行过程监控；承接方在外包实施中，应控制人员成本，督促发包方按照合同及时结算，保证资金支持。双方都应加强对外汇资金的管理，遵守国家的外汇管理规定，关注外汇市场变化，对可能发生的外汇风险要根据汇率的变化情况进行科学的风险评估。同时注意发挥汇率的杠杆作用，平衡企业的外汇收支，对远期外汇收支进行科学的预测，以避免发生外汇损失。

3. 应对技术风险

发包方应明确自己的技术需求；承接方在外包实施中需要加强数据安全维护，强化员工保密意识，同时注意与发包方技术的兼容性，不断更新技术。同时还要关注对方国家知识产权保护方面的法律规定，避免发生知识产权法律纠纷。

4. 应对运营风险

发包方应关注项目的进展，对于发现的问题要及时向承接方提出；承接方对于运营风险应更为关注，按照外包项目的生命周期，在不同的阶段确定不同的关注点，主要风险点有合约的完备性；避免核心人员的流失；保证外包实施的人员、技术和设备；需求分析到位；监控项目进展工期；及时、有效地沟通；外包服务和产品的质量符合发包方要求等。发包方和承接方需要构建合作型关系，消除信任风险。

5. 应对环境风险

了解对方的文化，理解文化差异，尽量消除语言和文化造成的沟通不畅和文化冲突；密切关注对方国家的政治、经济和法律政策，评估可能对外包项目造成的影响，并由双方协调消除或减轻环境风险。

（二）对日软件服务外包风险管理策略

针对对日软件服务外包中的风险，发展对日软件服务外包应采取如下风险管理策略。

1. 应对财务风险，实现产业梯度转移，构建软件服务外包投融资平台

对日软件服务外包中的主要财务风险包括成本风险和资金风险。应对成本风

险，应通过产业梯度转移实现。软件服务外包包括业务流程外包、信息技术外包和知识流程外包三类，其层次由低到高。2003 年联合国贸易与发展会议研究指出，发展中国家业务流程外包由低到高地升级，即由外包的 OEM（original equipment manufacture）层次上升到 ODM（original design manufacture）层次，再上升到 DMS（design manufacture service）层次，最后达到 EMS（engineering manufacture service）层次[①]（赵辉，2006）。我国目前软件服务外包还是以信息技术外包和业务流程外包为主，业务流程外包业务以 ODM 和 DMS 为主。作为承接方主要靠人多获取业务，而不是靠技术和创新管理占领市场。赛迪顾问预计，未来几年，中国软件服务外包市场将以产业整合和结构调整为主线（张伟，2008），未来应该依托技术，逐渐向高端增值业务转移。应对资金风险，应结合软件服务不同阶段的投融资特点，构建软件服务外包投融资平台。

2. 应对运营风险，承接方加强项目管理，构建关系契约治理机制

针对对日软件服务外包中的运营风险，承接方需要严格项目管理，通过规范化的管理流程和人员设备的配备，以及技术水平的提高，不断消除进度滞后风险、需求风险和质量风险。软件服务外包中很多风险是由于发包方和承接方之间没有建立起信任关系，缺乏沟通造成的。例如，承接方对需求理解错误，缺乏协调的商业关系，沟通不良。如何提高外包企业的业务质量、信用和交付能力呢？这需要企业在与客户交流的过程中，逐渐掌握对方的思维方式，站在客户的角度去思考，了解他们的需要，了解他们的商务习惯（刘军，2008）。Gefen 等（2008）将信任理论融入代理理论和不完全契约理论，并利用独特的合同数据研究指出，合同方之间的信任或商业中的密切合作有利于减轻软件开发外包中的风险。客户和服务商通过契约控制可降低其在未来软件开发外包中各自面临的风险，关系控制主要包括价格、惩罚和契约治理。Heeks 等（2001）指出，在全球服务外包中，发包方和承接方要保持同步（synching），但由于文化、隐性知识（tacit knowledge）和非正式信息对全球软件服务外包（global software outsourcing，GSO）发展的影响，同步具有局限性，应该建立缓冲机制（buffering mechanisms）和衔接机制（bridging mechanisms），在发包方和承接方之间建立信任关系，构建完善的沟通机制，降低信任风险。

3. 应对技术风险，推动知识产权法律的完善

在软件服务外包业发展中，为了满足发包方的需求，承接方需要不断更新

---

① OEM，即原材料制造，指外包企业将外包产品的原材料提供给承接企业，而由其进行产品的组装生产；ODM，即原设计制造，指外包企业仅将外包产品的设计方案提供给承接企业，而由其自身进行原材料的采购与产品的生产；DMS 指设计、制造、服务，即承接企业向外包企业提供外包产品的设计、制造及售后服务等一系列服务；EMS 指工程、制造、服务，即承接企业对外包产品提供全方位服务，包括产品的设计、制造、服务及升级换代等，即外包产品工程化。

技术，避免技术过时风险。通过在公司加强数据备份管理，强化员工保密意识，保证数据安全。特别是由于企业技术和商业秘密引发的知识产权纠纷是软件服务外包中的一项重要的风险，该项风险的规避依赖于知识产权立法的保护。印度在知识产权保护方面有严格的法律规定，我国应该借鉴印度的做法进一步完善知识产权立法。

第二节　我国软件服务外包产业投融资平台建设

一、国外软件服务外包产业投融资环境及启示

(一) 国外软件服务外包产业投融资环境概述

资金是企业发展的必要条件，对于软件服务外包企业来说更是如此。印度、爱尔兰作为软件服务外包的承接国，在软件产业链、行业规模、相关行业支持等方面，都达到较高的水平，软件业的市场化、国际化的程度较高，软件业发展上的成绩令世人瞩目，其成功是多方面因素共同作用的结果，优越的投融资环境和与之适应的投融资模式是关键环节。

1. 积极的财政政策

财政政策是政府干预经济最重要的手段之一，包括税收和财政支出两方面的政策工具。对于软件服务外包企业来说，融资对于企业成长的迅速推动作用尤为突出，虽然软件服务外包企业的利润较为丰厚，但是积累的资本远不能满足企业扩大再生产的需要，所以各国政府一直将税收和财政支出作为发展软件服务外包的主要手段，倾力为软件服务外包企业提供政策支持。

印度政府十分重视发展软件产业，通过政府财政支出支持软件科技园区建设，印度科技研发经费的 85％ 由中央及各邦政府提供。第八个五年计划时期各级政府的科技研发费用达 2000 亿卢比，是第一个五年计划时期的 1000 倍。在 1991 年实施的软件科技园区计划中，印度政府投资 50 亿卢比，为软件园区购买数据通信设备。同时，通过实施税收优惠政策促进软件产品出口和开发，1991 年，在 "软件技术园区（STP）计划" 中对中华人民共和国商务部（以下简称商务部）管辖的技术园区免除关税；免收软件园区成员企业进口资本货物时的任何关税，在软件园区注册的企业可享受 10 年免缴所得税政策。在经济特区成立的企业，前五年减免 100％ 出口所得税，2009～2010 年以后减免 50％ 出口所得税（杨宏玲和戴学刚，2012）。

在爱尔兰软件产业的快速发展中，爱尔兰优惠的税收政策为海外资本进入提供了便利条件。在吸引外资方面，爱尔兰政府 40 多年来始终实行低税收政策，制造业公司税仅为 10％，贸易类公司税为 16％。这就极大地吸引了跨国公司对爱尔兰的投资。目前，爱尔兰已经成为吸引外资最多的欧洲国家之一（周家高，2002）。

菲律宾政府使软件园区或经济区内企业享受 5％的优惠综合税率，对服务出口不征收流转税，对软件园区企业进口设备、配件等减免固定资产进口税和关税，采购国产设备和服务可进行增值税抵扣，企业培训员工费用可抵扣营业税等（魏志海，2009）。

2. 优惠的银行贷款

银行贷款是最为传统和普通的外部资本渠道。银行是企业融资的稳定来源。银行融资有两个特点：第一是安全，第二是短期。而安全性、流动性、依赖性是银行贷款的基本要求。软件企业由于自身的特点也很难达到银行贷款的要求。特别是在企业起步阶段，由于对企业发展前景难以把握，银行信贷部门往往以观望为主，不敢贸然贷款。

印度的商业银行（如印度工业发展银行）为软件企业提供优惠的贷款，且商业银行的分支行设立一个专门的 IT 金融部门来为软件企业服务。另外，商业银行经常以股本的模式参与企业投资，为企业提供增值服务。

3. 便利的上市融资

主板资本是一种股权资本，追求的是较高的红利收入，属于直接融资的范畴。在主板上市的企业是比较成熟的企业。已上市公司在品牌方面开始占有优势，比较雄厚的资金进入使他们在新产品的研发、渠道的扩张、人才的吸纳等方面也有了更大可能，另外，通过资本的手段还可以不停地整合市场上的弱势对手，公司的市场份额有望逐步扩大。另外，企业上市后，会导致股权分散，影响公司的控制权。

软件企业进入资本市场的方式主要有三种：一是直接在 A 板上市，由于我国过去对股票发行额度进行管理，并且实际的额度分配一直向国有大中型企业倾斜，而在优秀软件企业中民营企业居多，因此能够直接在 A 板上市的软件企业少而又少。二是在创业板上市，这是软件企业进入资本市场的主要方式。三是在海外创业板上市。

印度政府大力推动符合条件的软件企业在国内外上市融资，政府为软件公司进入国内外证券市场融资创造宽松的环境。允许信息技术企业注册后 1 年内公开上市集资；允许上市软件企业进入国内外资本市场进行融资；允许外资对软件技术园区内企业 100％控股，这增强了企业的发展后劲与活力。在班加罗尔本地，拥有班加罗尔证券交易所（Bangalore Stock Exchange，BSE），便于班加罗尔软件科技园区企业在当地上市融资。

4. 独特的风险投资

由于软件服务外包产业的高风险、高回报特征，软件产业除通过一般企业可获得的融资渠道进行融资外，软件服务外包发达国家都十分重视建立风险投资机制。

风险投资，又称创业投资，最早起源于美国。根据美国风险投资协会的定义，风险投资是由职业金融家投入到新兴的、迅速发展的、有巨大竞争潜力的高技术企业中，完成高新技术的研究发展及产业化，以出让股权获取收益的权益资本投资。相比之下，经济合作和发展组织（Organization for Economic Co-operation and Development，OECD）的定义则更为宽泛，即凡是以高科技与知识为基础，生产与经营技术密集的创新产品或服务的投资，都可以视为风险投资。我国学者把风险投资定义为：将资金投向蕴藏着较大失败危险的高新技术开发领域，以期成功后取得高资本收益的一种商业投资行为。

印度的风险投资是从 1986 年开始起步的，印度财政部当年拨款 1 亿卢比成立了印度第一家风险投资基金，之后每年又增拨 11 亿卢比资金，按照国际惯例初步构建起风险投资基金框架。印度班加罗尔与美国硅谷的风险投资公司聚集地沙丘路（Sand Hill Road）有着广泛的联系。班加罗尔软件科技园的风险投资公司具备以下主要特点：一是主要由金融机构发起设立，包括由联邦政府控制的金融发展机构、由州政府控制的金融发展机构、公共商业银行、外资银行及私人银行；二是风险投资主要投资于风险企业的成长期、后期及已上市风险企业（王伟和章胜晖，2011）。

经过近 20 年的发展，印度已确立了以国外资金为主体，以软件产业为重要投向的国际化风险投资体系，有力地支持了软件产业的发展。印度政府通过减税、补贴、调整立法和减少烦琐的行政审批等，吸收了大量跨国风险投资，主要政策性金融机构设立的软件产业风险投资基金，更是为软件企业提供了信贷扶持。

在风险投资方面，1995 年，爱尔兰在政府工业发展实施计划框架下成立了"EU 种子和风险资金计划"；1996 年 5 月，成立了 3 家风险投资基金；1997 年、1998 年、1999 年又分别成立了 6 家、5 家和 3 家风险投资基金。截至 2000 年年底，其中的 15 家已经投资运营，已投资 6.668 千万爱镑，分别投资到 214 家中小企业中。截至 2005 年年底，总投资为 1.8 亿爱镑，其中软件产业投资为 1.1 亿爱镑，占总投资额的 61.11%。1996～2000 年，爱尔兰软件产业风险投资比重占到总投资的 66.38%，而传统制造业和食品行业只占到了整个投资额比重的 10%。2000 年，与软件相关的风险投资总额为 20.58 百万爱镑，占总投资额的 71.54%，涉及 44 个项目。约 90% 的风险投资进入了软件、通信、生命科学等高科技领域，而这一比例在 2000 年又有所增加，说明政府投资重点从传统制造业转移到了具有高附加值的高科技行业；另外，软件产业无论是在投资数量还是投资总额上，都占有较大比重，说明软件产业是爱尔兰政府风险投资的重点（曾婧婧，2008）。

（二）评价和启示

通过上述分析，印度、爱尔兰等国家在软件服务外包产业快速发展中，实施的资本市场、财税政策、风险资本等融资保障措施起了相当大的作用。各国政府一直将税收和财政政策作为鼓励软件服务外包产业发展的手段。

首先，我国可以考虑借鉴印度的经验，改为以研发税形式，通过积累风险投资基金，服务于高风险的软件和信息服务业。针对中国软件和信息服务业难以进入国内中小企业板市场的实际，借鉴印度经验，由国内银行和其他金融机构，与国内或海外公司共同建立针对不同专业方向的风险投资基金，允许信息技术企业注册后一年内上市集资。除以较低利率融资外，印度的商业银行利用存款增量的 5% 作为研究人员风险投资基金，并以权益资本的方式向企业参股，商业银行的分支机构则设立专门的 IT 金融部门为软件企业提供服务（孟薇和钱省三，2005）。

其次，由于软件产业具有风险资本的高风险、高投资和高回报特征，故应在高技术风险投资基金运作中向软件产业适当倾斜，成立软件产业风险投资基金管理公司，专门对各类具有产业化发展前景和经济效益潜力大的软件开发企业，提供贷款贴息、融资担保，或直接进行股权投资，从而为软件企业拓展筹融资渠道。另外，利用我国引进外资的优势引导外资向软件服务外包产业集中，应建立风险资本交易市场，将国内外的风险资本引入我国的软件产业（曾婧婧，2008）。

二、我国软件服务外包产业投融资机制构建

软件服务外包业作为典型的资本驱动型产业，资本问题是关键性问题。通过融资可为企业获得充沛的现金支持，企业才能源源不断地进行技术创新，实现产品和服务的升级换代，从而拉动市场的长期需求。通过融资迅速扩大自身规模，经过并购和重组获得规模效益。此外，融资也可使原始股东获得价值增值，同时增强软件企业抗风险能力。

（一）软件服务外包投融资特性分析

软件服务外包企业的主要成本为人力成本，而人力资源中 80% 都是开发

人员，软件服务外包产业具有按小时收费等特点，因此仅从公司运营的角度来看，软件服务外包企业并不缺现金流，但作为一个产业想要快速发展，规模扩大，无非有两个途径，即内生与外生。内生是指依靠企业自有利润逐渐积累，这是比较缓慢的道路；而外生是通过兼并和收购实现短期内企业规模的快速扩大。

与传统制造业相比，软件服务外包企业的价值主要集中在无形资产方面，注册资本、固定资产相对较少，而且折旧年限短，使得服务外包企业在注册资本规模、资产抵押等方面不易达到商业银行的贷款标准。

虽然软件企业为高收益企业，但高风险性也是软件产业的重要特征。软件产业开发过程是一个复杂的、难以测量和控制的思维过程，它的成果是一种无形的智力产品。由于存在着这种特殊性，在软件产品的设计、生产、应用与维护过程中会出现一些特殊问题，如开发成本高、开发难度不易控制、工作量难以估计、软件的修正和维护十分困难、软件的质量难以保证和评价等风险因素。软件服务外包产业融资手段匮乏，其高风险性对银行的风险管理提出了比传统产业贷款的风险管理更高的要求。很多企业发展需要的资金因信用不足很难向银行举借。由于资金需要量不多，往往不符合多数投资基金关注的范围，同时也不是所有的软件服务外包企业都能被投资机构选中，早期的软件服务外包企业很难通过股权融资解决资金问题。所以大多数软件服务外包产业想要发展，就只能靠政府补贴和自有资金。

(二) 软件企业发展不同阶段融资模式的差异性分析

软件服务外包企业可通过直接融资与间接融资两种方式筹集资本。所谓直接融资即直接融通资金形式，主要是通过发行债券、股票等信用工具的方式，吸收社会剩余资金，而后将其作为资本直接投入到特定的项目中。间接融资是通过银行向社会吸收存款，再贷款给生产经营企业的资金融通方式，是以银行为中介进行的信贷活动。以风险为依据，融资方式可分为七类：企业内部筹资、银行贷款、资本市场、风险投资、产业资本、发行公司债券、海外融资。

对软件服务外包企业来说，不仅要根据不同企业的具体情况，采取不同的融资方式，而且还要以企业不同发展阶段为基础，经过科学分析，选择最有效的融资方式或方式组合，与其他高科技企业一样，软件服务外包企业的生命周期一般可分为种子期、初创期、成长期、成熟期和衰退期五个阶段。软件服务企业在这五个阶段面临的自身条件、风险、收益都不同，因此对资金的数量和种类也有不同的需求（原毅军，2009），如表6-2所示。

表 6-2　软件企业发展时期与融资方式

时期	阶段特征	融资方式
种子期	创业者要把自己的想法变成具有价值的产品	创业者自筹、国家支持计划
创建期	创立企业进行生产、无经营记录，失败可能性较大	国家计划、地方政府创新基金风险投资
成长期	产品得到市场认可，经营业绩得到体现，获取资本渠道增多	风险投资、场外交易、有担保的银行贷款
成熟期	经营业绩平稳，经营风险降到最低	无担保银行贷款、创业板市场、主板市场、债券市场
衰退期	原有产品不适应用户要求，要发展必须开发新产品	自有资金、创业资本

从上面的分析可以看出，企业发展的不同阶段对资本的需求是不同的，不同渠道的资本对企业风险的偏好也是不一样的，因此企业应根据自身发展要求筹集适量的资本。对企业来讲，资本是一把双刃剑，用好会降低企业融资成本，加速企业成长，提高企业的长期价值。

(三) 我国软件服务外包产业投融资状况分析

自 2009 年以来，国内外经济特别是金融形势复杂多变，但中国软件业的快速发展依然吸引了众多投资机构的关注。我国软件业投资、IPO 与并购规模都有较大增长。2009 年共披露投资案例 48 起，涉及投资金额约 6.27 亿元；共披露并购案例 58 起，涉及并购金额约 16.12 亿美元。2009 年有 13 家软件企业上市，融资 20.85 亿元，与 2008 年相比，2009 年软件业投资额增长了 14.47%，已披露并购金额增长 257.39%，IPO 融资金额增长 629.02%，软件业投资融资保持平稳增长态势，如表 6-3 所示。

表 6-3　2007～2009 年软件业投融资金额比较

项目	2007 年	2008 年	2009 年	2009 年同比增长率/%
投资/百万美元	443.04	547.74	626.89	14.47
IPO/百万美元	3237.68	286.07	2084.52	629.02
并购/百万美元	389.15	451.09	1612.13	257.39

资料来源：花桥金融外包研究中心和华软投资（北京）有限公司，2010

2010 年至 2011 年 10 月，中国软件企业共披露股权融资案例 74 例，已披露金额融资案例 45 例，融资金额为 65.54 亿元，如表 6-4 所示。

表 6-4　2010 年至 2011 年 10 月软件企业股权融资案例情况

年度	融资类型	案例数量/例	已披露案例数量/例	融资金额/亿元
2010	VC/PE	23	16	17.4
	天使投资	8	1	0.05
	战略投资	11	7	23.73

续表

年度	融资类型	案例数量/例	已披露案例数量/例	融资金额/亿元
	VC/PE	25	16	11.16
2011 年 1~10 月	天使投资	1	0	0
	战略投资	6	5	13.2
合计		74	45	65.54

资料来源:《中国软件业投融资报告 2011》

软件企业股权融资渠道主要以 VC/PE 为主,2010 年至 2011 年 10 月披露的软件企业通过 VC/PE 进行股权融资的 48 例案例中,地区分布较集中,主要分布在北京、广东、上海等地。通过天使投资进行股权融资的案例总量为 9 例,战略投资者通过其管理、资金、技术等优势成为企业融资的方式之一,在披露的 17 例战略投资案例中,披露融资金额的案例为 12 例,融资规模为 36.93 亿元。

(1) 从被投资企业发展阶段分析。从表 6-5 可看出,投资机构更多关注发展期和扩张期的软件企业,2009 年,处于发展期的企业案例为 25 起,占52.8%,处于扩张期的企业案例为 14 起,占 29.1%。可见,由于软件产业自身和投融资领域特点,拥有成熟产品和成熟商业模式的企业更容易得到投资机构的青睐。而由于软件企业融资特性限制,处于早期的软件企业很难通过股权融资解决资金问题。但 2009 年的数据显示,处于早期的企业案例增长250%。可以预见,随着我国软件产业的发展,更多的投资机构会关注早期和发展期的软件企业。

表 6-5　2008~2009 年被投资软件企业发展阶段比较

发展阶段	2008 年	2009 年	增长率/%
早期	2 (5.5%)	7 (14.5%)	250
发展期	16 (44.4%)	25 (52.8%)	56.25
扩张期	18 (50%)	14 (29.1%)	−22.2
获利期	0 (0%)	2 (4.1%)	0
总计	36	48	33.3

资料来源:花桥金融外包研究中心和华软投资(北京)有限公司,2010

(2) 从软件企业业务类型分析。随着国内 IT 行业的发展和企业管理理念的发展,近年来软件服务外包业务迅猛发展,但获得的投资规模与软件领域细分的其他行业相比还存有差距。2009 年,软件服务外包行业已披露金额的两家企业共获得 0.18 亿美元的投资,占到已披露的总投资金额的 2.94%。与行业应用和互联网行业相比,无论从案例数量还是从金额看,差距都很明显(表 6-6)。可见,我国服务外包产业还处于起步阶段,成长空间还很大。

表 6-6　2009 年软件领域细分行业投资规模比较

业务类型	案例数量/例	案例数量比例/%	投资金额/百万美元	投资金额比例%
外包服务	2	5.0	18.40	2.93
基础软件	1	2.5	14.70	2.34
管理软件	1	2.5	4.71	0.75
行业应用	15	37.5	201.58	32.16
互联网应用及服务	9	22.5	251.12	40.06
安全与存储	2	5.0	49.38	7.88
游戏软件	8	20.0	80.59	12.86
其他	2	5.0	6.41	1.02
合计	40	100	626.89	100

资料来源：花桥金融外包研究中心和华软投资（北京）有限公司，2010

三、我国软件服务外包产业投融资平台建设策略

近年来，我国软件产业的投融资体制获得了较快的发展，极大地促进了软件产业的发展。但是软件企业在承接服务外包方面仍然遇到两个问题：一是融资问题，二是企业接单能力问题，这两个问题是密切关联的（裴长洪，2007）。其中，融资问题是发展软件服务外包的先决条件。为此应构建政府、金融企业及企业间的多层次企业融资体系，制定一系列促进软件服务外包产业发展的财税政策，更好地推动软件服务外包产业投融资平台的建设。

（一）通过金融政策助推软件服务外包企业发展

在软件企业融资渠道中，银行贷款是早期资金需求的一个重要形式。银行贷款分为无担保银行贷款和有担保银行贷款。其中，无担保的银行贷款的条件比较严格，一般适用于成熟期的软件企业。而有担保银行贷款具有普遍的可适用性，但需要贷款企业向担保公司支付担保费，从而增加了贷款企业财务费用。同时，贷款企业还要接受贷款银行和担保公司的审核和评估。符合服务外包企业需求特点的银行信贷产品比较缺乏。目前，软件服务外包企业大多以应收账款的方式来与发包方签订合同。为此，需要商业银行根据软件服务外包产业的特点，不断创新信用方式。

金融创新是软件和信息服务业快速发展的重要推手，应鼓励金融机构开发适合软件出口和服务外包的金融产品。2009 年，中国人民银行、商务部、中国银行业监督管理委员会（以下简称银监会）、中国证券监督管理委员会（以下简称证监会）、中国保险监督管理委员会（以下简称保监会）和国家外汇管理局联合出台了《关于金融支持服务外包产业发展的若干意见》（以下简称《意见》）。《意见》表示，应积极发展符合服务外包产业需求特点的信贷创新产品，在现有

保理、福费廷、票据贴现等贸易融资工具的基础上，通过动态监测、循环授信、封闭管理等具体方式，开发应收账款质押贷款、订单贷款等基于产业链的融资创新产品；支持各类资金通过参控股或债权等投资方式支持服务外包企业的发展，鼓励产业投资基金、股权投资基金及创业投资企业加大对服务外包企业的投资力度。

（二）加大软件税收优惠力度和扶持政策适用范围

根据国务院有关文件精神，2009 年 4 月，财政部、国家税务总局等部门下发了《关于技术先进型服务企业有关税收政策问题的通知》，明确将苏州工业园区技术先进型服务企业税收试点政策推广到北京、天津、上海、重庆等 20 个中国服务外包示范城市。即自 2009 年 1 月 1 日起至 2013 年 12 月 31 日止的 5 年内，在上述城市对经认定的技术先进型服务企业实行以下政策：一是对其离岸服务外包收入免征营业税；二是职工教育经费按照不超过企业工资总额 8％的比例据实扣除，超过部分允许在以后年度结转扣除；三是按 15％的税率征收企业所得税（魏志梅和冯昱，2009）。

相对北京、上海，其他二线、三线城市的软件服务外包起步较晚，加之其服务外包企业技术水平相对落后，离岸业务数量较低，这些城市很难满足税收优惠政策条件，导致这些城市的绝大多数企业无法享受这些政策，建议可以适当降低这些城市受惠企业的门槛，避免各地随意承诺过多的"优惠"政策，进行"政策竞争"。同时，继续延长税收优惠期限，进一步放宽优惠试点城市，使税收优惠政策真正发挥鼓励软件服务外包产业发展的作用。

另外，应重新定义软件企业范围，将软件服务类企业也纳入优惠扶持政策的范围中，同时税收优惠应向具体科研项目、具体开发环节倾斜，刺激具有实质意义的科技创新行为，鼓励软件企业发展服务外包业。

（三）完善软件服务外包产业风险投资机制

我国风险资本最早出现在 20 世纪 80 年代，在风险资本的资金来源方面，我国风险投资的来源仅包括国外资金、大公司、少数私人资本、一部分政府公共基金等。美国风险资本的年金基金、保险公司等资本来源占 30％～50％。而这些恰恰是我国所不具备的，风险资本来源的单一直接造成我国风险资本投资的不足。同时，我国比较缺乏成熟、科学、规范的风险资本运作方式。

实际上，风险投资在我国软件企业还没有得到广泛和规范的运用，软件服务外包只能长期依靠企业自有资金积累、政府投资和银行贷款，从而形成软件产业与民间资金相隔离的投融资体系，导致中国的风险投资面对 6 万亿民间储蓄存款只能望洋兴叹。

　　风险投资是以高风险、高收益为特征的，而软件产业因其风险高、产品附加值大、效益高，也成为风险投资的理想选择。事实上，世界很多著名的高科技企业的发展都与风险投资有关，如微软、雅虎、苹果等公司的世界信息产业都是利用风险投资发展起来的，我国软件企业在加快发展的同时要结合国内特点，充分利用风险投资。

　　风险投资加速软件产业化的作用主要体现在以下三点：一是风险投资通过对软件产业给予资金资助，助推软件新成果的产业化进程；二是由于风险投资的支持，软件成果可以在不同层次上转化，从而缩短产品的开发周期；三是风险投资会将企业推销上市，快速集聚发展资金，同时将丰富的管理经验和独特的管理机制引入到中小软件企业中，这对中小企业的发展尤为重要。

　　加快我国风险投资的发展，充分发挥风险投资在软件服务外包企业融资渠道的作用。首先，要进一步拓宽融资渠道，以改善风险资本结构。拓宽融资渠道需要更好地做到开源，国家仍需要在政策上给予支持和鼓励，从根本上为软件服务外包企业投资提供来源。其次，积极创新融资方法，以满足多元化的投资需求。在风险资本的投入方式中，可以采取合伙式投资与基金式投资相结合的方法。再次，在公开上市、兼并收购和破产清算等方面，加快风险资本退出渠道的建设。2009 年，证监会发布《首次公开发行股票并在创业板上市管理暂行办法》，自 2009 年 5 月 1 日起实施，以后，我国创业板市场终于出现。创业板市场是相对于主板市场而言的，是金融市场中新出现的一种融资方式，是在服务对象、上市标准、交易制度等方面不同于主板市场的资本市场，是以为风险投资提供退出通道和以扶持中小型高新技术企业发展为使命的新型市场。创业板是软件服务外包企业风险投资退出的有效方式。

（四）支持符合条件的服务外包企业在境内外上市

　　目前，从上市软件公司的实际情况看，大多数是借壳上市，通过增发、配股进行融资。但上市软件公司在资本市场的比重还是较小。实际上，现有的跨国公司往往通过上市来发展。只有保证充足的资金，创新人员才能毫无顾忌地从事产品研发。软件产业与资本市场联动才是推动软件业发展的重要因素。

　　积极推进多层次资本市场建设，为符合条件的服务外包企业，特别是具有自主创新能力的服务外包企业提供融资平台。单纯的软件企业因业务规模和资产原因，很难达到主板市场的要求。创业板市场为服务外包企业提供了良好的上市机会。软件服务外包企业作为低碳经济和高科技的行业代表，势必会选择创业板作为资本市场的代表。到 2009 年 12 月底，36 家上市创业板中有 7 家是软件企业。到 2009 年年底，我国在全球范围内上市的软件企业共有 94 家。新的退出渠道会极大地激发投资机构的热情。同时，要加大对服务外包企业的上市辅导力度，力争支持一批有实力、发展前景好、就业能力强的服务外包企业在国外资本市场上市融资，从而提升我国服务外包企业的国际竞争力。

（五）加快并购、整合，为软件服务外包企业提供外生资本

随着行业竞争的推动，软件企业仅靠自身发展壮大，走向上市已经越来越困难。合并、整合、收购已经成为软件服务外包企业做强做大的理想选择。

在资本、市场与技术三种要素的驱动下，并购、重组已成为软件产业资本运作的主旋律，但多偏重于行业应用、管理软件和游戏软件。2008 年，软件服务外包并购案例 4 起，并购金额为 0.17 亿美元。2009 年共发生两起并购案例，并购金额为 0.11 亿美元。2012 年 8 月 10 日，国内软件服务外包服务企业文思创新与海辉软件宣布正式合并，合并后的文思海辉将成为一家拥有 23 000 名员工的行业"巨无霸"。这是国内软件服务外包业迄今最大规模的并购案，对业界产生了积极的影响，甚至引发了新一轮的并购潮。

从国外经验来看，几乎所有软件巨头都是以不断并购来做强自己的，国际巨头的产品越来越大而全面，留给我国的机会会更少，所以我国软件服务外包企业要巩固自己领先的趋势，获得产品、技术和市场，需要不断收购相关中小企业，整合行业有效资源。

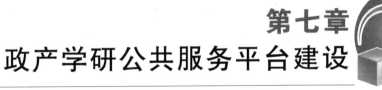

第七章
政产学研公共服务平台建设

　　软件是以编码形式表现的知识，软件产业是以智力和人力为主要经营资源，以知识和信息为经营载体，以创新为主要经营特色的知识、智力密集型产业。国际分工的细化，国际经济规模、科学技术的发展和国家发展战略使得软件产业有了外包服务，而软件服务外包追求成本和讲求效率使得软件服务外包产业有了存续的基础。面对全球软件服务外包快速增长的发展态势，软件服务外包产业要想在激烈的市场竞争中生存，必须能快速响应市场需求，尤其是软件服务外包活动本身就是一个协同发展的过程，是多方参与的跨地区、跨时区的开发行为，而一个企业的信息和技术力量是有限的，如果单纯依靠企业自身的能力，必然会影响产业的效率。同时，任何一个企业都不可能具有自身发展所需要的一切资源，也不可能在所有的资源中都占有优势。因此，在软件服务外包产业中，需要实现资源的共享和互补。而公共服务平台能很好实现资源的共享和互补，使软件服务外包产业能专注于自己的核心业务，降低运行成本，提高自身的竞争优势。

　　软件服务外包产业是国家政策性强、知识密集的产业，需要政府和产业共同投入，需要大学和科研机构提供技术支撑，因此，搭建软件服务外包产业公共服务平台，政产学研协同创新，通过跨组织合作获得优势资源，实现政府政策资源集聚、企业资产和市场资源集聚、大学与科研机构知识和技术资源集聚，形成协同效应，才能给软件服务外包产业带来持续的创新能力。

第一节　软件服务外包产业政产学研合作
公共服务平台建设动因

　　公共服务平台是一种面向公众的、提供公共信息或服务的载体，一般以政府为主导，企、事业单位为补充，利用现代信息技术和管理方法，整合公共信息资源，并根据公众的需求向其提供更加有组织、有效率的服务。其中，政府作为国家主要的管理机构是建设及发展公共服务事业的主体。

软件服务外包公共服务平台是指按照开放性和资源共享性原则，为软件服务外包产业提供政策信息、市场信息、行业数据库共享、融资渠道、电子商务、管理咨询、维权服务、人才培训等不同种类公共信息服务与技术支持的支撑体系。政产学研合作软件服务外包公共服务平台的建立，将促进"协作、共用、服务"体系的形成，使政府、大学、科研机构、产业之间达到共建共享、互惠互利的目的。公共平台的建立将使得政府、大学、科研机构和产业增加获取信息和开发利用信息的机会，减少了合作各方创新的盲目性和重复性。同时，由于公共服务平台是多方面、多层次的合作，协同创新、共同发展，较好地规避了相互封锁和恶性竞争的状态（钱旭潮等，2011）。

一、降低软件服务外包产业运行成本

交易成本理论认为，当一项交易活动需要投入高度专业化的技能时，公司内部组织交易活动的成本远大于可能获得的效益。倘若从外部市场购进，交易效益会增加，但由于信息的不对称及交易量较小等原因，交易成本又过高，且大于相应的交易效益。在这种情况下，建立一种无限期的、半永久性的层级性关系，或者说通过将资源结合起来形成像企业那样的组织，可以减少在市场中转包某些投入的成本。交易成本理论说明合作比不合作更能节约交易成本，从而形成规模效应。

公共服务平台主要解决企业间的技术和信息共享问题。公共服务平台模式能很好地解决企业信息化需要的技术和资金，满足企业购买平台运营所需要的基础设备需求，节省企业在生产过程中的资金投入；同时，平台运营商还能提供专业化的技术服务，解决企业生产所需要的技术问题。因此，公共服务平台能够消除企业的信息和技术壁垒，提升企业的信息和技术水平（陈静，2011）。在现代社会，即使是技术力量雄厚的大企业也不可能在所有研究领域都领先，也不可能精通业务所涉及的所有范畴，因此，企业需要与各种资源互补、扬长避短、各取所需，使得企业专注于自身的优势和特色。尤其是软件服务外包企业是高度专业化的技能性企业，搭建公共服务平台，在资源共享、优势互补的情况下，使其能专注于自己的核心业务，能有效降低企业运营成本。

二、提高软件服务外包产业竞争优势

竞争优势理论认为，企业竞争优势来源于它所具备的战略资源的数量、质量及其使用效率。具有竞争优势的关键资源不仅是稀缺的，而且是难以模仿的，一些因模仿障碍而难以获得的关键资源，只有通过合作的方式才能共享和应用。

竞争优势理论说明资源共享与互补可以增强企业的竞争优势，并且产生更多的合作收益。

知识经济在为企业展示无限创新机遇的同时，也对其创新速度、质量、成本和抗风险性等核心能力提出了更高的挑战。同时，资源的稀缺性和有限性决定了任何企业都不可能具备也不必内化发展所需的全部资源，企业的竞争优势依赖于其资源外取的能力，只有通过组织间协调，开展非一体化下的分工整合，企业才能以最低的成本和最快的速度获得发展所需的互补性资源（吴青熹，2011）。

软件产业知识属性更加强化了软件服务外包产业知识创新的重要性。软件服务外包产业往往通过创新提高自己的竞争优势，使得企业边界向着更加核心的业务领域移动，软件企业的边际收益不断提高。因此，公共服务平台可以使企业在比较优势的基础上开展更大范围内的学科间和产业间的合作，充分发挥各自的资源优势和专业化水平，实现合作各方资源优势的共享和互补。由于软件服务外包产业具有知识密集性特征和依赖国家产业政策的特点，其需要政府营造良好的外部环境，以及大学、科研机构不断地给予技术支持，所以政产学研协同创新公共服务平台可以提高软件服务外包产业的竞争优势。

三、提升软件服务外包产业持续创新能力

熊彼特提出，经济增长的最重要的动力和最根本的源泉在于企业的创新活动；在经济体系内部存在着自动破坏可能达到的任何均衡的能量源泉；企业的竞争优势很大程度上来源于企业的技术创新活动。达韦尼从竞争创新的角度提出，企业的竞争优势来源于创造性的破坏。他认为在动态环境下，企业通过持续创新，扬弃其既有竞争优势，创造和开发新的市场机会，由此获取一连串新的更强大的竞争优势，进而形成企业在整个发展期内的持续竞争优势（孟琦，2007）。协同就是指系统中诸要素或各子系统间的相互合作和共同作用，使整体和个体提高了对实体资产的利用效率，并产生新的稳定有序的结构。

创新系统是协调某一范围内各类组织、制度和社会环境间的互动和反馈关系的整体机制，它能把特定范围内的多种参与主体整合成一个协调一致的整体，并使整体创新能力大于个体创新能力之和（吴青熹，2011）。

协同创新理论说明，相互协调、互动和反馈使企业产生持续创新能力，并且扩大创新的绩效，最简练的协同概念就是"1+1>2"。

基于协同创新所需知识源的分散性，企业必须借助自身的关系网络平台才能实现跨时空、跨主体的知识重构、整合和优化。知识的缄默性决定了隐性知

识的传播只能通过强关系间的传播和学习才能实现，单凭正式的公务关系根本无法实现隐性知识的有效集成、互补和共享，因此，获取隐性知识才是企业与各种外部主体开展协同的本质目的（吴青熹，2011）。软件企业要想在激烈的市场竞争中保持优势，一方面可以从企业内部现有的知识中开发出新能力，另一方面就是学习和吸收外部知识。因此，政产学研协同创新的公共服务平台是软件服务外包产业持续创新的必由之路。

第二节　软件服务外包产业政产学研合作公共服务平台结构

全球软件产业的发展趋势是具有共用的软件研发平台与应用平台、共同的软件产品市场。软件科技与产业相互关联，并在一定程度上实现软件研发人力资源在世界范围的配置与共享。各国软件产业发展之间的相互影响、竞争和制约，构成一个世界范围内相互依赖、互补、合作、竞争的软件产业体系，造就了开放化、融合化和服务化三大发展趋势（原毅军，2009）。软件服务外包产业自身就是一个多方合作，协同生产的产业。

软件产业是典型的高科技产业，具有创新推动、短暂的产品和技术生命周期、高度知识技术密集性和全球市场性特点，是"大脑产业"（原毅军，2009）。基于软件产业的高度知识技术密集性和全球市场特性，其对人才，尤其是高端人才有较高和较紧迫的需求，对技术创新和更新有着较高和较快的需求。同时，软件产品的高知识产权性及软件服务外包产业的高风险、高投资、高成长、高回报性，使得软件服务外包产业对人才、技术、法律、投融资、生活配套、娱乐等都有较高的需求，而任何一个软件服务外包企业都不可能具有处理所有这些业务的能力，也不可能具有同时做好这些业务的能力。因此，需要搭建一个公共服务平台，为软件服务外包服务企业提供人力资源、教育培训、管理咨询、市场营销、技术创新和法律援助、投融资、生活、娱乐等方面资源的共享、互补及支持服务。以降低软件服务外包服务企业的运行成本，提高软件服务外包服务企业竞争优势，提高软件服务外包服务企业的持续创新能力。

一、高端人才引进与培养服务平台

软件服务外包服务产业需要的人才具有自身的特点，软件服务外包服务产业的高端人才是掌握专业知识和语言交流技能，具有国际化背景的外向型、复合型人才。他们掌握外包软件开发、设计、测试和项目管理的专业技能，对操作系统、应用程序、网络管理和行业知识都有广泛的了解。由于服务的客户来自国外，所以对外语水平和交流沟通能力具有较高的要求，还要熟悉和遵守国际外包行业标准和流程规范，具有大型软件项目团队协作精神和职业态度，能理解、尊重国外客户在文化、传统、习俗、思维和时差等方面的不同（王德双，2007）。高端人才引进与培养公共服务平台包括以下几个方面：第一，人才引进、培养机制。利用平台多方资源优势，加快软件开发和外包专业人才的培养，尤其是高端人才的引进和培养。第二，人才培训体系。在进行充分市场调查的基础上，制订适应企业要求的和在职员工自身的成长的人才培训计划。第三，人才的创新机制和激励机制。制定政策和规章制度，充分调动软件人才工作积极性和创造能力。第四，人才孵化机制。培育创新创业人才，孵化高技术企业家。第五，各项人力资源公共服务。提供政府公告、人事及改革通知、网上企业注册、广告服务。第六，招聘平台服务。主要包括网上招聘、岗位信息、个人求职、人才推荐、举办招聘会。

二、公共技术服务平台

软件服务外包是指企业选择合适的外包服务伙伴，将软件项目中的全部或部分工作发包给外包服务提供商，由其来完成相关的业务活动，其内容包括软件的需求分析、业务流程设计、开发、定制、测试、安装、维护、数据加工等软件服务工作。为实现软件服务外包企业间技术资源的共享和互补，软件服务外包产业公共技术服务平台由知识管理系统、项目管理系统及管理咨询服务平台组成。

知识管理系统由软件服务外包知识、软件服务外包知识管理组成。软件服务外包知识包括共性技术研发、开发测试工具库、构件库、开放源代码库等，软件服务外包知识管理有知识上传下载、热点知识、知识检索等功能；项目管理系统包括组建项目组、立项、任务分配、任务修改、进度更新、项目过程管理、项目总览、系统设置等功能；管理咨询服务平台负责对系统各项资源、参与人员进行管理等。平台可以使企业专攻自己的优势项目，加速企业创新。

三、投融资服务平台

资金对于任何一个企业来说都是其存在和发展的必不可少的条件，尤其是对高风险、高投资、高成长、高回报的软件服务外包业更为重要。对于软件企业来说，融资对于企业成长的迅速推动作用尤为突出。通过融资可为软件企业获得充沛的现金支持，为软件产品的研发、生产、品牌推广、市场推广、销售等提供有力的资金保障（原毅军，2009）。软件服务外包产业投融资公共服务平台应建立企业信用数据库，为企业提供信用评级，向融资机构推荐；平台应建立金融业务数据库，了解银行情况，向企业推荐；平台应建立企业融资需求数据库，进行融资调查，向企业提供融资建议；协助企业申报国家专项基金，拓宽融资渠道，促进企业健康发展。

四、配套生活、娱乐设施公共服务平台

软件服务外包产业是一个多方合作、协同生产的产业，因此，在这个产业中，产品品种、专业知识、人才来源、工作性质、工作流程、工作工艺，人们的生活方式和生活需求，甚至兴趣、价值观念、经济利益都呈现出多样化、多元化的特点。因此，需要搭建一个配套生活、娱乐设施公共服务平台，为软件服务外包产业人员提供文化娱乐、体育设施服务；提供行政管理与社区服务；提供医疗卫生服务；提供商业、金融及软件服务外包相关知识及技术用品商用服务；提供教育设施服务等，以提高软件服务外包产业人员的生活水平和生活质量。

五、法律服务平台

由于软件是以编码形式表现的知识，所以软件产业具有知识产业的特征，如软件产业的知识产权保护、专利所有人的权益、信息安全、保守商业秘密等，使得软件服务外包产业法律公共服务平台建设成为促进和制约软件服务外包产业发展的一个重要因素。

法律服务平台可以为软件服务外包产业提供法律咨询；可以帮助软件服务外包产业制定规章制度，根据平台建设的原则和相关法律来修订、制定和发布一些管理办法、条例、规定等行政命令；可以协助软件服务外包产业制定标准、规则、规范等，使企业依法管理、依法经营，维护企业和员工的合法权益。

第三节　政产学研合作建设软件服务外包产业公共服务平台路径

从本质上说，公共服务平台是指由政府主导建设的、面向社会大众的，以提供公共信息或服务为目标的公共服务产品。因此可以说，公共服务是政府的

一项重要职能，在软件服务外包公共服务平台的建设中政府将起到主导、组织和协调的作用。在市场经济条件下，企业参与公共平台的建设，才能发挥市场机制这只"看不见的手"的资源配置作用，为企业不断创新和发展提供源源不断的动力。同时，由于软件服务外包产业是一个高知识、高技术的产业，因此这个平台的建设需要大学和科研机构的智力和技术支撑，尤其是大学还肩负着培养软件服务外包产业专业人才的职能，软件服务外包公共服务平台的建设必将是一个政产学研四方协同创新的建设路径。

一、加强政府主导作用，形成政府政策资源集聚

政府是公共服务的天然主体，在公共服务中肩负着重要的职责，由于国家对软件采取了"政策引导，多方投资"的产业发展模式，因此优惠的产业政策很重要。

政府通过政策为软件服务外包产业人才的引进和培养创造良好的商业环境和健全的政策、法制环境。政府还可以为软件人才教育培养和培训提供相关条件和优惠；政府可以从科技成果申报，项目立项等方面扶持软件企业的基础理论研究和共用技术的开发，为软件服务外包公共技术服务平台创造良好条件；政府可以在税收方面给予一定的优惠，减免软件企业的一些税费及软件产品和服务的出口费用，放宽软件企业贷款的条件等，为软件服务外包公共投融资服务平台提供优惠政策；政府还可以通过制定本地产品规格标准，影响客户的需求状态，通过采购的方式把自己的软件服务外包业务承包给本土企业，给本土软件服务外包业提供市场环境；政府可以通过运用金融市场规范、反盗版和知识产权等政策工具影响企业的战略结构和竞争等，使软件服务外包企业各项工作有一个协调资源的共享平台，有效降低企业服务成本，提高软件服务外包企业运行的效率。

二、发挥大学、科研机构的作用，形成大学和科研机构知识和技术资源集聚

软件服务外包产业是一个高技术行业，软件服务外包产业的建设和发展需要大量高端人才和高新技术的支持。大学作为培养人才的专门机构，对专业化的软件服务外包人才的培养发挥着重要的作用。同时通过多学科综合与合作，也适合开展高新技术的研究。科研机构在应用研究方面具有独特优势，在专业化方面有较深的研究基础。因此，与大学、科研机构合作，共享高水平的科技与人才资源，成为企业提高核心竞争力的重要保证。

　　1. 大学、科研机构和产业联合培养人才

　　随着科学技术的高速发展，新的工业体系不断涌现，生产设备更新换代的周期越来越短，科学技术不断交叉融合，从业岗位对员工综合知识与技能的要求日益提高，这些都要求高校对人才培养模式进行创新（葛继平，2010）。

　　根据软件服务外包产业市场和创业的需要，针对软件服务外包产业对企业经营管理人才和应用技术人才的需求，校企合作共同制订教学计划和培养方案，充分利用大学与企业、科研机构等多种不同的教育环境和教育资源，以及在人才培养方面的优势，把以课堂传授间接知识为主的学校教育与直接获取实际经验和工作能力为主的生产、科研实践有机结合在对学生的培养过程之中。通过接触工作实践，使在学校里学到的理论知识得以巩固，理论同实践密切结合起来。通过接触社会，学生学会了做人、做事，培养了学生较好的伦理道德和责任感，从而为软件服务外包产业提供优秀人才。

　　2. 大学、科研机构和产业联合开展科技攻关

　　以高水平的学科带头人为核心，吸纳高年级的本科生和博士、硕士研究生一起参与课题研究。大学的教师和科研机构的技术人员与企业的工程技术人员一起解决企业急需的难题和科技开发项目。

　　3. 大学、科研机构和产业共同建立研发平台

　　共同建立研发平台是由企业与大学或科研机构根据企业技术创新的需要，共同建立实验室、工程研究中心或研究院等。通过科技资源特别是大型仪器实验装备和科技创新人才的共享，降低技术创新的成本。

三、发挥企业能动性，形成企业资产和市场资源集聚

　　企业通常在生产技术、工艺流程、技术设备、技术应用推广和市场资源等方面具有优势，在知识经济时代，创新是企业发展的原动力，企业特有的、核心的隐性知识是创新最重要的资本和最关键的无形资源。然而，资源的稀缺性和个体能力的有限性使得企业自身的知识存量和更新速度无法满足创新对企业理想的知识结构的要求。同时，创新所需的知识源分散地嵌入在外部各种流程、供应链、联盟和集群之中，单凭企业一己之力去搜寻和集成，需要耗费大量的交易成本。为降低创新的复杂性和不确定性，加速知识的获取、积累、整合和创造，企业必须放眼于外，广泛开展组织内及组织间的学习与合作，构建起长期稳定、优势互补的创新网络（吴青熹，2011）。企业利用国家优惠政策，不断开发和拓展自身的外部环境；随着粗放经济向集约经济的转化，企业资本和资源的竞争更多地转化为知识和人才的竞争，企业利用大学和科研机构的先进技术力量开发新技术或是直接从大学、科研机构引进新技术。企业还可以进行

"订单式"培养，根据产业市场需求，提出人才需求的规模与条件。尤其是软件服务外包产业的高知识性和高技术性及高政策性，使得政产学研协同创新日益成为企业充分利用外界丰富的知识、技术资源，从外部寻求技术以弥补内部资源的不足，将内部资源（技术）进行整合，以创造新的资源（新产品和新服务）的重要途径（苏竣等，2009）。软件服务外包产业通过政产学研协同创新公共服务平台，充分利用多方资源，使得自身的优势最大化，降低运行成本，提升竞争优势，并形成持续的创新能力。

第八章
我国软件服务外包产业知识 产权法律服务平台

随着外包业务价值链的提高，离岸发包方最关注的是无形资产的保护，而不是有形财产和成本（胡水晶和余翔，2009）。软件产业的市场开拓需要技术和知识，而这个市场的利益划分离不开法律规范。从全球范围来看，印度已经成为承接软件服务外包业务的第一大国。中国软件产业几乎与印度同时起步，但是印度在短短不到20年的时间里发展成了软件离岸外包的巨头，这与其软件产业的知识产权法制环境的完善密不可分。我国软件服务外包市场知识产权法制环境的不完善，使得许多外包机会流失，因此通过总结印度为发展软件服务外包产业在知识产权立法、执法、司法、守法方面所做的努力及取得的成效，可以分析印度软件服务外包业知识产权法制环境建设经验及对我国的重要启示。法制环境的动态过程包括立法、执法、司法和守法等各环节的协调运行，为促进我国软件服务外包产业的发展，应完善动态知识产权法制环境，即在宏观、中观、微观三个层面有重点、有选择地完善知识产权立法、执法、司法、守法环境，使软件服务外包产业在一个系统有序的法律环境下运行。

第一节　知识产权法制环境对软件 服务外包产业发展的作用

一、完善的知识产权法制环境为软件服务外包产业发展提供外部安全保障

按照服务外包产业的"幼儿园理论"（北京12312，2008），各种技术信息的安全是国外客户在选择外包企业时，首要关注的问题，而以著作权、专利权、商业秘密保护等法律制度构成的知识产权保护体系，能为发包方提供相关权益的

安全保障，有了安全感才可能产生信任感，而发包方对中国市场的信任是软件服务外包合同产生的基础。例如，若法制环境不足以很好地规范外包市场，即不能消除发包方对知识产权保护方面的担忧和顾虑，则无论承接方技术水平及管理能力有多高，都将使发包方因为缺乏最基本的信任而望而却步。尤其是很多软件服务外包项目涉及发包方的大量技术数据、内部资料和商业机密，有些甚至是发包方的核心技术，因此发包方非常担心信息被泄露，自身利益得不到保护，也正因为如此，许多跨国服务公司没有把高附加值业务放到中国市场。我国软件离岸外包产业的发展已经落后于印度，为了促进软件服务外包产业的发展，我们应该在法制环境完善上下足工夫，为开展软件服务贸易提供安全的外部保障。

二、完善的知识产权法制环境为软件服务外包产业发展提供内部驱动力

计算机软件有易复制性的特点，自它诞生那一天开始就面临着被非法复制和使用的危险。知识产权制度的立法宗旨，是建立一种激励产权人积极性的制度，使完成软件创造的主体依法享有专有权，禁止任何单位和个人的非法使用，这就保证了软件产权人在法律规定的时段内享有市场竞争的垄断地位。例如，软件产权人因能受到产权专有性的保护，会愿意开发升级版本，新版本一经上市，老版本自然放开。随之而来的就是一方面使盗版无用武之地，严整了软件市场；另一方面在技术开放领域实现共享，提高了社会整体技术水平。而更为重要的是，激励效应会促使产权人继续进行研究开发，进而提高企业或产业的技术水平，长期良性的激励会驱动整个产业技术水平的提高，为产业发展提供内部驱动力。当前我国软件服务外包产业的发展正处于从价值链的低端向高端迈进阶段，只有通过完善知识产权法制环境，提升产业的竞争力，才能改变其在国际软件服务外包产业链中所处的低端位置。

第二节　印度知识产权法制环境建设经验及启示

一、印度软件服务外包产业知识产权法制环境概况

（一）宏观国家层面知识产权的立法、执法情况

1. 软件服务外包产业知识产权立法情况

围绕软件服务外包产业，印度制定了比较全面的知识产权法律规范。印度

对计算机软件著作权的保护程度很高，为了配合政府发展信息产业的政策，印度多次修改著作权法。在 1994 年修订《版权法》时，将计算机软件作为文字作品予以保护，并对软件盗版的行为和处罚作了详细说明。很多研究者都认为，印度成为外包大国是与其严格的著作权保护分不开的。在专利保护方面，印度第一部专利法比中国早 100 多年，诞生于英国殖民主义者统治时期的 1856 年。印度对《1970 年专利法》进行了多次修订，已实现了与世界贸易组织《TRIPS 协议》的完全接轨。为了完善对软件产业的知识产权保护，印度在 2005 年的专利法修订中新增计算机软件和医药产品专利的保护的条款（何艳霞，2008），强有力地刺激了印度国内外投资者的热情。与版权相比，专利权的获得要公开计算机软件源代码，这样既避免了对已有软件的重复开发，又利用了专利的鼓励发明创造的制度，推动了软件技术的创新。应该说在对计算机软件的专利权保护方面，印度不但与国际接轨，而且走在了世界的前列。互联网的普及既促进了离岸外包的飞速发展，又增加了信息安全隐患，印度政府于 2000 年 6 月颁布了《信息技术法》，成为当时世界上 12 个在计算机和因特网领域有专门立法的国家之一。这是一个对软件服务外包产业发展具有重大意义的法案，消除了发达国家对印度网络信息安全的顾虑，为发包方的数据安全提供了保障。

2. 软件服务外包产业知识产权执法情况

（1）行政执法情况。为了使软件知识产权执法取得切实的效果，印度中央政府和各部都高度重视知识产权保护工作，并组建了相应的管理机构。1991 年 11 月 6 日，印度组建了版权实施顾问委员会（CEAC），成员包括版权领域的产业代表及各邦的警察局局长。CEAC 每年至少召开两次会议，讨论版权执法及打击盗版的具体事宜，负责向政府提出改进版权保护的具体建议。为加强知识产权组织及权权人与执法机关的联系，印度在 11 个邦及 3 个中央直辖区的政府内专门指定一名官员负责协调政府和知识产权组织及权权人的关系，将具体执法责任落实到官员个人。印度在全国 23 个邦及中央直辖区的警察总局内设立了独立的版权实施处，专门负责处理打击盗版案件及其他知识产权侵权案件，其中打击软件盗版是其工作重点。为了加强知识产权执法能力，印度知识产权学院向政府执法官员提供知识产权法培训，印度政府还编写了《知识产权法手册》，并将手册分发至各级官员手中；还通过定期参加不同层次的知识产权研讨会、论坛，提高政府执法人员知识产权保护意识。印度政府从小学就开始注重培养国民的知识产权意识，通过一系列努力，近 10 年来印度软件盗版率在发展中大国中一直处于最低行列（詹映和温博，2011）。

（2）司法执法情况。印度的知识产权司法保护分为民事救济和刑事救济两种途径，值得一提的是刑事救济方式，包括没收侵权产品、罚金和监禁，对侵权人的惩罚力度很大。例如，根据印度《版权法》，计算机软件的违法者将同时面临民事和刑事的指控，任何使用盗版软件的行为都将受到严厉惩罚，使用非法复制的计算机软件将被判处 7 天以上、3 年以下的监禁，并被处以 5 万～20 万卢比（1 美元约合 43 卢比）的罚款（李静，2011）。再如，网络犯罪分子通常可被判处 3 年以下有期徒刑，或最高 20 万卢比的罚金，就连对电脑网络系统进行攻击的黑客，未经许可进入他人受保护的计算机系统的违法者，印度在《信息技术法》中对都规定了相应的刑罚。刑罚的威慑不但规范了本国的软件市场，同时为发包方权益的保障开了一剂定心丸。

（二）中观产业层面上注重发挥行业协会的作用

NASSCOM 在促进和协调印度软件产业知识产权保护方面功不可没，通过在立法、执法、守法各个环节的努力，印度软件产业已在国际上形成"能有效保护客户产权"的口碑，吸引世界 500 强公司将各种数据管理、呼叫中心、客户服务等大批迁移至印度。

1. 立法的建议者

NASSCOM 大力推动印度不断修订或制定相关法律、法规以加强软件的知识产权保护。NASSCOM 发起设立了印度数据安全委员会（DSCI），旨在推动建立高水平的商业秘密和数据安全标准，塑造印度公司能为全球客户提供全球最好的商业秘密和客户数据安全保障。

2. 执法的联合者

2008 年 3 月，NASSCOM 在钦奈举办了首席安全官会议，其目的在于规划与政府和执法部门的合作。事实上，在软件知识产权反盗版工作中，NASSCOM 在行政管理与行政执法方面发挥了重要作用。例如，持续参与反盗版的媒体宣传、反盗版广告牌、宣传手册、标贴的设立和分发，和商业软件联盟（BSA）共同设立免费的反盗版投诉热线，协助警方破获了大量巨额的盗版案件。NASSCOM-BSA 同盟与软件经销商紧密合作，防止教育终端用户和机构用户盗版的危害，并在各大城市组织软件管理方面的研讨会。

在司法执法方面，NASSCOM 与警方合作，为 Maharashtra 警察学校的 168 名学员进行数字犯罪调查方面的培训；在印度建立了两个数字犯罪研究中心，并举办该领域的专题研讨会。2008 年 8 月，NASSCOM 还在加尔各答对西孟加拉邦的 500 名警察开展打击网络犯罪方面的培训。

3. 守法中的监督者

NASSCOM 严格执行对于成员公司的管理准则，强化行业内部的知识产权保护自律机制。为避免承接企业的员工泄露发包方商业秘密，NASSCOM 于 2006 年 1 月建立了全球第一个类似于银行个人信用的软件人才数据库，名为 NSR-ITP。NSR-ITP 计划在每个公司的协助下用数据库记录印度所有软件公司员工的有关信息，包括教育背景、身体状况、曾经担任的职务及承接过的项目、擅长的工作领域、雇主对其的评价等，并对数据进行严格的保密。在软件产业的人员流动率高达 20% 的情形下，NSR 系统的实施对防止商业诈骗、保护知识产权起到了重要的作用，增加了印度软件公司在欧美客户心中的诚信度。

（三）微观企业层面法律遵守情况——商业秘密保护重在企业自治

印度软件产业以承接来自美国和欧洲的离岸外包业务为主，能否提供安全、有效的商业秘密保护，是欧美客户最为关心的问题之一。因此，在印度的离岸外包中，商业秘密的保护比国内其他种类的知识产权的保护更重要，但和绝大多数国家一样印度也没有保护商业秘密的专门法律，因此企业层面如何进行自治守法管理就变得非常重要。为了发展离岸外包产业，承接方企业通过两个层面的自治协议确保发包方数据安全：一是发包方和承接方间；二是承接方和自己员工间。

首先，看发包方和承接方间。因为双方之间存在着外包合同关系，因此泄露商业秘密是违约行为，据此可以根据违约责任进行责任的追究。但是合同作为特定主体间债的关系的一种，只能用来约束合同当事人，如果双方的合同没有成立，如何约束泄露商业秘密的主体呢？此时依据印度普通法的公平原则，"违反信任"是侵权行为，也就是即使双方没有合同关系，也要对已获悉的商业秘密负有保密义务，因为此时可以依据侵权责任进行责任的追究。为了确保发包方的数据安全，在没有国家商业秘密统一法的情况下，印度承接方企业通过落实违约责任和侵权责任，确定了外包双方之间商业秘密保护的基本权利和义务关系。

其次，看承接方企业和自己员工之间的保密关系，这方面更需要能动守法来履行保护义务。一方面是员工和公司签订的保密协议和竞业禁止协议，这属于对合同法和劳动法等法律规范的遵守。另一方面是提高承接方企业的商业秘密管理能力。例如，对员工进行保密意识教育，设立企业内部保密组织和规则，提高商业秘密保护的技术水平等。

印度软件企业在客户信息保护方面努力遵守相关法律规定，严格自律，努力达到了《TRIPS 协议》及欧美发包方的要求，让客户确信"数据最终永远属于客户自己"（胡水晶和余翔，2009）。

二、印度知识产权法制环境建设经验对我国的启示

通过总结和分析，可以发现印度在发展外包产业的历程中为保护知识产权所做的努力及取得的成效，印度知识产权保护经验对我国有以下启示。

（一）以促进产业发展为导向确定知识产权法制环境的重点和保护标准

为把软件产业发展成为印度国内的经济支柱，印度提高了能够直接推动软件业的软件版权的保护标准。印度制定了世界上最苛刻的著作权制度，对软件产权的保护范围非常广泛、刑罚规定非常严厉。而与之形成鲜明对比的是对商业秘密的保护，印度并没有提高该种知识产权的保护标准。印度不但没有为商业秘密保护专门立法，而且还反对发达国家对商业秘密的强保护，但对限于软件服务外包领域的商业秘密则不同，其不仅通过信息安全法来保护数据安全，而且还强调了不同层次合同关系的责任形式。如果等到具备完备的商业秘密法保护客户数据安全的时候，再来发展软件服务外包业务，后果可想而知。

印度不仅高标准地确定版权的保护政策而且严格执行。高标准是否适合我国尚且不论，但印度能够将高标准的保护规则严格执法，已令发展中国家刮目相看。与印度相比，我国至今依然普遍存在软件的非授权拷贝，虽然使用盗版软件不论在印度还是在中国，均认为是违法行为，但在我国并没有在实践中得到禁止。针对我国版权市场，有必要针对盗版加大执法力度。

由上可知，为保护国内软件产业发展，印度将知识产权保护作为一项政策工具来使用，以本国软件产业发展的实际情况为导向确定法制环境重点和保护标准，印度的法制环境充分体现了知识产权制度的行业导向性，印度知识产权保护的行业差别表现最为突出（胡水晶和余翔，2009）。虽然印度的做法并不是放之四海而通用的，但作为印度的特色行业，知识产权法制环境的完善的确是促进了产业的发展。目前，我国正在推行知识产权战略，尤其是行业知识产权战略，印度的做法说明产业或者行业知识产权战略对产业经济的发展具有巨大作用。

（二）形成了软件服务外包产业知识产权法制环境动态保护系统

印度软件服务外包业的知识产权法制环境在立法、执法、司法、守法各环节都具备完备的规定，形成了前后连接紧密的动态过程。首先，在立法方面，软件知识产权保护体系健全，形成了《专利法》、《著作权法》、《商标法》、《信息技术法》等完备的体系。在国际方面积极加入《伯尔尼公约》、《国际版权公约》、《与贸易相关的知识产权协定》、《巴黎公约》、《专利合作条约》等知识产权国际公约。其次，在执法方面，印度不仅具备专业综合的执法机构，同时还开展了很多维护软件业良性发展的执法行动，如为打击盗版及侵权而实施的专项行动。再次，在司法方面，印度不但具备网络犯罪的相关规定，而且具有完整的司法救济方式和审判法院系统。在守法自我保护方面，承接方企业在行业协会的帮助下普及知识产权意识，积极提高管理水平，严格履行合同责任，保护发包方商业秘密，给发包方提供安全环境。

我国的知识产权保护目前的重心主要停留在立法层面，还没有形成四位一体的保护体系，尤其是执法环节，没有明确区分行政执法与行政管理，行政机关承担了过多的执法责任。没有执法或者执法不严都将抹杀立法的效果，再完善的法律，没有严格的执法，也是徒劳无功的。

（三）行业协会发挥了重要作用

印度于 1988 年创立的 NASSCOM，是印度软件与信息服务产业的非营利核心机构，其初始目标是促进印度信息技术产业实现以软件为主导的发展。印度的 NASSCOM 既承担了大量公共性、公益性的行业规范和管理职能，在法制环境完善方面，既是自律规则的制定者，又是国家立法的建议者，在执法、司法、守法工作中大有作为，可以说印度软件服务外包的发展，该协会功不可没。与印度相比，中国接包时间较短，还没有非常成熟的、具有完善规章条例的软件服务外包行业协会，知识产权问题已经成为制约产业做大做强的重要因素，为提高行业的竞争力，需要把知识产权保护工作上升到行业战略层面，整合企业在承接服务外包中存在的知识产权创新、运用、保护和管理中的问题。

第三节　我国软件服务外包产业知识产权法制环境构建的基本原则

总体上确定各环节的基本原则，便于对法制环境系统进行整体把握。

一、立法环境重在切合本国需求实际

在各国知识产权法律规范与国际公约规范趋于一致的情况下，作为发展中国家的我们已经不可能随心所欲地确定本国规范的保护标准和保护强度，因为任何一个已经加入知识产权国际规则的国家，在构建知识产权法制环境时，都要遵守"条约必须遵守"的国际准则。我国当前的立法水平已经达到并高于国际标准，即便存在法制环境不健全的地方，也不是我国知识产权立法的标准定位问题，而是知识产权法规的执行问题，或者是知识产权立国战略催生的各国拓宽知识产权保护所涉及的领域的问题，使我国出现了法律的真空地带。近年来，随着知识和信息量的增加及高新技术的不断涌现，原有的知识产权的保护规范已不能涵盖这些范围。所以我国的知识产权立法环境在认同国际最低标准的同时，要立足我国经济社会发展实际，迎合信息技术发展对知识产权立法提出的新要求，从而完善法制。

二、执法环境重在健全知识产权行政管理和行政执法

知识产权行政执法是指专业行政执法机构和取得相应行政授权的专业执法组织，以及准司法行政机构和行政管理机关，依据知识产权法律规范查处知识产权侵权纠纷的行为，包括知识产权的司法执法和知识产权的行政执法，不包括知识产权的行政管理（李顺德，2008）。知识产权行政管理是指知识产权行政管理机关和取得相应行政授权的组织，依据知识产权法律规范管理国家有关知识产权的事务，为公民和社会提供知识产权法律服务的行为，包括知识产权的行政确权及相关的管理，知识产权争议调解，不包括直接查处知识产权侵权纠纷（李顺德，2008）。强化专业行政执法、淡化行政管理机关直接执法是世界范围内的一个总的发展趋势，软件服务外包行业性的知识产权行政保护环境也不例外地受到全国知识产权行政保护总体格局的影响。随着我国知识产权司法体制的逐步建立和健全，行政管理机关直接执法与司法执法平行的"双轨制"的弊端日益显现出来，当今主流思想提出要"发挥司法保护知识产权的主导作用"，逐渐淡化行政管理机关直接执法。淡化行政管理机关直接执法，并不意味着要弱化行政执法，反而是为了更规范地依法行政和加强专业行政执法。

三、司法环境重在主导性建设

一直以来，我国对知识产权实行司法保护和行政保护并行的双轨制保护模式，按照《TRIPS协议》的要求，知识产权行政保护要逐步被弱化，最终被司法审查取代（易玲，2011）。根据程序的不同，我国司法保护可以划分为民事司法保护、行政司法保护和刑事司法保护，它们通过司法救济的终局性和国家强制力的后盾，对侵犯知识产权的行为予以严厉打击，强化了软件侵权法律责任的威慑效果和惩罚力度。《TRIPS协议》要求成员国行政保护的终局决定必须接受司法机关的复审，即司法最终解决原则，所以应确立司法保护在我国知识产权法制环境中的主导作用。为此应加强软件产业司法环境建设，提高软件侵权代价，使司法保护成为软件服务外包业知识产权保护的主导途径。

四、守法环境重在激励创造，挖掘自主知识产权

由于时间的差距，发达国家和发展中国家在知识产权法制环境建设方面存

在基础性的不平等。面对发达国家在软件领域的"放水养鱼，鱼大收网"（徐江龙和魏巍，2009）的做法，我们所能做的并不是依靠盗版来普及或提高我们的知识产权水平，更不是回过头来降低对国外正版软件在我国的保护水平。知识产权已经被动实现了国际保护，而只有参与了知识产权规则的制定工作，将自己的做法或者想法转变为国际规则，才能使自己建立的知识产权规则产生国际影响，从而维护自己国家和产业的利益。所以，根本性的解决办法要依赖于激励创造，挖掘国内企业的自主知识产权能力，把软件服务外包产业知识产权保护纳入企业日常行动中，通过提高保护商业秘密的意识，提高自主知识产权的获取能力，进而形成产业整体自主创新能力，只有自身强大了才能影响国际规则的制定。

第四节　完善我国软件服务外包产业知识产权法制环境的对策

完善软件服务外包知识产权法制环境，纵向上划分为三个维度，即宏观国家层面、中观产业层面、微观企业层面，应避免在各层面等量配置资源，而应该有重点有选择。服务外包的产业特性决定了发包方在发包时，一方面要考察承接国是否具备软件信息安全与软件权益保障的相关法律规定，因此在宏观国家层面应重点完善立法和执法环境；另一方面又要考察法律的指引功能在企业层面的具体贯彻实施，后者更多地体现为微观企业层面对知识产权的法律适用。

一、宏观国家层面上重在知识产权立法、执法环境的完善

（一）立法层面应进行公共通信网络安全法规建设

软件产业是信息产业的代表产业，但随着信息技术的飞速发展，由之衍生而来的信息安全问题日益突出，由于缺乏保障外包双方数据安全的公共通信网络安全法，软件服务外包产业的信息安全问题已经成为影响该产业发展的重要障碍。从软件服务外包产业发展的趋势看，外包关系的维系过程、外包产业的发展、软件技术的推广、外包产品的流通都需要依赖公共通信网络，任何对网络安全的威胁都会影响外包关系的产生和维护。对公共通信网络安全的威胁也是对软件产业的威胁，如对外包业务中软件信息的非法拦截、软件的盗版、恶意代码的植入等都会成为外包关系安全的障碍。

目前，中华人民共和国全国人民代表大会及相关政府部门已经针对信息安全问题建立了规模庞大的信息安全法体系，如《宪法》《刑法》《国家安全法》《电信条例》《保守国家秘密法》《全国人大常委会关于维护互联网安全的决定》《计算机信息系统安全保护条例》《计算机信息网络国际联网安全保护管理办法》《中华人民共和国计算机软件保护条例》《电子签名法》《商用密码管理条例》《信息安全产品测评认证管理办法》《计算机信息系统国际联网保密管理规定》《计算机病毒防治管理办法》等（胡水晶，2010）。这个看似规模庞大的体系实际上存在着立法滞后、职能不清晰、规定不全面、立法效力不高、相互交叉甚至抵触等问题，缺乏总体的信息安全保障原则，也未对嵌入式软件等信息技术开发所可能形成的安全隐患做出相应规定（马民虎等，2010）。因此，我国目前应优先制定全面、系统的信息安全法，以有效规范信息使用和管理等活动，增强国外发包方对我国信息安全的信心。

（二）执法层面应提高执法水平

完善知识产权法制环境，执法是关键中的关键，没有有效的执法，会导致长期的知识产权侵权。

1. 整合行政管理和行政执法，提高知识产权行政执法水平

我国知识产权保护"双轨制"中的行政保护，使政府承担了过重的知识产权执法责任。弱化行政管理机关直接执法不等于要弱化行政执法，公安和海关部门就属于专业的行政执法机构，应努力提高专业执法机构的执法水平。随着强化司法、淡化行政管理机关直接执法趋势的发展，弱化行政管理机关直接执法是要求知识产权行政管理机构转变观念，增强服务意识，以服务促管理，实现权力行政向服务行政的转化（汪应明，2008）。我国现有的知识产权管理机构设置比较分散，著作权管理属于国家新闻出版广播电影电视总局，专利管理属于中华人民共和国国家知识产权局（以下简称国家知识产权局），商标权属于中华人民共和国工商行政管理局，这种多元和多层级的知识产权行政管理机构适应的是"权力行政"的工作思路，各机构之间存在着职能并立、效率低下、权利冲突等问题。而软件产业相关知识产权的行政管理在机构设置上有特殊的需求，因为同一软件之上可承载版权、专利权、商标权甚至商业秘密等不同权利，对软件知识产权的保护不可能像传统物权那么直观和清楚，所以应建立统一的软件知识产权行政管理机构，对其进行综合和交叉保护，实现对软件产权的服务行政。

2. 提高软件产业司法执行水平

知识产权执法跨越了行政与司法两大权力运行体系，在具体的机制衔接上存在行政执法与司法分离的问题，因此软件司法执法在机制上应加大行政执法与

司法执法的结合，加大行政执法机关向刑事司法机关移送软件知识产权刑事案件的力度。提高司法执法水平是司法保护成为知识产权保护主导途径的必要条件，从目前的"三审分立"的司法体制看，刑事、民事、行政审判力量没有得到整合，程序不畅通，影响执法水平的提高。《国家知识产权战略纲要》对知识产权的司法保护提出了三审合一的专门知识产权法庭和建立知识产权上诉法院的战略规划。三审合一的审判方式，减少了三大诉讼程序衔接的障碍，符合软件盗版侵权处理时效性的要求，便于确定盗版侵权司法赔偿力度。建立知识产权上诉法院，能够集中专业人员进行技术性较强案件的审理，符合软件产业高技术的特点。

二、中观层面重在产业地域性、行业性法制环境建设

（一）注重产业地域特色的地方性知识产权法制环境建设

1. 地方行政立法的实际案例

在我国 23 个软件服务外包产业发展重点城市中，北京、上海、深圳为第一梯队，城市软件产业自主创新能力在国内最强；广州、杭州、南京、大连、成都、天津、苏州、重庆、西安为第二梯队，城市之间的差异较小（李智姝和陈瑶，2011），由于区域地方经济发展水平的不同以及知识资源多寡、类别的差异，导致城市软件产业自主创新能力出现差异。因此，地方知识产权政策法规的激励作用亦不能整齐划一，各地方区域对知识产权公共法制环境的需求也会存在较为明显的地域差异，所以需要各地根据区域实际情况制定相应的地方性法律规范。

截至 2009 年年底，各省级城市及其他较大城市的人民代表大会及常务委员会制定地方性知识产权规章 2000 多条（曹新明和梅术文，2010）。尤其是地方政府的规章，对地方全面地执行法律、行政法规、地方性法规等具有重要作用。2009 年 10 月，国家知识产权局批准杭州为国家知识产权工作示范城市，率先在全国第一个完成了专门针对于软件服务外包业的知识产权保护规章：《杭州市服务外包知识产权保护若干规定》。同时，苏州也出台了《苏州市加强服务外包产业知识产权保护的指导意见》。这不仅促进了杭州市软件服务外包业本身的发展，也对杭州市知识产权法制环境整体的完善起到了积极的作用，甚至于对全国软件服务外包业知识产权的法制建设意义重大。因为国家知识产权政策立法可以根据地方政策法规的先导作用，通过对地方知识产权立法的实施情况进行总结并提炼，然后回头指导其他地方有针对性地制定相应政策。

2. 地方知识产权法制环境建设

为营造适宜服务外包产业发展的环境，加强政府对服务外包知识产权保护

的指导，引导服务外包企业提高知识产权保护水平，各地出台地方性知识产权指导意见，应遵循以下原则。

（1）正视地方性知识产权法制环境具有的补充作用。从立法效力层面看，地方性知识产权法规或者规章在内容上不能与宪法、法律、法规及已有的政策相抵触，因为其作用在于结合本地实际来实施国家的战略和政策，因此不能够突破效力界限，自行其是。从执法层面看，地方知识产权执法机关是地方政府的职能部门，因此一切执法工作都要在部门职能的权限范围内，不可以越权或滥用职权。位于各个地方的司法机关虽然司法审判活动主要针对于当地，但是司法机关不属于地方行政机关，所适用法律通常不包括当地政府规章，在司法审判活动中要遵循国家法律，服务于国家大局。

（2）发挥地方性知识产权法规具有的针对性作用。渊源不同的法律规范具有不同的层级效力，该规范在其效力范围内因为具有普遍的适用性，因此层级越高的法律规范就越不可能适应产业发展的地方特殊性，而地方性法律规范恰好能针对地方产业利益的需要在一定的范围内优先保护。这种针对性表现在两个方面：一是针对本地情况把国家法律和战略转化为地方法规，既实现了对国家法律法规贯彻执行的目的，又实行了对本地知识产权的保护；二是在保存现有优势的基础上，根据地方之间的差异挖掘本地相对优势，淡化本地相对劣势。

（3）注重地方知识产权法制建设内在的协调性。因为知识产权的管理机构错综复杂，因此会出现规范性文件由不同部门"各立其法"的常见问题。"各护其权，各行其是"又会使每个专门法都有自己独立的立法宗旨和目标（曹新明和梅术文，2010），如果每一部地方法规或规章都指向特定的问题，与法制环境整体要求脱节，就会造成地方法规在体系和内容上的分散、重叠、交叉。因此，各地出台的地方法规和规章除了保证在国家法律政策的统一安排框架内运行外，还要保证不同部门出台的法规之间的协调性。

（二）注重产业行业协会在知识产权法制环境建设中的作用

印度 NASSCOM 在法制环境完善方面，承担了大量公共性、公益性的行业规范和管理职能。我国应学习 NASSCOM 在法制环境运行中的经验，发挥行业协会在知识产权立法、执法、司法、守法工程中的重要作用。

1. 发挥软件产业协会立法中的建议补充作用

软件服务外包协会属于软件服务外包行业的专门性组织，在立法方面可以为各级立法机关提供有针对性的可行性报告、法规草案或建议等，尤其是行业性自律规范可以作为立法的有益补充。例如，针对本行业的特性确定行业内必须共同遵守的保护知识产权的行为准则，建立行业内有关知识产权保护的组织、协调和监督机制，以避免行业内的恶性竞争；为提高全行业的创新能力确定开发可支撑行业发展的各种技术政策体系。例如，中关村国际孵化软件协会通过与软件服务外包企业签订行业公约对行业进行整体约束，打消了发包商关于知识产权法制不健全的顾虑，该公约作为行业自律规范充分发挥了立法有益补充的作用。

2. 发挥软件产业协会在行政管理中的服务作用

目前，我国部分省市已经成立了独立的行业协会，如江苏省国际服务外包企业协会、北京服务外包企业协会。广州服务外包协会于 2011 年 8 月 4 日创办了知识产权工作部，其职能是为服务外包企业知识产权工作服务，致力于提高行业整体技术创新能力和知识产权保护水平。在政府的行政管理中，协会在政府部门和企业之间充分发挥其桥梁和纽带作用。政府可以把部分行政事务委托给行业协会开展，如由协会开展部分资质认证的初审工作，这样一方面减轻了政府的负担，另一方面调动了协会的积极性。协会可以协助政府开展公益性培训，如通过协会网站发布政府知识产权参考信息，解读政府关于知识产权保护方面的政策和文件。

3. 发挥软件产业协会在司法执法中的协助作用

当软件服务外包企业面临国际知识产权纠纷和诉讼时，软件产业协会应能够为本行业企业提供详细的产业发展动态信息和国外知识产权司法实践，协助企业积极进行海外维权或采取应对措施规避侵犯他人知识产权。因此，可以借鉴印度 NASSCOM 的做法，及时处理行业内发生的知识产权侵权事件，尤其是在国际侵权事务中亦应发挥维护产业安全、提升巩固产业国际地位的作用。2002 年，温州打火机遭遇欧盟反倾销调查时，相关打火机企业就是在温州打火机协会的协助之下发挥群体优势积极应对的，最终赢得欧盟反倾销诉讼的胜利。

4. 发挥软件产业协会在守法环境中的激励、约束作用

为健全行业知识产权自律体系，行业协会应制定完善的行业规则约束会员企业行为。比如，运用行业惩戒权对侵犯知识产权的会员进行惩戒，鞭策会员珍视名誉；对守法用法诚信企业进行行业信誉评估，鼓励会员争取荣誉。可以借鉴印度建立行业人才数据库的做法，记录行业内的所有从业人员的基本信息，以减少人员流动等原因导致的员工侵犯企业知识产权的行为。跟踪接收来自企业的反馈，对新出现的知识产权风险进行处理和防范，预防行业内知识产权侵权行为的发生。

三、微观层面应重在软件服务外包企业知识产权守法环境的完善

（一）优化软件服务外包企业商业秘密的保护环境

与专利权、商标权、著作权等传统知识产权形态相比，商业秘密权的保护

对权利人更为重要，难度也更大，因为前三种权利在被侵犯之前已处于公开状态，即使有人针对它们实施了侵权行为，也不影响权利人权利的保有。而商业秘密一旦被泄露，权利人对这些信息已经不再享有专有权，该信息亦不能被称为"商业秘密"。故如果企业能够在法律提供执法和司法公力保护之前事先进行自我保护，不仅能够避免损失，而且能够防患于未然。

1. 落实商业秘密保护的法律规定

《合同法》、《劳动法》、《反不正当竞争法》、《民事诉讼法》、《刑法》等都散见关于商业秘密的规定，从企业层面来说应重点落实《劳动法》和《合同法》，在企业层面做好守法环境的完善。

（1）通过合同规范约束双方对商业秘密的保护。由于没有专门的商业秘密保护法，服务外包当事人会首先考虑依照《合同法》的相关规定来保护商业秘密，通过发包方和承接方订立保密协议确立相关各方的保密义务。外包双方在订立合同过程中知悉的商业秘密，无论合同是否成立，都不得泄露或不正当地使用。泄露或者不正当地使用该商业秘密给对方造成损失的，应当承担损害赔偿责任。合同的权利义务终止后，当事人应当遵循诚实信用原则，根据交易习惯履行通知、协助、保密等义务。

（2）落实劳动法中商业秘密的保护。通过订立商业秘密保护协议等形式，确保员工遵守企业保密制度和相关规定。承接方企业可以在员工进入企业时在雇用协议中签订要遵守的保密条款，确定所有员工都必须遵守本企业商业秘密的保护规定。劳动合同中同时可以有竞业限制的内容，员工违反劳动合同约定的竞业限制，应按照约定向企业支付违约金，给用人单位造成损失的，还应当依法承担赔偿责任。为避免在员工流动的过程中发生商业秘密流失及重要技术信息泄露，在离开单位前，按商业秘密的保护时效，签订在一定时间内不准利用职权或泄露商业秘密为其他单位服务的劳务合同。

2. 健全商业秘密保护的管理制度

首先，要提高企业商业秘密的保密意识。管理层要对保守商业秘密达成共识，从而在各方面切实地进行严格管理；注重员工的知识产权教育和培训，企业核心技术、内部商业秘密等机密信息的流失，很大程度上是由内部人员的有意或无意的人为行为造成的，只有培养员工的知识产权意识，才能使其在日常业务中时常留意内部机密信息的泄密。

其次，建立完备的保密制度和保密措施。"权利人采取保密措施"是商业秘密构成的一项要件，因此服务外包企业建立的保密制度，要明确秘密信息处于保密状态，要明确商业秘密的责任人，限定知悉商业秘密的人员范围，签署相应的保密协议。

最后，强化对商业秘密的技术保护，如对于技术新产品应建立监控系统、密码门、专管隔离等安全和预警措施。

(二) 化解软件服务外包企业知识产权归属冲突

著作权是目前软件知识产权的主要形式，在美国、欧盟等软件产业发达国家和地区正加快应用专利权保护软件知识产权的情况下，加强软件知识产权从单一的著作权保护向全面的综合保护发展是大势所趋，当前尤其要重视和鼓励软件领域的专利权保护（王艳华，2006）。因此，确定产权归属首先要识别是基于何种产权基础上的归属冲突。

在软件服务外包活动中，接包方与发包方订立软件服务外包协议后，再将软件的开发任务交由其特定的软件开发人员完成。因此，知识产权归属的争议不仅存在于承接方与发包方之间，同时还存在于承接方企业与其员工之间，即职务知识产权和非职务知识产权的矛盾冲突。

1. 外包企业双方之间的软件产权归属冲突

（1）委托产权归属的法律适用。国际上倾向于把软件视为受著作权法保护的委托作品，但未对作品归属作具体规定。按照我国《著作权法》及国务院颁布的《计算机软件保护条例》，接受他人委托开发的软件，其著作权的归属由委托人与受托人签订书面合同约定；无书面合同或者合同未作明确约定的，其著作权由受托人享有。可见我国著作权保护下的软件产权归属是以双方约定为先，无约定时由受托人享有。软件产业的发展迫切需要用专利制度来激励和保障，各国的实践都印证了这一趋势（王宇红和刘盼盼，2009）。在我国还没有出台软件专利的相关规定之前，软件专利的产权归属只能根据《合同法》和《专利法》探讨法律适用：对于委托开发完成的发明创造，除当事人另有约定的以外，申请专利的权利属于研究开发人。研究开发人取得专利权的，委托人可以免费实施该专利。我国专利权保护下的软件产权归属是以双方约定为先，无约定由研究开发人取得专利权。

（2）合作产权归属的法律适用。随着我国经济实力和科技实力的增强，我国作为承接方企业，会日渐增强主动权，合作创新的机会也会越来越多，因此应重视合作开发软件的外包关系，并明确相关法律规定。由两个以上的自然人、法人或者其他组织合作开发的软件，如果是以著作权的形态保护，依据《著作权法》、《计算机软件保护条例》的规定，其著作权的归属由合作开发者签订书面合同约定。无书面合同或者合同未作明确约定的，依据计算机软件保护条例规定，这里是以约定优先。如果属于专利的产权形态，无论是《专利法》还是《合同法》都规定合作完成的发明创造，除另有协议以外，申请专利的权利属于完成或者共同完成的单位或者个人；申请被批准后，申请的单位或者个人为专利权人。另有协议表明依然是约定优先。

（3）运用合同规范获得自主知识产权。明确产权归属是分享知识产权的重要前提，影响到企业拥有的自主知识产权积累的数量和质量。基于知识产权的排他性，放弃研发成果会阻碍一国的自主创新。无论是放弃还是争取，都应在游戏规则的指导下进行，也就是依法放弃，依法争取，不该放弃的不放弃，应该争取的要争取。总结上述法律规定，在服务外包的过程中产生的软件知识产权，无论是产生于委托法律关系还是合作法律关系，无论是软件著作权还是软件专利权，其归属首先遵循的是合同优先的原则，只有合同没有相应规定时才直接适用法律的规定。伴随着我国在外包市场实力的增强，我国承接方要充分利用合同约定赋予的机会和权限，不放弃任何一个掌控所有权的机会，在承接研发项目的过程中注重自主知识产权的积累，通过这种方式拥有越来越多的自主知识产权。

2. 承接方企业内部软件职务产权归属法律适用

承接方企业与其员工之间的知识产权归属主要表现为职务知识产权与非职务知识产权之间的冲突，无论是法人为权利人，还是企业员工为权利人，都会保留有自主知识产权的性质，因此，从这个角度上看规定谁是产权人无可厚非，但是否有利于增加自主知识产权的数量和质量，却存在法律适用结果的不同。

（1）软件职务作品的归属及法律适用。根据《计算机软件保护条例》第 13 条的规定，自然人在法人或者其他组织中任职期间所开发的软件有下列情形之一的，该软件著作权由该法人或者其他组织享有，该法人或者其他组织可以对开发软件的自然人进行奖励：针对本职工作中明确指定的开发目标所开发的软件；开发的软件是从事本职工作活动所预见的结果或者自然的结果；主要使用了法人或者其他组织的资金、专用设备、未公开的专门信息等物质技术条件所开发并由法人或者其他组织承担责任的软件。

对于软件职务作品而言，这里的法人被视为产权人，具体参与创作的人员不具有作者的身份，只能根据与企业的合同获得奖励，但不是应当得到奖励，因此奖励只是单位的权利而不是义务（郑其斌，2009）。所以开发软件的自然人能否获得奖励是不确定的，这不利于激励作者的创作激情，但强制要求法人或者其他组织奖励亦是不公平的。因此，对软件职务作品利益分配机制适用法律规定时，平衡法人和参与创作人员的利益，保证二者适度平衡至关重要。例如，以作品所取得的收益进行比例分配来代替奖励，在作品经济价值实现之时向作者分配利益，符合风险共担的理念，也可以促进作者创造出更多、更优秀的作品（郑其斌，2009）。

（2）软件职务专利的归属及法律适用。当软件成为专利发明，此时软件职务作品之上就不仅具有著作权还有专利权。我国目前没有为软件出台专门的专利保护条例，因此可考虑适用专利法的规定。我国职务发明创造的认定分为两类：一是执行本单位的任务而完成的发明创造；二是主要利用本单位的物质技术条件而完成的发明创造。对于职务发明的权利归属而言，第一种归属是属于单位的，发明人或设计人有表明身份、获得奖励和报酬的权利。第二种归属是对于利用本单位物质技术条件而完成的发明创造，单位和发明人或设计人可以约定申请专利权属于发明人或设计人，没有约定视为职务发明创造。这里的法人和发明人、设计人都可以成为产权人。

归属由法人享有产权，符合产业化的要求。但是如何激励发明人产生更多更好的发明创造，需要对"一奖两酬"制度进行具体落实。一是关于报酬计算的可操作性，如何判断该发明人在该专利中的贡献等。二是单位履行支付报酬义务的监督检查。发明人相对于单位来讲属于劳动者，处于弱者地位，因此国家机关的执法监督检查就有了重要的意义（郑其斌，2009）。

对第二种归属利用本单位物质技术条件而完成的发明创造的，没有约定视为职务发明创造的，对发明人的奖励和报酬要与第一种归属的奖励和报酬作出合理的区分，应提高奖励和报酬的标准。这样通过考虑发明人或者设计人的贡献差异，符合专利制度效率与公平的价值目标（蒋逊明和朱雪忠，2006）。

第九章
软件服务外包产业配套基础设施平台建设

　　软件园是全球软件及软件服务外包产业发展普遍采取的模式，促进我国软件产业发展，也应采取建设软件产业园区的模式，而园区的产业配套基础设施建设是需要首要关注的问题之一。

第一节　软件产业发展配套基础设施建设理论基础

一、产业集聚理论

　　迈克尔·波特在国家竞争优势的钻石模型中提出产业集聚，认为产业集聚是在某一特定领域中，大量联系密切的企业及相关支撑机构在空间上集中，形成强劲、持续竞争优势的现象。集聚形成产业集群，有助于提高集群内企业的谈判能力，可以以较低的成本从政府和其他公共机构获得公共物品或服务。

　　发展软件产业需要建立具有强大的产业承载力的产业园区，园区的建设以技术创新为特征，呈现出高度的空间集聚性，世界各国普遍采取建立产业园区的模式促进软件产业的发展。产业园区是实现企业集聚、人才集聚和资源集聚的有效载体。产业配套基础设施建设是软件产业园区必要的空间硬环境，园区通过提供高质量、高效率的公共产品，吸引具有产业关联性的大量企业入园，是形成产业集群的首要基础。高质量的产业配套基础设施建设为软件产业专业化、集群化发展提供拓展空间和强大的产业承载力。

二、公共产品供给理论与公共投资理论

　　公共产品供给理论认为，政府机制更适宜从事公共产品的配置，市场机制更适宜从事私人产品的配置，准公共产品根据其公共产品或私人产品性质的强

弱，由政府、市场或两者共同来提供。从20世纪70年代开始，学术界提出了公共产品的多主体供给理论，政治学为这一理论提供了政治依据，经济学则为其提供了严密的演绎证明。科斯在其《社会成本问题》、《经济学中的灯塔》中提出，究竟是由政府还是市场供给公共产品，要通过成本-收益比较，政府不是唯一的甚至不是有效的公共产品供给者，现实社会存在多样化的选择，某些公共产品由私人供给不但是可能的，而且在实践中是一直存在的。传统公共产品理论认为，城市公共基础设施具有准公共产品特性，公共基础设施具有强正外部效应特征，准公共产品的成本无法由市场完全补偿，需要政府给予优惠政策或补贴加以支持。政府公共组织是公共基础设施最适合的供给主体，随着私人投资进入公共投资领域，如私人投资进入基础设施建设、俱乐部产品的建设等，公共投资的概念应由政府公共投资与非政府公共投资两个部分组成，既有集体选择，也包含一部分的私人选择。公共产品与公共投资理论是软件产业园区基础设施供给模式变革的理论基础。

第二节　软件产业园区基础设施供给与运营模式

一、软件产业园区基础设施供给模式

（一）供给主体

软件产业园区基础设施的需求与传统工业区差别巨大，而与消费性的城市社区类似，产业和人居相结合的科技园区才是富有生命力的。因此，园区的基础设施需求是全方位的，包括满足产业发展的、满足园区企业与园区居民的各种设施，其产品有公共产品、私人产品及准公共产品，因此其供给主体是多元化的。

分权化改革是中国社会经济体制转型的核心，基础设施供给的主要参与主体包括政府公共组织、市场企业组织及社会非营利组织。各主体基于不同的利益定位，其对基础设施供给具有不同的目的。例如，城市政府具有公共利益和自身机构利益的双重利益定位，其实现利益的手段是强制性的；现代市场企业组织具有利润最大化和企业社会责任的双重利益，其实现利益的手段是自愿性的；社会非营利组织以自愿精神实现公益目的，以自愿性手段实现公共利益，但其自主性不足，力量薄弱。差异化的利益定位，以及社会经济体制转型以来的整体发展趋势是分权、多元，还有软件产业园区的多样化和多层次的公共服务需求等因素，促使园区基础设施供给主体的多元化。这种供给主体的多元化是市场机制作用下利益驱动的理性选择结果。不同的主体在基础设施供给过程中存在比较优势，合理有效的组合能够实现多方参与利益的最大化（周春山和高军波，2011）。

（二）供给模式

软件产业园区基础设施投资主体应是政府和市场营利组织，具体供给模式包括政府主导模式和政府支持下的市场主导模式。

（1）政府主导模式。通常是指由政府投资兴办软件产业园区，政府机构具有较强的协调能力、远景规划能力及社会责任。例如，基础设施的投资规划所依据的如人口、区位特征、经济发展整体状况、收入水平等宏观和中观的参数信息，政府比微观经济主体更有优势，因此政府在园区基础设施规划中应起主导作用。较为典型的政府推动型园区有印度的班加罗尔、韩国的大德、日本的筑波和中国台湾地区的新竹科学园。我国目前大部分软件产业园区都是政府主导型园区，如我国第一批四大软件产业基地（东大软件园、山东省齐鲁软件园基地、成都西部软件园基地、湖南长沙创智软件园基地）都是政府主导型园区。

（2）政府支持下的市场主导的模式。这种模式是在政府的支持下由企业主导建设的。在园区建设、管理、运营的过程中通过制定合理的政策调动各种资源，对各种投资经营行为进行引导和规范。企业主导模式有较大的抗风险能力，行政机构简化，缩短了决策和执行的时间，提高了效率，通过产业园区建设体制创新，通过民营资本的参与，可以丰富公共服务设施供给类型，提升供给质量和服务效益。把政府的支持与企业的资金、技术和管理效率融合到一起，实现参与各方的利益。国内比较成功的模式如大连的"官助民办"的软件园开发体制，民营资本亿达集团投资设立大连软件园股份有限公司，作为开发运营主体，进行大连软件园的土地开发、物业建设、企业招商和服务。再如，2006年大连软件园股份有限公司与武汉东湖高新区政府合作，采用共同建设、共同管理的方式运营武汉光谷软件园，与天津泰达开发区合作，采用BOT（建设—运营—移交）模式，建设、运营、移交了天津泰达服务外包产业园。

（三）资金来源

在资金供给上，采取多元化的资本运作模式，拓宽资本运营渠道。主要资金来源包括预算内基本建设资金、民营资本、金融机构贷款、外资等。在政策上通过项目经营权或产权转让等方式鼓励民间资本投资，对园区基础设施建设给予贷款贴息支持；产业园区内企业的税费收入，除按规定上缴部分外，可以用于支持园区基础配套设施建设。对园区内由开发企业完成的基础配套设施建设项目，由同级政府部门进行评估，对符合规定的项目进行支持，可以采取后补贴等方式给予相应的补助。

二、软件产业园区基础设施运营模式

基础设施的运营管理是一个提供服务的过程，园区基础设施的主要价值在于其所能提供的服务，因此基础设施不仅是一种硬件，还是一种软件。软件产业园区基础设施运营应根据其特征选择适宜的模式进行，以提高运营效率。国内外各类高技术园区发展的经验显示，利用企业开发园区，引入专业化的管理公司，对提升园区基础设施运营效率十分重要。

根据我国各地区软件园区的现状，按照项目区分理论将基础设施项目分为经营性与非经营性项目，这种区分可能会受到政府政策的影响。明确政府与软件产业园区管理者对于园区的服务职能与责任，以物业持有者和设施经营者的组合方式完善公共服务设施管理运作，物业持有者作为物业所有方，在很大程度上决定了该物业成为公共设施的可能性，也决定了该物业所能提供的公共设施规模与福利水平。设施经营者是公共服务的直接提供者，它体现了公共服务的水平。

基础性的服务项目由政府出资建设，在布局上严格按照规划实行，对市场需求变化的反应较低，主要目的是为了获取社会效益和环境效益，对于赢利的考虑是次要的，可以由政府直接运作管理。园区根据规划进行的基础建设，如金融服务业、健身中心等设施，园区可以以委托经营方式租给运营商来开展经营活动。企业按照自身的需求建设服务设施，其物业的拥有单位为企业。营运单位可以是多样的，如企业自身经营或引入专业机构。大型的商业设施等可以以完全市场化的方式实现商业运行，该方式会带来很高的服务水平及营运效率。

国际经验表明，运营方式在公共设施的发展中起了相当重要的作用。不同的运营方式可能导致完全不同的配套标准，对整个区域的服务品质也将带来明显的影响（蔡靓，2007）。

第三节　国外软件产业发展配套基础设施建设启示

在美国硅谷高科技园区建设中，政府规划痕迹很少，硅谷是典型的市场经济的产物，但即便如此，政府，尤其是地方政府在硅谷的发展中也起到了重要作用。政府在硅谷产业基础设施建设中的主要功能，包括投资交通等基础设施建设、减少交通阻塞和交往隔阂；由于硅谷产业的日益蓬勃发展，硅谷地区住房价格高涨。地方政府出资，通过公共福利的建设，提供廉价的公寓住宅，直接介入到住房建设中，来缓解硅谷住房紧张的局面。在完全市场化的美国，政府在对于高科技园区的建设中十分注意改善园区配套设施的建设，提供福利性质的体育活动设施等，用以改善硅谷的工作与生活环境，提供一个有利于创新实践发展的地区。

印度基础设施薄弱，班加罗尔软件园在硬件环境建设方面集中力量，高起点地规划和定位，在硬件设施、环境标准和服务体系的构建上都向世界发达国家看齐。因此，印度的班加罗尔软件园给人的第一印象就是"墙里墙外两重天"。在基础服务方面，首先，软件产业园区具有明显的物理边界，园区内环境优美、交通便利，食堂、休闲健身中心、学校、商业配套等服务设施完备。由于印度软件企业大多从事服务外包产业，因此国际标准是他们必须遵守的基本准则和市场准入门槛，这也成了园区环境、基础设施建设的重要保证。其次，面向园区企业的配套服务体系便捷、高效。再次，有世界一流的通信信息服务支撑体系，先进的通信基础设施为班加罗尔的软件出口提供了有力保障。同时，软件科技园区有非常发达的卫星通信系统，园区企业可以很方便地与世界上的任何地区进行联系。

美国的硅谷、印度的班加罗尔在软件产业园区建设方面采取适宜的发展模式和具体措施，推动软件产业园区和软件产业国际化的做法，对加快建设和发展我国软件产业园区硬件建设产生诸多启示：地方政府应高度重视软件产业园区对于促进地方软件产业发展的重要作用，集中人力、物力、财力解决建设中的资金、土地、融资渠道等问题，为软件产业园区营造良好的发展环境；加快建立新型的软件产业园区管理体制和运营模式，为软件产业园区提供完善的社会公共服务，充分发挥软件产业园区的聚集效应和规模效应，增强软件产业的国际竞争力。

第四节　完善软件产业园区配套基础设施建设的建议

一、软件产业园区配套基础设施发展定位

各国家和地区在建设软件产业园区的过程中都提出了产业配套基础设施发

展定位，依据软件服务外包产业的现实需求，总结各地区的经验。软件产业园区配套基础设施发展定位应是：现代化、国际化、生态化、人性化的产业与人居和谐发展的新社区。首先，现代化园区是指功能多元化的，具有与高技术特色业的发展相适应的综合功能的现代化区域。现代人理想的工作场所由单纯的办公室向横向、纵向、多方位延伸，要求园区是一个多元的高品质的建筑综合体。科技的迅猛发展，要求园区具有前瞻性的、高品质的现代化基础设施和高效的管理机构。其次，人类文化发展到今天，越来越冲破国家与民族的界限，国际间的交流与合作变得日益重要。需引进国内外高端人才为本地企业提供服务，或吸引他们到园区创业。园区建设需重视国际化原则。软件产业园区具有现代服务业的高端形态特征，应注重园区的生态保护，将低碳和绿色经济作为园区建设的重要理念，广泛采用新技术、新能源和新材料，使软件产业园区成为产业与环境协调发展的典范。最后，软件园相对独立的区位特征决定了其容易忽视人的社会性，忽视企业和人的主体作用，抹杀员工融入社会和与社会交往的天性，因此，软件园产业基础设施建设不仅要从物质形态的层面来展开，更应遵循人性化的原则。根据软件园中高学历人群独特的心理需求、行为需求和空间需求，建设充足的附属设施，满足人性发展的需要，并激发区域内的人文活力和创新动力。

二、软件产业园区的区位选择

软件的生产和传播与传统产业不同，其生产的重心是策划、设计、编写，制造重心前移，其核心是智力产品，最重要的在于创新和更好地服务于客户。生产重心的变化使其所需要的环境不同于其他的产业园区。园区的区位选择应该考虑下列各项因素：第一，智力密集的区域，区域整体的科学技术水平与文化素质较高，有各类从事基础科学研究和应用开发研究的科研机构。第二，网络要素，包括信息网络和人才网络。信息社会里信息资源是与材料能源、资金同等重要的，甚至是更加重要的资源，信息网络密集的地方是高新技术产业最易诞生和生存的环境。第三，生产和生活环境基础较好，软件园区是一个高智商的人才聚居地，需要有较优越的人居环境及丰富的社会文化网络和具有创业精神的城市氛围。

三、合理规划软件产业园区，促进产业集群与区域经济协调发展

软件业属于高端服务业的范畴，零污染、知识含量高、资源消耗少、附加

价值高，可以加快服务业发展和升级。基础设施规划超前、布局合理、功能完善的软件产业园区，能够提供强大的产业承载力，为软件产业专业化、集群化发展提供集中和拓展的空间，是实现企业集聚、人才集聚和资源集聚的有效载体，进而产生聚集的整体效益。

获得比分散布局更有利的外部经济是产业集群的优势之一，在集群内部的企业可以分享公共基础设施，生产成本会有很大的节约。公共产品和服务的供给是政府的传统职能，这一职能在产业集群形成和发展的整个过程中显得尤为重要。现代化的基础设施、便利的交通通信、配套的生产服务设施等的供给将提高集群企业的效率，提高集群的优势和区域竞争力。软件园充分发挥企业的专业能力，提供差异化、专业化的服务，使产业集中度不断提高。政府对基础教育、医疗保健和环境住房等方面的投资也将促进产业集群的发展。

软件服务外包是推动现代服务业向高端发展，推进地区产业结构调整，促进软件服务外包产业、制造产业相互融合，促进信息化带动工业化，促进传统产业改造升级，转变经济发展方式，参与经济全球化的战略选择。着力建设产业园区，改善产业发展的软硬件环境，促进软件产业与区域经济协调发展，可以带动城市航空、会展、酒店、金融、教育、房地产等相关行业的发展，推动城市经济的健康发展与区域品质的全面提升。

四、以需求导向进行园区的基础公共设施、社会服务设施规划

在软件服务外包产业园区的配套基础设施建设中，不能以政治意愿、园区形象作为主要依据，应以需求导向作为标准，从建设高水准、前瞻性软件园区所需要的设施要求出发，根据其产业发展进程，建设办公楼宇、通信基础设施等商务服务设施。我国的各种类型的产业园区规划，在公共设施的配套方面没有针对性的文件作为依据，在国际上也没有可以借鉴的现成资料。目前，各地普遍的做法是由政府参照标准，做基本的配套设施，然后依靠市场力量，对园区的公共服务配套做市场化的反应。

（一）与城市化进程共同推进

先进、完善的城市公共基础设施是现代化城市的物质表现和载体，基础设施现代化是城市现代化的重要内容和决定性条件之一，是衡量社会进步和现代化水平的重要因素。城市公共基础设施具有先导性和全局性，可提高城市的承载力和经济运行能力，对内产生凝聚力和向心力，对外产生吸引力和影响力（张启智和严存宝，2008）。随着中国城市化进程的推进，城市区域基础设施配

套仍严重缺乏。软件产业园区一般来说建在城市的边缘，是城市的一个有机体，所以其功能应该是在满足自身功能的前提下，增加与城市相配套的设施，促进区域经济的发展。

（二）完善基础设施，满足产业发展需要

建设软件产业园区，首先要充分利用现有的物理空间建设满足产业发展需要的办公楼宇和服务性的基础设施，如水、电、气、暖等市政公用设施，金融邮电，安全设施，运输设施，停车场，园区接泊车，市区公交车，园区行政管理中心等。其次是完善通信网络基础设施建设，优化管网布局，挖掘国际通信出口专用通道资源，为园区入驻企业提供稳定可靠、快速高效的网络运营环境，建设一流的网络应用环境与通信保障服务体系。最后是根据产业发展特点，在园区规划、物业建设、配套服务等方面不断进行管理创新。

（三）加快向服务型园区转型，满足园区企业发展需要

通过系统规划、科学布局、有序推进，在确保园区基础设施顺利推进的同时，增强园区服务设施配套，加快完善研发、设计、测试等公共信息服务平台、技术支撑平台的建设，强化服务体系，引进专业服务商，提高园区的管理和服务水平。建设满足园区企业发展的硬件环境，包括标准办公用房、咖啡馆、食堂、星级宾馆、国际会议室等，着力加强整体运营效果，为入园企业提供一站式的服务支撑，创造园区企业间良好的沟通氛围和集聚效应。

例如，"定制智能环保楼宇"模式，大连软件园股份有限公司按照简柏特公司的国际标准及实际需求，定制设计和建造了大连软件园简柏特大厦。为满足客户的各方面需求，大连软件园积极沟通政府，与相关部门一起修路，引进了公交车，解决园区企业员工的交通问题。再如，BOT模式，是承担从楼宇装修、办公环境建设、软硬件配套、人员招聘培训等一系列公司成立前期的筹备工作，直到建立起一个可以运行的公司，然后把这个公司整体转交给客户进行运营管理的合作模式。

（四）构建人性化、生态化的社区，满足园区员工需要

软件产业园区基础设施建设应注重产业和人居相结合，抛弃以前开发区模式中将工作区和生活区截然分开的做法，在产业区内创造优越的满足园区内生活服务的人居环境，构建完备的配套设施，融合工作、生活、娱乐等一体的富有生命力的和谐社区。相关的配套设施包括员工住宅，幼儿园和双语教学的国际小学（中学）等教育设施，文化设施，游憩设施，体育设施，购物中心、超市、药店、书店等商业设施，医疗设施，社区服务设施。

　　软件园区是一个高智商的人才聚居地，软件从业人员年轻化和高学历的特征使这一群体更依赖于室外非正式的交流方式，以及倾向于富于现代感和新鲜感的生活氛围。创新是软件产业的灵魂，能启发灵感、适于思考与交流的和轻松休闲的环境是培育软件人才创新精神的外在动力和保障，因此园区建设要搭配足够的生活区，强调人与自然的和谐，强调园区生态性、可持续发展性。环保、高绿化率、低密度、低容积率的原生态自然环境可使置身其中的人能将推理能力及其思维潜力发挥得更好。除了好的物质环境，还需要完善的生活服务体系，方便从业人员的生活娱乐，使其在"公园"的环境中工作，在"社区"的氛围中生活，以此达到工作与生活两者之间的平衡，在此基础上与其他社会因素共同作用，提高从业人员的归属感（陶亮，2007）。

第十章
我国软件服务外包技术研究中心建设

第一节　云计算及其对教育的影响

一、概述

云计算技术是 IT 产业界的一场技术革命，已经成了 IT 行业的未来发展方向。各国政府纷纷将云计算服务视为国家软件产业发展的新机遇。美国政府在 IT 政策和战略中也加入了云计算因素，美国国防信息系统局（Defense Information Systems Agency，DISA）正在其数据中心内部搭建云环境。2009 年 9 月 15 日，美国总统奥巴马宣布将执行一项影响深远的长期性云计算政策，希望借助应用虚拟化来压缩美国政府支出。我国"十二五"规划纲要将云计算列为新一代信息技术产业中重点发展的领域之一。2010 年 10 月 18 日，中华人民共和国国家发展和改革委员会、中华人民共和国工业和信息化部发布《关于做好云计算服务创新发展试点示范工作的通知》，确定在北京、上海、深圳、杭州、无锡五个城市先行开展云计算创新发展试点示范工作，自此，云计算开始在中国落地。2012 年 9 月 3 日，中华人民共和国科学技术部发布《中国云科技发展"十二五"专项规划》，再次强调要开展典型应用示范，推动产业发展。在公共服务领域和国家重点行业开展典型应用示范，在制造业、农业、服务业等领域推广云计算应用及服务模式，鼓励传统产业使用云计算提升信息化水平，促进传统产业转型升级。经过近几年的发展，目前云计算的客户覆盖了政府机构、行业企业用户、个人和家庭用户等。在医疗、社保、税务等垂直行业，教育、健康、交通等区域公共服务领域，以及金融、能源、制造等大型企业私有云建设领域，基于云计算技术的应用平台将拥有巨大的市场机遇（房秉毅等，

2010）。Amazon、Google、IBM、英特尔、微软和 Yahoo 等国外大型 IT 公司都已经将云计算纳入自己的发展战略规划，陆续地推出了一些云计算产品。IBM在 2007 年 11 月 15 日推出"蓝云"计算平台，为客户带来即买即用的云计算平台。惠普最新的基础设施解决方案——惠普刀片系统矩阵（HP blade system matrix），为云计算提供基础平台，降低基础设施的整体成本和数据中心的复杂性。英特尔 2010 年推出数据中心策略，提出开放式数据中心构想，包括 Cloud Builder 软件计划等。微软的 Azure 和 Live，Google 的 Gmail、Google Earth、Google App，Amazon 的弹性计算云（EC2）服务，都已经是非常成熟的云计算服务。国内云计算技术研究虽然起步较晚，但是发展迅速，浪潮、联想、用友等一批 IT 软硬件企业，正转型为云服务商；中国电信、中国移动、中国联通三大电信运营商也在大举向云计算转型，成为"云管端"企业（包括华为公司）。以阿里巴巴、盛大、万网、百度等互联网企业为代表的民营企业，也纷纷进行了市场导向的云计算规划。成立于 2009 年 9 月 10 日的阿里云，自主研发飞天——分布式计算系统，用互联网的方式提供弹性计算、数据存储与计算等基础的云计算服务，已经服务众多的中小企业，这是国内公有云比较成功的案例。百度云主要针对开发者提供服务，包括 API 的开放和开发引擎、移动应用开发和测试及个人云存储等。盛大云主要提供云主机和云硬盘、数据的云分发和云存储、数据备份和恢复服务、建站云、数据库云和云监控。

根据美国国家标准与技术研究院（National Institute of Standards and Technology，NIST）的定义（Mell 和 Grance，2011），云计算是一种利用互联网实现随时随地、按需、便捷地访问共享资源池（如计算设施、存储设备、应用程序等）的计算模式。计算机资源服务化是云计算重要的表现形式，它为用户屏蔽了数据中心管理、大规模数据处理、应用程序部署等问题。通过云计算，用户可以根据其业务负载快速申请或释放资源，并以按需支付的方式对所使用的资源付费，在提高服务质量的同时降低了运营成本。

云计算是分布式计算、并行处理和网格计算的进一步发展，它是基于互联网的计算，能够向各种互联网应用提供硬件服务、基础架构服务、平台服务、软件服务、存储服务的系统。通常云系统由第三方拥有的机制提供服务，用户只关心云所提供的服务（张建勋等，2010）。

二、云计算体系架构

云计算可以按需提供弹性资源，它的表现形式是一系列服务的集合。结合当前云计算的应用与研究，其体系架构可分为核心服务、服务管理、用户访问接口三层，如图 10-1 所示。核心服务层将硬件基础设施、软件运行环境、应用程序抽象成服务，这些服务具有可靠性强、可用性高、规模可伸缩等特点，能满足多样化的应用需求。服务管理层为核心服务提供支持，进一步确保核心服务的可靠性、可用性与安全性。用户访问接口层能实现端到云的访问（罗军舟等，2011）。

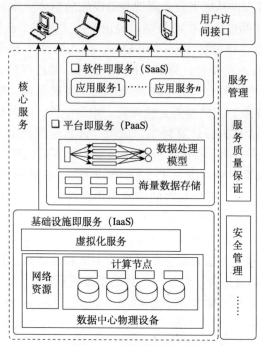

图 10-1　云计算体系架构

（一）核心服务层

云计算核心服务通常可以分为三个子层：基础设施即服务（infrastructure as a service，IaaS）层、平台即服务（platform as a service，PaaS）层、软件即服务（software as a service，SaaS）层。

（二）服务管理层

服务管理层对核心服务层的可用性、可靠性和安全性提供保障。服务管理包括服务质量（quality of service，QoS）保证和安全管理等。

云计算需要提供高可靠、高可用、低成本的个性化服务。然而云计算平台规模庞大且结构复杂，很难完全满足用户的 QoS 需求。为此，云计算服务提供商需要和用户进行协商，并制定服务等级协议（service level agreement，SLA），使得双方对服务质量的需求达成一致。当服务提供商提供的服务未能达到 SLA

的要求时，用户将得到补偿。

此外，数据的安全性一直是用户较为关心的问题。云计算数据中心采用的资源集中式管理方式使得云计算平台存在单点失效问题。保存在数据中心的关键数据会因为突发事件（如地震、断电）、病毒入侵、黑客攻击而丢失或泄露。根据云计算服务的特点，研究云计算环境下的安全与隐私保护技术（如数据隔离、隐私保护、访问控制等）是保证云计算得以广泛应用的关键。

除了 QoS 保证、安全管理外，服务管理层还包括计费管理、资源监控等管理内容，这些管理措施对云计算的稳定运行同样起到重要作用。

（三）用户访问接口层

用户访问接口实现了云计算服务的泛在访问，通常包括命令行、Web 服务、Web 门户等形式。命令行和 Web 服务的访问模式既可为终端设备提供应用程序开发接口，又便于多种服务的组合。Web 门户是访问接口的另一种模式。通过 Web 门户、云计算将用户的桌面应用迁移到互联网，从而使用户随时随地通过浏览器就可以访问数据和程序，提高工作效率。虽然用户通过访问接口可以使用便利的云计算服务，但是不同云计算服务商提供的接口标准不同，导致用户数据不能在不同服务商之间迁移。

为此，在 Intel、Sun 和 Cisco 等公司的倡导下，云计算互操作论坛（cloud computing interoperability forum，CCIF）宣告成立，并致力于开发统一的云计算接口（unified cloud interface，UCI），以实现"全球环境下，不同企业之间可利用云计算服务无缝协同工作"的目标。

三、云计算的服务模式及典型应用

云计算共有三种服务模式：软件即服务模式、平台即服务模式、基础设施即服务模式（孙香花，2011）。

（一）软件即服务模式

软件即服务模式的服务提供商将应用软件统一部署在自己的服务器上，用户根据需求通过互联网向厂商订购应用软件服务，服务提供商根据客户所订软件的数量、时间的长短等因素收费，并且通过浏览器向客户提供软件的模式。这种服务模式的优势是，由服务提供商维护和管理软件、提供软件运行的硬件设施，用户只需拥有能够接入互联网的终端，即可随时随地使用软件。在这种模式下，客户不再像传统模式那样花费大量资金在硬件、软件、维护人员方面，只需要支出一定的租赁服务费用，通过互联网就可以享受到相应的硬件、软件和维护服务，这是网络应用最具效益的营运模式。对于小型企业来说，软件即服务模式是采用先进技术的最好途径。

目前，Google Docs，Google Apps 和 Zoho Office 属于这类服务。

（二）平台即服务模式

把开发环境作为一种服务来提供，这是一种分布式平台服务，厂商提供开发环境、服务器平台、硬件资源等服务给客户，用户在其平台基础上定制、开发自己的应用程序，并通过其服务器和互联网传递给其他客户。平台即服务模式能够给企业或个人提供研发的中间件平台，提供应用程序开发、数据库、应用服务器、试验、托管及应用服务。

Google App Engine，Salesforce 的 force. com 平台，八百客的 800APP 是平台即服务模式的代表产品。以 Google App Engine 为例，它是一个由 python 应用服务器群、BigTable 数据库及 GFS 组成的平台，为开发者提供一体化主机服务器及可自动升级的在线应用服务。用户编写应用程序并在 Google 的基础架构上运行就可以为互联网用户提供服务，Google 提供应用运行及维护所需要的平台资源。

（三）基础设施即服务模式

基础设施即服务模式，即把厂商的由多台服务器组成的"云端"基础设施，作为计量服务提供给客户。它将内存、I/O 设备、存储和计算能力整合成一个虚拟的资源池，为整个业界提供所需要的存储资源和虚拟化服务器等服务。这是一种托管型硬件方式，用户付费使用厂商的硬件设施。例如，Amazon Web 服务（AWS），IBM 的 Blue Cloud 等均是将基础设施作为服务出租。

基础设施即服务模式的优点是用户只需低成本硬件，按需租用相应计算能力和存储能力，大大降低了用户在硬件上的开销。

目前，以 Google 云应用最具代表性（如 Google Apps、Google Docs 和 Google App Engine）。最早推出的云计算应用——Google Docs，是软件即服务思想的典型应用。它与微软的 Office 的在线办公软件相类似，它能够对文档、表格和幻灯片进行处理和搜索，而且能够通过网络来和别人分享且设置共享权限。基于网络的文字处理和电子表格程序的 Google 文件，能将协作效率提高，多名用户能够同时在线更改文件，而且能实时看到其他成员所作的编辑。用户只要有一台接入互联网的计算机和能够使用 Google 文件的标准浏览器就可以实现在线创建和管理、搜索、权限管理、实时协作、共享、修订历史记录，还能随时随地访问，大大提高了文件操作的共享与协同能力。

Google Apps 是 Google 企业应用套件，用户通过它不但能够处理日渐庞大的信息量，随时随地保持联系，还能够与其他同事、客户和合作伙伴进行沟通、共享和协作。它集成了 Google 日历、Google Talk、Gmail、Google Docs 和最新推出的云应用 Google Sites、API 扩展，还有一些管理功能，包含了三方面的应用，分别是通信、协作与发布和管理服务，它还拥有云计算的特性，能更好地实现随时随地协同共享。除此之外，它还拥有低成本的优势和托管的便捷，用户不必自己维护和管理搭建的协同共享平台。

Google 最新发布的云计算应用 Google Sites，它的出现是作为 Google Apps 的一个组件。它侧重于团队协作，是一个网站编辑工具，可以用它来创建一个各种类型的团队网站，还可以通过它将所有类型的文件（如文档、相片、视频、日历及附件等）分享给好友、团队甚至整个网络。

四、关键技术

云计算关键技术包括虚拟技术、分布式技术、集群技术、ESB 和新一代的 Web 技术等（刘鹏，2010）。

（一）虚拟技术

虚拟技术是指计算任务在虚拟的基础上而不是真实的硬件基础上运行。虚拟技术可以扩大硬件的容量，简化软件的重新配置过程。CPU 的虚拟技术可以单 CPU 模拟多 CPU 并行，允许一个平台同时运行多个操作系统，并且应用程序都可以在相互独立的空间内运行而互不影响，从而显著提高计算机的工作效率。

完全虚拟化是使用名为 hypervisor 的一种软件，在虚拟服务器和底层硬件之间建立一个抽象层。VMware 和微软的 Virtual PC 是代表该方法的两个商用产品，而基于核心的虚拟机（KVM）是面向 Linux 系统的开源产品。

准虚拟化（para-virtualization）与完全虚拟化不同。完全虚拟化是处理器密集型技术，因为它要求 hypervisor 管理各个虚拟服务器，并让它们彼此独立。减轻这种负担的一种方法就是，改动客户操作系统，让它以为自己运行在虚拟环境下，能够与 hypervisor 协同工作。这种方法就叫准虚拟化。

Xen 是开源准虚拟化技术的一个例子。操作系统作为虚拟服务器在 Xen hypervisor 上运行之前，它必须在核心层面进行某些改变。因此，Xen 适用于 BSD、Linux、Solaris 及其他开源操作系统，但不适合对像 Windows 这些专有的操作系统进行虚拟化处理，因为它们无法改动。

（二）分布式技术

分布式计算是一种把需要进行大量计算的工程数据分割成小块，由多台计算机分别计算，在上传运算结果后，将结果统一合并得出数据结论的科学。分布式计算在概念和内涵上与集群技术有重叠，可参见集群相关技术内容。

分布式数据库是用计算机网络将物理上分散的多个数据库单元连接起来组成的一个逻辑上统一的数据库。每个被连接起来的数据库单元称为站点或节点。分布式数据库由一个统一的数据库管理系统来进行管理，称为分布式数据库管理系统。

分布式数据库的基本特点包括：物理分布性、逻辑整体性和站点自治性。从这三个基本特点还可以导出的其他特点，有数据分布透明性、集中与自治相结合的控制机制、适当的数据冗余度和事务管理的分布性。

分布式文件系统（distributed file system）是指文件系统管理的物理存储资源不一定直接连接在本地节点上，而是通过计算机网络与节点相连。分布式文件系统的设计应满足透明性、并发控制、可伸缩性、容错及安全需求等。目前，活跃的分布式文件系统项目有 Hadoop、GFS、DFS 等。

（三）集群技术

集群技术通过一组松散集成的计算机软件和/或硬件连接起来，高度紧密地协作完成计算工作。在某种意义上，它们可以被看做一台计算机。集群系统中的单个计算机通常称为节点，通常通过局域网连接，但也有其他的可能连接方式。集群计算机通常用来改进单个计算机的计算速度和/或可靠性。一般情况下，集群计算机比单个计算机（如工作站或超级计算机）性能价格比要高得多。

高可用性集群：一般是指当集群中有某个节点失效的情况下，其上的任务会自动转移到其他正常的节点上，还指可以将集群中的某节点进行离线维护再上线，该过程并不影响整个集群的运行。这类集群典型的软件是著名的 Heartbeat 项目。

负载均衡集群：负载均衡集群运行时，一般通过一个或者多个前端负载均衡器，将工作负载分发到后端的一组服务器上，从而达到整个系统的高性能和高可用性。这样的计算机集群有时也被称为服务器群（server farm）。

Linux 虚拟服务器（LVS）项目在 Linux 操作系统上提供了最常用的负载均衡软件。

高性能计算/并行计算：高性能计算集群采用将计算任务分配到集群的不同计算节点，提高计算能力，因而主要应用在科学计算领域。比较流行的 HPC 采用 Linux 操作系统和其他一些免费软件来完成并行运算。这一集群配置通常被称为 Beowulf 集群。这类集群通常运行特定的程序以发挥 HPC cluster 的并行能力。这类程序一般应用特定的运行库，如专为科学计算设计的 MPI 库。

HPC 集群特别适合于在计算中各计算节点之间发生大量数据通信的计算作业，如一个节点的中间结果或影响到其他节点计算结果的情况。

网格计算或网格集群是一种与集群计算非常相关的技术。网格与传统集群的主要差别是，网格是连接一组相关并不信任的计算机，它的运作更像一个计算公共设施而不是一个独立的计算机。另外，网格通常比集群支持更多不同类型的计算机集合。

网格计算是针对有许多独立作业的工作任务作优化，在计算过程中作业间无需共享数据。网格主要服务于管理在独立执行工作的计算机间的作业分配。资源如存储可以被所有结点共享，但作业的中间结果不会影响在其他网格结点上作业的进展。

（四）ESB

ESB 的全称为 Enterprise Service Bus，即企业服务总线。它是传统中间件技术与 XML、Web 服务等技术结合的产物。ESB 提供了网络中最基本的连接中枢，是构筑企业神经系统的必要元素。

ESB 的出现改变了传统的软件架构，可以提供比传统中间件产品更为廉价的解决方案，同时它还可以消除不同应用之间的技术差异，让不同的应用服务器协调运作，实现了不同服务之间的通信与整合。从功能上看，ESB 提供了事件驱动和文档导向的处理模式，以及分布式的运行管理机制，它支持基于内容的路由和过滤，具备了复杂数据的传输能力，并可以提供一系列的标准接口。

（五）新一代的 Web 技术

云计算中随着基于互联网的应用模式的逐步形成，大量应用的前端界面从传统的桌面应用转向基于 Web 的应用。这一趋势催生了大量新一代 Web 技术的产生和发展，如 Silverlight/Monolight，JavaFX，HTML5 等。这些技术的共同特点都是加强 Web 应用的可交互性，以及与企业的应用技术相整合。

五、云计算对高校教学管理的影响

（一）云计算对高校教育信息化的影响

随着信息化技术的迅速发展，计算机技术已经成为学校各部门管理的辅助工具，随之涌现出大量应用不同技术开发的教学管理系统，这些系统的应用在一定程度上减轻了管理者的工作量，提高了工作效率，简化了工作流程。但这些系统的应用也只是局限于各个学校内部的教学管理，不能做到更大范围的资源管理和共享。而云计算技术的发展与兴起，将大大改善这一状况，云计算与云服务将为各层次水平的学校提供强大的在线应用功能服务，从而大大提升各类学校信息化水平。

云计算对我国教育领域的影响主要体现在以下几个方面。

（1）云计算能极大地降低教育信息系统建设的成本。对于学校来讲，通过投资建立计算中心成本较大，并且难以与教育信息系统的快速成长和服务多元化要求相匹配。云计算模式为学校提供了合适的借鉴方案，教育机构数据中心、网络中心的相关任务将可以选用云计算服务来完成，通过云计算提供的基础架构，可以节约成本，不用再投资购买昂贵的硬件设备，负担频繁的维护与升级的费用。

（2）云计算有利于教育机构共享虚拟教学资源，提升教学水平。我国各类教育机构在规模和投入方面的差异巨大，一些知名院校有更多的资金投入，担当着更多前沿技术的研究课题，有更多与国际先进企业合作的机会。而一些规模不大的学校，由于经费、师资与发展水平等问题，难以提供高质量的教学、实践与实验保障。但云计算的出现，将为各类学校提供一个教学资源共享的环境，普通院校将同样拥有类似国内外一流大学才能配置的超级实验环境，因此，云计算既节省了开支，又打破了教学条件和环境的壁垒，让更多教师、学生能利用互联网上的虚拟教学资源，提升教学水平。

（3）云计算有利于加强学校教学管理与交流协作。教学管理是保证教学质量和人才培养目标的关键，我国学校教学管理模式与手段差别巨大，教学质量难以保证。利用云计算平台，教育主管部门能够加强对各类学校教学质量的监控，同时促进学校之间的交流与协作，提升我国高等教育水平（万利平和陈燕，2009）。

（二）基于云计算的教学资源平台技术构架

基于云计算的教学资源平台可采用教育主管部门主导，云服务开发企业参与，公有云与私有云相结合的整体开发模式。云计算教学资源平台需要构建强大的底层技术支撑，同时需要开发符合我国教育机构需要的特色功能，其系统技术构架包括以下几个方面。

1. 硬件及网络构架

基于云计算的教学资源平台将为我国教育机构提供统一的网络与系统架构，各类学校没有必要配置单独的服务器和管理人员，而是采取集中管理的模式，只需要在重点城市配置一套大型服务器系统，各类学校都可以通过互联网访问我国云计算教学资源平台，并获得高质量的功能服务，这样的网络构架将使系统软、硬件资源得到充分运用，大大降低运营成本（陈全和邓倩妮，2009）。

2. 基于云计算的教学资源平台的总体功能构架

基于云计算的教学资源平台提供强大的资源整合功能,其技术平台采用多层的云计算体系结构,其最底层是基础设施层,提供计算、存储、带宽等按需的基础架构即服务模式的云基础设施服务,这是所有应用功能的基础;第二层是为系统开发提供接口和软件运行环境的平台即服务模式的服务层,这是云计算教学资源管理系统及集成第三方开发应用功能的综合管理平台;第三层是教学资源平台的应用功能层,提供在线的软件即服务模式的软件服务,包括教学管理、虚拟实验室、学校协作交流等各类功能模块;第四层是客户端访问层,访问方式包括 PC、3G 手机及其他移动终端。以上四个层面整合构成了我国云计算教学资源功能构架平台。

(三) 基于云计算的教学资源平台应用功能规划

1. 基于云计算的教学管理系统

如果采用基于云计算的软件即服务模式,那么各类教学管理软件都可采用类似于租借的形式,统统来自软件即服务模式的"云海"中,其中各类学校教学管理功能将获得极大提升,学生可以通过云服务,使用选课、查询成绩与学分、班级管理、提交作业等功能;教师可以通过云服务,使用成绩录入、课程管理、学生交流等功能;教学管理人员可以通过云服务,使用学生管理、学籍管理、资料存档、待办事项处理等功能,因此云计算服务将为我国教育机构提供强大的教学事务处理、教学管理监控、教学质量评测、教学办公流程与协作的综合管理功能。

2. 基于云计算的虚拟实践教学系统

实践教学一直是我国教育的重点与难点,实践教学成本高、分散性强,很难进行控制与评测,因此各类学校很难大量开展与实施,这是制约我国学校教学质量提升的关键因素之一。而通过基于云计算的实践教学系统,教师、学生、教学管理人员能够跨时间、跨空间地进行交流与协作,在"云端"实现见习、实习与实训的指导、交流、评测、监控等教学与管理工作,甚至能够在"云端"实现视频实践教学展示与交流,这将大幅提升我国大学生实践动手的操作能力,大大提升我国各类院校的实践教学水平。

3. 基于云计算的教育信息协作、互动交流平台

我国教育质量提升是一个整体、系统工程,各类学校之间的交流与协作是促进知识传播与创新,促进资源共享的重要举措,同样学生之间、师生之间、学校与企业之间都存在着大量的互动交流需求(钱文静和邓仲华,2009)。基于云计算的虚拟信息协作与互动交流平台为各类学校进行资源共享、信息交流提供了强大的整合功能,其主要模块包括:学术与科研交流信息、课堂教学交流

信息、学生活动信息、教材建设交流信息、招生与就业信息、校企合作信息等。通过基于云计算的协作互动平台，能够进行强大的内容与信息发布管理，从而为学生学习、交流、交友、就业、升学、教师交流互访、师生互动、资源共享提供一个信息发布与交流互动的行业门户。

在高校教学管理中应用云计算技术，构建基于云计算的教学资源管理平台，不但大大降低了高校教学管理信息化建设的投入经费，而且实现了各大高校之间的教学资源整合、互联互通、资源共享，实现了教育信息化为各个服务对象提供全流程、全方面的信息化设施、信息化维护服务，提升了高校教育的整体实力。

六、云计算对服务外包的影响

在云计算的浪潮下，基于云平台和云模式的外包服务已经出现，并日趋成为外包行业发展的主流和趋势，将这种基于云平台和云模式的外包服务定义为云外包。云外包是基于云平台的外包服务，是服务资源（人、知识、基础硬件等）的一个集成，可为用户提供源源不断的人力、智力、硬件设施等服务。云外包创造性地颠覆了服务外包的传统模式，给整个服务外包产业带来巨大的变革和冲击，将对整个服务外包产业格局产生革命性的影响（崔玲和俞兰，2013）。

（一）新的外包模式

首先，云时代将带来外包产业新一轮巨大的整合风潮。规模较大的外包服务商将并购中等规模的外包服务商。厂商会通过并购或者联盟来扩大自己的规模，并购浪潮一直是近年来产业发展的热点。

其次，云外包同样将给服务外包产业带来新的服务模式。在全新的服务模式中，公司的利润不再仅仅依赖传统的 20%的优质客户，而是许许多多原来可能忽视的客户或者在传统模式下不"值得"服务的客户，他们庞大的数量足以使厂商获得丰厚的利润。

（二）促进企业发展

1. 提高拓展业务的快捷性和弹性

云计算模式可以给企业提供更多的灵活性，企业用户根据自己的业务情况来决定是否需要增加服务。企业可以从小做起，用最少的投资来获取最大利润，而当企业的业务增长到需要增加服务的时候，可以根据情况对服务进行选择性增加，使企业的服务利用最大化。

2. 新的增值业务给企业带来更大的利润空间，降低服务成本

云计算能为企业提供使其成为增值服务提供商的新业务机会。对于中小企业而言，投入大量的资金购买软件或是基础设施会给企业带来较大的负担，如果能够通过云来提供相应的数据、CAD 等在线服务，而且费用可以分期负担，这个业务空间是很大的，这就不仅可以降低企业的成本，还可以给企业带来更多赢利的机会。

降低服务成本是云计算商业价值的最直接表现。这些成本包括了管理成本和应用成本。管理成本主要体现在对资源的安全管理和升级维护上，应用成本主要体现在开发企业自身管理系统和购买其他应用软件上。企业的数据资源存放在云端，由云计算服务提供商帮助管理这些数据资源，并且提供企业所需的应用软件为企业节省了大量的花销。如果把这些管理成本和应用成本具体化，可以体现在投资成本、技术人员的培训成本等多种成本形态上。

（三）优化管理模式

由于云平台服务的对象是以一对多的方式，不仅是为单一客户服务，当客户需求有变化的时候，可以通过合作协议中的弹性条款变更服务需求，服务商能很及时、迅速地变更服务内容，而不会给单个服务过程带来很大的问题。一方面，云计算模式的核心是按需使用。这样客户可以灵活选择自己需要的服务，在选择服务上具有更大的弹性。另一方面，云计算改写 IT 管理方式，在传统的 IT 外包下，企业的投资和运维模式是向硬件、软件、网络等分别投资，随着企业发展进入不同阶段而不断建立新的系统，这样导致了许多资源重复投资，IT 成本不断上涨因此给企业带来不必要的浪费。另外，很多相关联的业务应用不能有效地互通有无，从而形成了许多无用数据和资源浪费，不能及时高效地为用户提供信息，也不能做到全面的数据挖掘和业务分析，这将会影响甚至不能为市场拓展和运营管理提供科学的决策依据。在快节奏的现代云计算市场下，企业的响应速度是决定企业发展的一个重要性能，以快速适应市场环境的变化。相比之下，云计算模式能够为企业提供一个快速响应的平台，它可以实现企业内部网络化及集约化管理格局，它能降低运营成本、提高运作效率，特别是在 IT 与运维人员成本方面效果显著。

（四）调整服务外包行业人才需求

云计算作为战略性新兴产业的重点发展领域，引领着新一代信息技术的发展方向，正成为各地加快发展方式转变和推进自主创新的重要突破口。云计算产业人才是云计算产业发展的重要支撑和关键引擎。在云计算模式的带动下，IT 专业人员的需求正逐步从技术性的具体岗位向企业业务型转变。

随着信息技术的发展，企业管理软件正朝着智能化方向发展，而企业的软件和网络高级设计人才尚未跟上云计算技术的发展速度。由于云计算让互联网应用和企业应用的界限变得越来越模糊，对于 IT 企业而言，未来懂得最新云计算技术的运营人才需求激增。在云管理方面，未来企业所有的管理思想、方法、工具都要适应云计算时代的特征，因此导致企业对既了解云计算技术，又懂云计算管理的复合型人才需求加大。当企业广泛应用网络和管理软件成为其最基本的管理要求的时候，无论是 IT 企业还是传统企业，对于能够应用云计算技术的人才都会产生暴发式增长的需求。

第二节　对日软件服务外包公共技术服务平台建设

一、概述

辽宁省对日软件服务外包公共技术服务平台包括：开展对日软件服务外包技术理论研究；创建辽宁省对日软件服务外包公共技术服务平台；建立由政府机构、企业、大学等相关人员组成的对日软件服务外包专家委员会；撰写相关对日软件服务外包研究报告，为政府、企业和人才培养机构提供政策咨询和建议；并通过开展对日软件服务外包技术培训研究，积极扩大对日软件服务外包应用型人才的培训和培养规模。

二、背景

（一）软件服务外包产业得到国家高度重视

我国政府高度重视发展软件服务外包产业，相继颁布了《鼓励软件产业和集成电路产业发展的若干政策》（国发〔2000〕18 号）、《振兴软件产业行动纲要》（国办发〔2002〕47 号），《国务院关于加快发展服务业的若干意见》（国发〔2007〕7 号），要求必须从贯彻落实科学发展观和构建社会主义和谐社会战略思想的高度，把加快发展服务业作为一项重大而长期的战略任务抓紧抓好，这些政策的出台为软件服务外包产业的发展提供了有力的保障。

党的十七大报告针对我国经济结构中存在的突出问题，做出了发展现代产业体系的战略部署，为我们推进产业结构优化升级指明了方向，提出了"发展现代产业体系，提高服务业比重和水平"的要求，强调大力推进信息化与工业化融合，促进工业由大变强，在改革体制机制、加大资金投入、完善政策等方面采取措施。近年来，国际上经济形势复杂多变、险象环生，不确定因素明显增加，金融危机已从发达国家传导到新兴市场和发展中国家，从金融领域扩散到实体经济领域。软件服务外包产业在金融危机中，逆势而上，成为我国新的经济增长点。

2009 年 2 月，中华人民共和国国务院办公厅（以下简称国务院办公厅）下发了《关于促进服务外包产业发展问题的复函》，批复了商务部会同有关部委共同制定的促进服务外包发展的政策措施，批准北京、大连等 20 个城市为中国服务外包示范城市，并在 20 个试点城市实行一系列鼓励和支持措施，加快我国服务外包产业的发展。2009 年 11 月，王岐山同志在大连考察服务外包工作时强调，服务外包作为异军突起的新兴产业，对于保增长、调结构、稳外需、促就业特别是增加大学生就业，具有重要意义。要按照科学发展观的要求，立足当前，着眼未来，努力做好服务外包这篇大文章。

（二）对日软件服务外包产业的发展面临的机遇和挑战

中国是日本软件与服务外包最大的承接方，在发展对日软件服务外包中具有不可比拟的优势，两国在软件服务外包方面存在广阔的市场前景。发展对日软件服务外包产业，辽宁省拥有独特的文化地缘优势，辽宁省长期以来与日本保持了优越的经济、贸易、文化关系，离日本的距离较近。这些优势决定了辽宁省对日软件服务外包企业应该成为日本最具价值的商业合作伙伴。在经济危机背景下，日本企业更需要优化企业资源，降低成本，这些都为辽宁省对日软件服务外包产业的发展提供了宝贵的机会。

辽宁省在发展对日软件服务外包中具有不可比拟的优势，特别是在软件服务外包方面存在广阔的市场前景，近年来，以大连市为代表的辽宁省对日软件服务外包产业已经取得了可喜的成就，但在发展过程中也存在许多障碍，面临着严峻的挑战，主要包括以下几个方面。

（1）人力资源。辽宁省作为高等教育大省，虽然近几年的深化改革取得了较大进展，但是其人才培养模式在一定程度上与用人单位的需求有较大差异，特别是服务外包中大量主要业务具有行业特点，对日软件服务外包人才需要具有扎实的日语基础和软件工程知识。

（2）政府相关扶持政策。辽宁省作为我国传统工业基地的代表，在改革开放时期，大力发展制造业，对第三产业的关注度不够，相关配套政策也比较滞后。

（3）企业竞争力。在全球化服务外包迅速发展的背景下，辽宁在国际服务外包业务方面的发展显得比较滞后，这主要表现为辽宁相关企业承接国际服务外包业务的承接方式偏传统化，承接的高端服务外包业务份额偏低，服务外包企业的项目管理水平和过程管理能力偏弱，大型服务外包公司数量偏少等。

（4）辽宁省的基础设施建设有待进一步加强。在硬件设施方面，辽宁省应积极引入竞争机制，保障各大信息化网络运营商的服务质量。在软件方面，教育和再培训设施的建设显得尤为重要，辽宁省目前的人才培训基地和二次教育机构的建设相对比较滞后，已成为制约其大力发展服务外包业务的因素之一。

三、主要内容

该项目的主要工作是建立辽宁省对日软件服务外包公共技术服务平台，将平台建设成为一个对日软件服务外包的桥梁，并就如何克服辽宁省对日软件服务外包产业发展过程中存在的障碍，研究可行的发展战略，积极组织相关行业和企业兼并重组和构建策略联盟，突破规模瓶颈，不断培育和吸引更多的国际型对日软件服务外包人才。同时，要加强知识产权保护，培育企业自主创新能力，通过对日软件服务外包带动辽宁省服务业发展，培育出在全球范围内占有竞争优势的对日软件服务外包"品牌"，为我国对日软件服务外包产业发展提供借鉴，具体包括以下几个方面。

（一）对日软件服务外包技术理论研究

对日软件服务外包技术理论研究，包括业务流程外包、信息技术外包、知识流程外包等方面的研究，研究内容包括可行性研究、需求分析、设计、编码、测试、维护等整个软件工程生命周期的技术理论与方法，以及云计算等新技术对服务外包的影响等，可以为国家及辽宁省对日软件服务外包的发展提供理论基础。

（二）创建辽宁省对日软件服务外包公共技术服务平台

该平台是一个初步的网站，将采用最新网站架构，使用目前开发网站的流行语言，运用成熟的开发网站技术，并结合最新的多媒体技术，力求将网站打造成为辽宁省乃至全国对日软件服务外包公共技术服务平台。在网站的安全上将采用最新的入侵检测技术规避不法分子的攻击。网站的导航清晰、明了，能够方便使用者快速定位所需信息。具体栏目功能包括以下几个方面。

（1）外包资讯。这个栏目的具体服务内容有外包新闻、外包政策、外包发展趋势瞭望、外包专题等资讯。其中，外包新闻主要是发布国内外最新的外包市场动态、外包活动等。外包政策主要展示国家出台的最新外包政策、知识产权、外包优惠政策，以及其他国家的外包政策等。

（2）外包项目供应。这个板块的主要内容有提供对日软件服务外包项目，提供发包方的信息，并在网上公开招标，进行软件交易。在这个栏目中采用树形分类形式展示所有的发包项目。例如，分为网站建设类、软件开发类、设计类、硬件与信息安全类、翻译外包类等，以树形结构展示便于使用者快速地定位所需信息。

（3）外包企业中心。这个栏目的主要服务内容是展示一些优秀的外包企业，浏览者可以查询到各大外包企业的外包业务和企业开发的成品，通过这些信息展示企业风采，为外包企业做宣传，也能帮助发包人选择合适的企业和合作伙伴。

（4）外包人才招聘。这个栏目提供大量的外包企业招聘信息，既为外包企业招才纳士，同时也提供了众多求职者的信息，建立起企业和求职者之间的桥梁，帮助那些希望从事外包工作的人士寻找到合适的职位。

（5）外包人才培养。这个栏目主要的服务内容是针对希望加入到软件服务外包这个行业中的人员，提供一些外包实训课程和经典外包案例的讲解。另外，还可用专家的网上教学来培养外包人才。

（6）外包项目作品展。这个栏目是发布一些成功的外包案例，有助于规范外包行业的标准，另外从业人员可以从这样的成功案例中学到很多经验。

（7）外包论坛。这个栏目的内容包括了热门外包供应商讨论区、外包交易区和外包高手交流区等，方便从业人员进行行业经验交流。另外，还聘请众多专家提供咨询服务，解决疑难问题。

（8）外包研究论文。这个栏目的主要内容是发表和征集与外包研究相关的论文。其中，论文内容可包括外包项目的可行性研究、需求分析、设计、编码、测试、维护等软件工程生命周期的各个阶段，以及外包的经济性研究、外包的人才研究、外包的标准研究等。

（三）撰写对日软件服务外包研究报告

研究基地将定期（每季度）为辽宁省有关政府机关撰写各类研究报告；向各企业级会员、个人会员及行业相关机构发布产业报告；参与制定对日软件服务外包产业相关标准与规范，具体包括以下几个方面。

（1）政府产业政策建议研究，如投资环境、政策支持和引导策略研究，加强政府职能转变，增强服务意识，帮助政府制定对日软件服务外包扶持政策。

（2）政府人才政策建议研究，包括对日软件服务外包人才属性标准研究、对日软件服务外包人才培养和引进策略研究。

（3）开展对日软件服务外包业务的企业在经营策略方面的建议研究，包括对日软件服务外包企业的品牌战略研究、企业人力资源扶持政策战略研究和企业发展集成化产业链战略研究。

（四）开展对日软件服务外包技术培训

随着软件产业的发展和对日软件服务外包业务的扩大，日语使用的频率越发提高，日语教育成为我国服务外包人才教育环节中不可缺少的内容。可利用大连交通大学雄厚的人才培养基础和长期与安博教育集团、大连华信计算机技术股份有限公司、大连软件园等知名对日软件服务外包企业建立的紧密合作关系，结合企业丰富的生产培训经验，积极扩大对日软件服务外包应用型人才的培训和培养规模，为推进辽宁省对日软件服务外包产业进程提供良好的人力资源保障。

四、社会效益和经济效益

对日软件服务外包产业的跨越式发展，必将会对服务外包产业的发展方向、核心技术等关键因素提出更高的要求。该项目的实施将会为国家、辽宁省和大连市对日软件服务外包产业提供有利的技术服务，打造对日软件服务外包相关技术、接发包良好的咨询交流平台及评估平台。从而满足对日软件服务外包产业的发展需要，为国家和企业节省资源成本，为对日软件服务外包产业的飞速发展，为提升国家、大连市的综合经济实力做出贡献。

辽宁省对日软件服务外包公共技术服务平台将吸引更多的国际知名企业投资，促进国家、辽宁省、大连市产业结构调整，提升对日服务外包产业的国际化水平；提高辽宁省及大连市对日服务外包应用人才培养的水平，提供人才保障，开辟国际化对日软件服务外包应用人才培养的新领域、新内容；使对日软件服务外包产业建立合理的人才架构和供求关系，为高素质对日软件服务外包应用型人才的培养建立成功模式，取得较大的社会效益。

辽宁省对日软件服务外包公共技术服务平台的建设，必将促进辽宁省和大连市对日软件服务外包产业发展水平的提高，具有示范性作用，从而为国家和辽宁省的经济发展做出贡献。

第三篇

人才篇

第十一章
我国软件服务外包产业人力资源开发

第一节　我国软件服务外包产业人才特质研究

一、软件服务外包产业对人才需求的特殊性

软件服务外包产业的蓬勃发展刺激了对各层次软件人才的需求。我国软件人才应该具有以下特性。

（1）复合型。我国软件服务外包中出现的精通技术和懂得大型软件研发管理经验的高端精英人才缺乏、基础程序员过剩的局面，成为产业发展的瓶颈。复合型人才不同于基础软件人才，既需要精通外语，熟知计算机领域的技术，有相关的软件开发经验，又要了解行业发展动向，具有管理才能，只有具有这样双重能力的人才才是我国软件企业最需要的高级软件、管理人才。

（2）应用型。具有国际化应用型的软件服务外包人才可以为我国软件服务外包行业开拓更广阔的国际市场。软件服务外包应用型人才除了将其掌握的成熟理论和技术应用到软件开发中之外，更要开阔国际化视野，掌握国际前沿软件技术，及时了解软件需求方的动态，熟知其企业管理模式和流程，以及符合发包方所要求的标准化软件工程规范和技术规范。技术能力强、在国际市场开发方面具有"引领"精神的软件应用型人才，对我国软件服务外包产业参与软件开发合作，增强竞争力具有重要作用。

（3）创新型。创新型的软件人才是产业发展的关键。这类人才应该具有前瞻性、独创性、灵活性的创新型思维和社会实践能力，具体表现在以下方面：要具备广博而扎实的软件领域知识，在面对新环境出现的新问题时能够综合利用相关知识和技能，对问题进行分析和判断时能够另辟蹊径，创造性地解决软件方面的问题和面对技术等方面的挑战；在具备大量软件专业技术和实践经验的基础上，能够对新技术有强大的自主学习能力，并且对专业领域不断探索与研究；具有良好的道德修养，能对软件工程化管理灵活而有效地应用，能够与他人形成良好的合作关系，成为软件企业的技术领军人和管理领导者。

因此，不断提高软件人才的素质，优化与完善软件人才结构，为该产业培养复合型、应用型、创新型人才将是我国软件服务外包产业发展壮大的坚实基础。

二、我国软件服务外包产业所需人才特质——基于商数理论视角

（一）商数理论的内涵

商数包括心商（mental intelligence quotient，MQ）、智商（intelligence quotient，IQ）、情商（emotional intelligence quotient，EQ）、逆商（adversity intelligence quotient，AQ）、导商（leading quotient，LQ）等 10 个方面，在此只研究对软件人才影响重大的 MQ、IQ、EQ、AQ 四个重要因素。软件服务外包产业发展需要大量高素质、高技能的复合型人才，即具备很高 MQ、IQ、EQ 和 AQ 的生产经营管理人员和具备很高 IQ 的专业技术创新型高端人才。

所谓 MQ 是维持心理健康，调节心理压力从而保持良好心理状态更好地投入工作中去的能力。例如，当前以日本市场为主的软件承接企业竞争日趋激烈，在企业的生存压力也越来越大的背景下，软件人才必须要及时调整好自己的心态，以乐观进取之心迎接挑战，时刻维持工作的最佳状态。

所谓 IQ 是智力商数的简称，是一种表示人的智力高低的数量指标。大量研究表示，拥有高智商的人不超过 5%，而低智商的人也不超过 3%，因此大多数人的智商高低落差并不大，并且拥有高智商的人做出的成绩不一定比常人大。在我国软件服务外包产业面临复杂多变的国际环境时，需要软件企业管理人员对服务外包市场有敏锐的洞察力和分析判断能力及应变能力，以全球的视野和思维模式分析和解决问题。

EQ 则是指认知自己和他人的情绪，控制自我情绪和进行自我激励，能维持融洽人际关系的品质。EQ 与 LQ 有关，而 LQ 即为导商，是指一个人领导、指导、带领他人或组织团队的智慧和能力（中国管理咨询网，2006）。对于软件服务外包中的项目管理者来说，要具有高情商和准确地觉察、表达情绪的能力，能够加强团队成员的沟通和交流，协调内部关系，强化团队意识和团队成员的信任感，对软件服务外包业务创新有引导和调节作用，最终提高工作效率，完

成组织目标。

AQ 是指面对逆境时人处理问题的能力。根据 AQ 专家保罗·史托兹博士的研究，一个人的 AQ 越高，越能以弹性面对逆境，积极乐观地接受困难和挑战，发挥创意找出解决方案，不屈不挠，愈挫愈勇，最终表现卓越（中国管理咨询网，2006）。对软件服务外包业务管理者而言，逆商是对其责任感和归属感的体现，考验管理者在面对软件研发时摆脱逆境的能力，以及发挥整个团队的力量，带领整个团队解决软件服务外包业务中相关的问题的能力。软件企业应该在开发人力资源的同时，更加注重培养软件人才的抗逆境心理承受能力，只有这样才能够在这个变幻莫测的国内外竞争中立于不败之地。

（二）用商数理论分析我国软件服务外包所需人才特质

通过对目前软件服务外包人才缺失状况的分析可知，具有高自主创新能力、高素质、高技能和高 IQ、EQ、AQ、LQ、AQ 的复合型人才十分稀缺。未来软件人才的竞争，不仅是智商的竞争，也是情商的竞争，更是逆境智商的竞争。具备技术知识、科研能力和管理才能的复合型人才成为软件企业需求的重点，他们综合了管理人才和技术人才的特质，决定了我国对外软件服务外包产业的整体发展水平，以及我国软件企业在国际竞争中的地位和分工。具体情况，如图 11-1 所示。

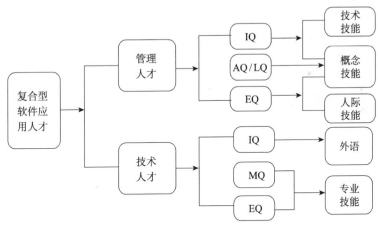

图 11-1　基于商数理论的我国软件服务外包人才特质分析

1. 技术人才的特质

软件服务外包产业需要具备很高 IQ、MQ、EQ 的技术人才，也就是处在塔基的是熟练掌握基础专业知识和具备一定外语水平的程序员，是软件服务外包产业创造利润的主力和最基础的支撑。成功技术人才的技术水平和经验往往都是在实际工作中自学，逐渐积累形成的。他们在软件开发过程中专注认真、思维活跃，遇到瓶颈时，能够及时调整情绪，不畏困难，以积极乐观的心态面对，并且能够顺畅地与同事沟通，才能协助整个团队完成设计方案。

2. 管理人才的特质

高 IQ、高 AQ、高 LQ、高 EQ，是软件服务外包企业的管理人员应具备的素质。他们专业技术能力强、实战经验丰富，有良好的人际关系，以及很强的团队合作及团队领导能力。在软件研发开始时设定明确的目标规划和相应模块的分化，从全局出发，把握整体方向，具有超强的执行能力。在项目执行过程中，积极调动团队中的各方力量解决研发过程中出现的问题，协调多个技术层面的人员的团结合作，整合团队资源并掌握项目进度和进行软件质量控制。

三、国际服务外包从业人员标准[①]

国际服务外包从业人员标准（International Service Outsourcing Career Certification，ISCC）是商务部、中华人民共和国教育部（以下简称教育部）委托国家服务外包人力资源研究院制定的面向服务外包产业的从业人员标准。ISCC依据国际服务外包产业的人才需求，通过建立服务外包从业人员的职位规范和知识技能的标准描述体系，提高中国服务外包产业人才培养的质量，降低企业用人成本，推进服务外包人才培养的规范化、规模化，为中国服务外包产业的健康发展提供支撑。

ISCC 的制定过程是一个企业创源、多方参与、应用指向的过程：在国际典型的发包企业和接包企业参与下，对服务外包中涉及的典型职位进行归纳、总结和规范描述。在此基础上，通过梳理不同职位对应的知识体系，明确胜任该职位工作应当掌握的知识与技能，并给出对应的考核与评估方法；根据企业、高校的反馈，以及产业发展实际情况进行持续更新；为高等院校和企业开展服务外包从业人员的培养、培训、考核和个人职业发展提供参考和指南。

ISCC 依托开放式、国际化、多方参与、持续更新的 ISCC 标准制定与更新模式，形成国际范围内企业、高校、政府以及个体从业者等多方参与、交流和互动的平台。在 ISCC 平台上，相关的企业、高校、机构和政府形成了服务外包人力资源生态链：基于 ISCC 标准体系，企业参与创源，提供职位相关描述；教育机构参与知识体系梳理；政府获取产业人才数据，提供政策支持；将标准应用于职业发展、人才培养和应用，提供人才储备，降低用人成本，并为标准提供反馈，加以完善。

ISCC 体系具有更新性和竞合机制，使体系具有了行业权威性，为 ISCC 体

---

① 国际服务外包从业人员标准及详情参见国家服务外包人力资源研究院公布的人才标准，www.niso. edu. cn

系内容的扩充与发展提供了源源不断的支持力量。以 ISCC 为基础链接服务外包产业界与教育业，形成企业与高校紧密关联的闭环，促进服务外包产业的人力资源培养、储备、供应、发展。因此，ISCC 一方面反映产业对从业者的国际化要求（国际视野、国际化竞争力），另一方面与国内目前的教育实际结合，满足人才培养的针对性和可行性要求。

　　ISCC 在服务外包产业与教育界之间的桥梁作用，即 ISCC 的职责是：促进企业、高等院校和政府相关机构形成对服务外包产业人才需求的共识；提供服务外包从业人员的典型职位分类及描述；提供服务外包从业人员典型职位的知识技能要求和相关知识体系；提供服务外包从业人员的相关考核与评估办法。

　　ISCC 的宗旨是构建服务外包产业链协作平台，促进企业、高等院校、研究机构和政府等相关机构形成对服务外包产业人才需求的共识；在人才培养、人才储备、人才选拔和政策制定等方面提供参考和指导，加快服务外包产业发展。规范服务外包产业职位描述，依据服务外包产业中典型的发包商与接包商的职位描述需求，形成服务外包从业人员典型职位（群），为个人职业发展、企业人力资源管理与规划、产业分析，以及人才培养提供参考与指南。

　　ISCC 建立职位能力需求与知识空间的映射关系，围绕典型职位的知识技能要求，描述对应的知识体系（包括知识领域、知识单元与知识点），从而为高等院校、企业的人才培养，以及个人职业发展提供参考与指南，有效提高大学生的就业能力，降低社会用人成本针对典型职位（群）的知识技能需求。按照相应知识体系，使服务外包产业中人才的培养、储备、选拔和使用采用同一个基线度量，降低产业链中各个环节之间的沟通成本，提高我国服务外包产业的核心竞争力。

　　ISCC 具备的开放性特征体现了 ISCC 的整体思路和方法论。ISCC 的开放性包括两方面内容：①ISCC 的制定、更新和完善是开放式的，在国家服务外包人力资源研究院的组织下，企业、高校、相关机构和政府多方参与，使 ISCC 能够持续反映企业需求和产业实际情况；②ISCC 具有开放的架构，其内容不限于产业现有内容，能够根据产业发展吸纳新的内容，以满足未来产业发展的需要。目前，ISCC 的架构与内容彼此关联，而又相互独立。内容方面主要由产业中典型的企业提供，并通过多方参与的标准委员会和工作组保持持续更新，从而具有很好的开放性和可扩展性。国际化服务外包是一个国际性产业，ISCC 面向全球范围内服务外包产业的要求，培养出的从业人员具有国际竞争能力。ISCC 引入国际竞争机制，汇集国际服务外包产业最先进的知识与技能，提升我国服务外包产业的先进性，并带动我国其他产业的发展。持续更新 ISCC 需要能够根据企业实际情况、产业发展需要和国家产业政策，对标准内容不断自我完善、更新和补充。

　　ISCC 的实用性需要充分贴近实际，便于应用，表现在：①从内容和形式上为从业者或潜在从业者提供明确、清晰的职业规划参考和职业发展指导；②贴近教育知识体系，为高等院校或培训机构提供科学的、高水平、丰富的教学指南和相关体系，将职位的能力需求与对应的教育知识体系关联起来，是 ISCC 的重要特色；③为企业的从业人员评价、录用和人力资源管理与规划提供参考；④为发包商评估接包方的产业环境和资质提供依据。ISCC 的权威性是指 ISCC 的公信力和产业认可，而非行政性指令的强制性权威。ISCC 一方面保证企业充分参与，即开放性；另一方面，当涉及不同领域或专业的相关内容时，广泛邀请该领域或专业的权威机构（专家）、企业代表等共同参与，制订相关内容。

ISCC 体系由三部分组成，ISCC 体系中三部分的逻辑关系主要表现在：①职位描述，提供了国际服务外包产业中从业人员的典型职位信息，包括职位的名称、职责、权限、工作范围与内容、知识与技能需求和其他要求等内容。它和服务外包产业的从业人员或潜在从业者（包括高校学生、其他行业从业者等）、企业中从事人力资源工作的管理者以及产业研究者相关。②知识体系，描述了与服务外包产业典型职位相关的知识空间与从业人员知识体系结构（包括知识领域、知识单元与知识点），并且提供了相关参考文献或教材说明。这部分内容与高等院校的学生与教师、从业者或其他潜在从业者、企业的人力资源管理者以及相关机构或专家相关，为人才培养、职业发展、人力资源培训与规划等提供参考与指南。③考核与评估，提供针对服务外包从业人员能力的相关考核评估标准和方法，内容主要针对职位的知识技能需求，按照相应知识体系来制订。该部分的目的是为企业人力资源应用和高校人才培养提供建议与参考，将根据典型企业和高校的实际情况来适时共同制订。ISCC 将服务外包从业人员按"3×3"的矩阵结构进行分类，将所有从业人员的就业层次纵向分为三层：初级、中级、高级，然后再根据所在层级、所在职位以及所在行业进行横向的三段描述。初级即国际服务外包领域中的初级职位汇总。初级职位的从业者一般为高等院校毕业，具有 5 年以内行业从业经验。初级职位的从业者通常从事具体的操作性工作，一般只需对本职位的工作结果负责。该层级位于 ISCC 职业描述框架的第 1 层，其职位的数量和从业人员的数量最多。在 ISCC 中，使用代码"I"表示初级职位。中级即国际服务外包领域的中级职位汇总。中级职位从业者一般具有 5 年以上的行业从业经验，处于承上启下、内联外接的关键位置，是国际服务外包领域中的中坚和骨干；其从事的工作会对部门或多个职位的工作产生影响，并且通常需要对多个职位的工作结果负责。该层级位于 ISCC 职业描述框架的第 2 层，其职位的工作内容较为复杂，对从业人员的职业经验和专业水平有较高要求。该层级的职位数量及从业人员的数量较初级要少。在 ISCC 中，使用代码"II"表示中级职位。高级即国际服务外包领域的企业中具有较大影响力和决策力的职位汇总。通常是服务外包领域中的资深专家、高层管理者和决策者等职位。该层级位于 ISCC 职业描述框架的最上层。其职位的工作内容复杂且全面，对从业者的背景经验、领导力、专业水平等要求最高。该层级中职位的数量及从业人员的数量是三个层级中最少的。在 ISCC 中，使用代码"Ⅲ"表示高级职位。ISCC 为每一个收录的服务外包从业人员典型职位都分配一个体系代码作为标志。ISCC 的体系代码由职位层级代码、职位描述代码和所属领域代码组成。

第二节　我国软件服务外包产业人力资源供求现状分析

自 20 世纪 90 年代以来，软件服务外包产业发展迅速，已成为世界软件产业发展的一个重要趋势。目前，全球服务外包行业已经逐步摆脱了经济危机对其产生的消极影响，正处于产业恢复和快速发展时期。全球软件服务外包的发包商市场主要集中在北美洲、欧洲、日本等国家和地区。美国是世界上最大的软件服务外包发包市场，其发包量占全球软件服务外包的 64% 以上，欧洲约占 16%，日本约占 10%，其他国家占 10%。亚太地区已经成为全球最具吸引力的服务外包投资地，中国、印度、菲律宾承接了全球服务外包 60% 以上的份额。

2010 年，中国软件与信息服务外包行业增长速度超过 35%，保持了较好的增长势头。我国软件服务外包产业仍然以信息技术外包为主，业务流程外包为辅；以对日外包为主，对欧美外包为辅；以外资企业为主，本土企业为辅。其中，业务流程外包逐渐成为我国发展软件产业的主要方向。互联网数据中心预测，未来 5 年该市场的增长势头依然迅猛，将保持 22.6% 的 5 年年均复合增长率（教育部高职高专计算机类专业教学指导委员会，2011）。国家继续加大对软件与信息服务外包的支持力度，软件与信息服务已经成为我国经济发展中的突出亮点。

软件服务外包的最大优势在于承接方以较低的人力资源成本来降低整个软件开发成本。软件产业成本中的 70% 是人力资源成本。软件产业是以人的智力劳动为主的高技术产业，是最为典型的技术密集、知识密集和智力密集型产业。对于软件业来说，掌握核心技术的高新技术人才是最关键的要素。然而在我国软件服务外包的发展过程中，人力资源的限制越来越成为制约我国软件服务外包发展的瓶颈。目前，新技术、新模式不断涌现，软件即服务、云计算、物联网等新技术、新模式对软件与信息服务外包产生了多方面的影响，部分技术改变了外包的方式。例如，中国软件服务外包服务商在日本市场建立起来的信誉和品牌，使得日本客户正逐步把技术含量高的一些大型项目外包到中国。这说明中国软件服务外包企业正从技术导向型向客户价值导向型逐步迈进，不再仅仅以简单的重复操作为任务要求，而是为客户创造新的价值。中国软件服务外包商正从人力成本相对较低的"优势"中走出来,逐步走向以价值带动利润的模式,即"价值优势"的方向(教育部高职高专计算机类专业教学指导委员会,2011)。在这种背景下,探究我国软件服务外包产业人力资源管理问题,对提高我国软件企业的成熟度和国际化水平,促进软件人才就业及从长远角度增强我国在软件领域的创新能力等方面,都具有重要的理论价值和实际意义。

一、我国软件服务外包产业人力资源现状分析

(一)软件服务外包人才数量短缺

一直以来,我国软件服务外包人才极为短缺,供给与市场实际需求脱节。2007 年,中国有各类科技人员 3500 万人,数量居世界第一位,而软件开发人员只有约 80 万人。从 2007 年的招聘情况也可看出,软件工程师、软件测试工程师、网络系统工程师、咨询工程师等都有很多招聘职位,人才需求很大。尤其是软件测试工程师,继 2006 年的短缺之后,2007 年仍然有很大的人才缺口(王迎,2008)。据 2008 年中华人民共和国人力资源和社会保障部、教育部、中华人民共和国工业和信息化部等有关部门公布的人才报告显示,我国现在每年 IT 产业人才需求量约为 100 万人,仅对日软件开发缺口就有 30 万~60 万人,IT 人才紧缺已成为我国 IT 产业高速发展的最大瓶颈(周丹,2009)。针对软件人才匮乏这一问题,我国积极采取了有效措施,使人才的匮乏得到初步缓解(李超和卢军,2009)。

(二)我国软件服务外包人才结构不合理

虽然我国软件人才总缺口得到一定缓解,但人才缺乏和结构不合理问题依然突出(SystemMaster,2009)。目前,中国软件人才结构呈现出两头小、中间大的橄榄形结构,处于金字塔中间的中端软件人才相对过剩(唐文静,2010)。我国严重短缺的软件人才主要有四类:①高端软件人才:处于金字塔顶层的能够进行软件整体开发设计的软件设计师和系统分析师、项目技术主管、外包项目接单员、桥梁工程师、软件测试人才,以及具有国际眼光的高级管理人才。②低端软件人才:处于金字塔底层的从事软件基础编程等初级工作的程序员,也就是"软件蓝领"。③高质量的复合型人才。④国际化软件人才:这类人才熟悉国际标准和软件开发规范,具备软件项目组织、运营与国际化企业管理的能力,能为用户提供高质量的技术支持与服务,掌握国际化软件项目管理、版本管理和质量保证技术等方面的知识,并且具有与国际交流和沟通的能力。除以上四类软件人才严重短缺外,从事软件认证、软件测评等公共服务方面的人才

也比较短缺（SystemMaster，2009）。

1. 层次结构

一个成熟合理的软件产业人才体系应该呈金字塔结构，高、中、初级软件专业人才基本比例应该维持在 1：4：7 左右（赵继会，2011）。处于塔顶的高端人才是系统分析师和项目技术主管，具有高素质的复合型高级人才正处于供不应求的状态。例如，由于日本国内人工成本的提高，日本发包方逐渐把一些高端的"上游工程"转向中国，日资企业对软件人才需求也从低端转向高端。处在金字塔中间的是软件工程师，该类人才在我国对日软件服务外包产业中资源非常丰富，高校的软件专业毕业生基本都属于这个层次的人才，远远超过实际市场需求，中端人才过剩最终导致该类人才资源浪费。处于塔底的是低端软件人才，是编码人员，从事软件编码、技术文档编写等技术基础工作，是基层程序操作员，也称为"软件蓝领"。该类人才是直接创造价值和实现利润的主力军，大约占软件人才总数的 60％～70％（甘健，2002），在我国软件服务外包产业中最紧缺的就是一大批具有熟练编码能力、规范化的编程意识的技术人员。

我国软件服务外包人才呈现出以中端软件人才为主的知识结构，严重缺乏高端人才和低端基础人才，结构性矛盾比较突出，这在一定程度上阻碍了我国软件服务外包产业专业化、规模化的发展。调整、完善软件人才结构也就是对这两类人才加大培养力度，使软件人才形成综合体系，协调发展，形成人才保障产业价值链。

2. 学历结构

目前，我国软件从业人员中，学历多集中在本科阶段，本科学历者成为软件企业的中坚力量。而本科以上学历的软件人员占软件产业专业人员总数的70％以上（余忠和李秀珠，2004），经验缺乏或者专业技能不足，也导致低端人才供给缺口。我国高校软件相关专业硕士以上学历人才比例不高，仅占从业人员总数的近 10％（软件产业协会，2004）。再加上一部分高学历人才在其就业过程中转向其他行业或者很难在实际工作中锻炼成为真正的软件产业需要的人才，高学历层次人员的数量不足，这便加重了高端软件人才供给的不足，也是我国软件产业人才结构呈现出橄榄形的缘由之一。

3. 年龄结构

从年龄结构上来看，合理的年龄结构也应该呈现出金字塔形态，才能保障企业团队的稳定性。软件企业中 20～30 岁的年轻员工占据了员工总数近 70％的比例（李纯青等，2002），员工年轻成为软件企业员工年龄结构的最明显的特点。一般来讲，年轻的员工精力充足，对企业的依附性弱，更换工作的频率大，导致软件企业员工的流动性就越大。另外，软件开发是一项聚集知识、技术和经验的职业，软件专业人员的成长，必须经过实战的磨砺，因此，3～5 年专业知识学习和实践的打磨是软件专业技术人员的必经过程。在软件产业，具有 4 年以上软件开发经验的技术人员成为发展我国软件服务外包产业最需要的人才。因此，软件企业适当调整员工的年龄结构，使之与人才结构相协调，在保障员工稳定性的前提下，增加年轻员工的流动性，促进人才流动和更新，对保持企业的活力和良性发展都是有益的。

（三）我国软件服务外包人才质量与企业要求相比还有差距

虽然软件人才供给和需求在数量上的缺口在逐渐减小，但各层次人才在质量上还是与企业的需求有很大的差距。目前，存在这样的现象：一方面，每年都有大量的高校毕业生找不到工作，另一方面，企业岗位空缺却找不到合适的人（薛晶心，2010）。我国软件服务外包人才供给与需求之间最大的矛盾在于供给人才缺乏实际工作技能，尤其是每年刚毕业的大学生的实际工作能力与用人单位的要求存在较大差距。其主要原因是学生在学校参加实际操作的机会较少，学校教材内容不能跟上技术的发展，以及对日语的掌握较差等（唐文静，2010）。通过正规院校培养的毕业生总体上实践能力不强，需要锻炼很长一段时间才能胜任工作（SystemMaster，2009）。中国教育机构的培训模式，使学生理论联系实际的机会不多。调查显示，只有 10％的中国工科大学毕业生能够胜任外国服务企业的工作（薛晶心，2010）。除了学校，社会上存在着多种形式的培训机构，但培养出的技术与日语能力都过硬的人才却不多（唐文静，2010）。

我国的教育结构偏重本科生的培养，这些本科生虽然是受过专业训练的人力资源，却处于"高不成，低不就"的中间状态，研发设计做不来，但是做编码、调试又要给他们支付较高的工资。这样就出现了大量的本科毕业生不能胜任高级程序员的工作，又不屑于从事编码、测试等简单的业务的矛盾（董慧，2007）。同时，中国虽然具备大量软件业初级人才资源，但人才在"硬技能"（如语言技能、服务交付能力）和"软技能"（如实践能力与问题解决能力、项目管理技能）两个方面，与其他领先的外包地区均存在差距。

二、我国软件服务外包产业人力资源需求分析

（一）需求数量预测

2011 年 6 月 16 日，时任商务部部长助理的仇鸿在第九届中国国际软件和信息服务交易会上表示，预计到 2020 年，全球潜在的服务外包市场需求将达到 1.65 万亿～1.8 万亿美元。分析人士指出，在国家大力支持软件和信息服务业的背景下，软件信息服务外包产业将迎来爆发式发展，按过去 5 年年均 30％～

50％的增速发展，到 2015 年年末，规模将突破万亿元人民币大关（梁敏，2011）。北京软件产业促进中心的曲玲年表示："软件产业就是人力资源产业。如果缺少了人，企业发展就会受到限制。排除管理问题不看，假如人员问题不受限制，我们对日软件服务外包的增长速度还可能更快。"（闫治国，2009）

因此，我们选取了两个影响因素：我国软件与信息服务外包产业规模、我国软件服务外包企业数，用这两个因素来预测我国软件服务外包产业的从业人员数（即需求量）。我们查找了 2007～2011 年的数据，如表 11-1 所示。根据表 11-1 的数据，采用简单趋势回归分析方法，预测 2012～2015 年我国软件服务外包人才的需求量，如图 11-2 所示。

表 11-1　2007～2011 年我国软件服务外包产业规模、企业数和从业人员数

年份	我国软件服务外包产业规模（增速）	我国软件服务外包企业数（增速）	我国软件服务外包从业人员数（增速）
2011	3835 亿元（39.5％）	7080 家（20.0％）	99 万人（36.7％）
2010	2750 亿元（35.25％）	5900 家	74.42 万人（29.78％）
2009	2033.8 亿元（27.7％）		55.8 万人（36.1％）
2008	1567.7 亿元（41.2％）	3600 家（20.0％）	41 万人（36.7％）
2007	1110.27 亿元	3000 家以上	30 万人

资料来源：中华人民共和国工业和信息化部网站

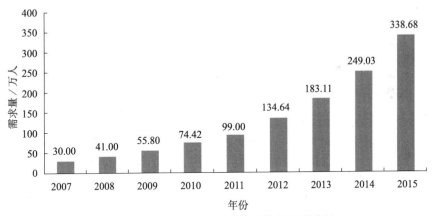

图 11-2　软件服务外包产业人力资源的需求量

应该说，在未来的一段时间内，我国软件与信息服务外包产业仍然会保持着很高的人才需求量。由于我国已经采取了一定的措施增加供给，因此，这几年人才的缺口已经初步得到缓解。因此，我国软件业的人力资源数量并不像我们想象的那样缺乏，至少从国家的政策上看，相关专业人才的培养速度还是与软件人才需求基本相适应的，问题在于我国在人才培养的结构和质量上能否满足服务外包行业的需求（薛晶心，2010）。

（二）我国软件服务外包产业人力资源需求特质分析（以对日软件服务外包产业为例）

这一部分采用实证分析方法，选取 2012 年 4 月前程无忧网中对日软件服务外包企业的招聘信息，分析对日软件服务外包产业究竟需要什么样素质和特质的人才。

招聘信息的选取采用重点抽样的方法，分别选取 500 人以上、150～500 人、50～150 人、少于 50 人四种规模的企业，共 25 个企业，涵盖了外资、合资和民营三种类型，具有很好的代表性，共 514 个招聘岗位。基本情况如表 11-2 所示。

表 11-2　对日软件服务外包企业的基本情况

企业人数	企业性质	企业名称（招聘岗位数/个）	招聘岗位数合计/个
500 人以上	外资（欧美）	海辉软件（大连）有限公司（7）	328
	外资（非欧美）	大宇宙信息创造（中国）有限公司（44）	
		神州数码通用软件有限公司（27）	
		NEC 日电卓越软件科技（北京）有限公司上海分公司（10）	
		大连信华软件技术有限公司（19）	
		凌志软件有限公司（18）	
	合资（非欧美）	东软集团股份有限公司（122）	
		大连华信计算机技术股份有限公司（81）	
150～500 人	外资（非欧美）	富士通（西安）系统工程有限公司（7）	94
		宏智科技（苏州）有限公司（14）	
	合资（非欧美）	大连中软软件有限公司（5）	
		音泰思计算机技术（成都）有限公司（21）	
		北京日立华胜信息系统有限公司（3）	
		上海华钟计算机软件开发有限公司（15）	
	民营	大连百易软件股份有限公司（29）	
50～150 人	外资（非欧美）	纳川（大连）科技有限公司（13）	72
		大连古野软件有限公司（6）	
		通华科技（大连）有限公司（14）	
	合资（非欧美）	西安裕日软件有限公司（6）	
	民营	大连瑞扬科技有限公司（8）	
		连雅谷信息科技有限公司（7）	
		大连新致软件有限公司（11）	
		大连迈维科技有限公司（7）	
50 人以下	外资（非欧美）	大连思腾软件有限公司（15）	20
	民营	大连新视软件科技有限公司（5）	

根据选取的数据，用 SPSS 软件进行分析，总体上得出对教育程度、工作经验、外语及其他素质的要求。

1. 教育程度

总体上看，教育程度可以分为：硕士及以上、本科、大专、中专和高中等。

招聘职位中要求硕士及以上学历的有 7 个岗位，占 1.36％；要求本科学历的 294 个岗位，占 57.20％；要求大专学历的 145 个岗位，占 28.21％；要求中专和高中学历的 8 个职位，占 1.56％；未作说明的 60 个职位，占 11.67％。企业对于人才的要求仍然是本科占了最大的比例，其次是大专学历，对于硕士及以上学历有要求的比例很小。将上面数据做成饼状图，如图 11-3 所示。

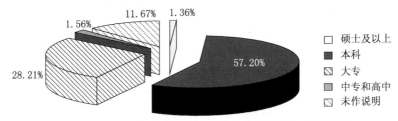

图 11-3　对日软件服务外包产业人力资源的教育程度比例

这一结果与《中国软件及信息服务外包人才市场情况》所做的调查相比，结论比较一致。中国软件及信息服务外包人才结构中，66.1％的人才为大学本科生，高学历人才占据总体比例约 10％，大学专科及其他人才约占总体人才市场的 23％（陈羽责，2009）。

2. 工作经验

企业对员工工作经验的要求可以分为：一年以上、二年以上、三年以上、五年以上、八年以上等。在 514 个招聘职位中，要求工作经验一年以上的有 96 个职位，所占比例为 18.68％；要求工作经验为两年以上的职位为 124 个，所占比例为 24.12％；要求工作经验为三年以上的职位有 125 个，所占比例为 24.32％；要求工作经验为五年以上的职位有 71 个，所占比例为 13.81％；要求工作经验为八年以上的职位有 14 个，所占比例为 2.72％；应届毕业生职位为 40 个，所占比例为 7.78％；未作说明的职位有 44 个，所占比例为 8.56％。

将上述的数据做成饼状图，如图 11-4 所示。从图中可以看出，其中，要求工作年限为二年以上和三年以上的占了近一半的比例。说明近一半的职位是要求员工有二三年工作经验，也给应届毕业生留有很大的应聘空间。

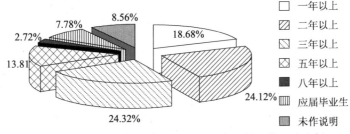

图 11-4　对日软件服务外包产业人力资源的工作经验比例

3. 外语水平

对日软件服务外包企业对语言的需求主要为日语和英语。其中对日语的要求分为：精通、熟练、良好、一般、基础。精通要求通过日语 1 级，熟练要求通过日语 2 级，良好要求通过日语 3 级，一般要求通过日语 4 级。对英语的要求分为：精通、熟练、良好、一般。其中，精通要求英语通过 8 级，熟练要求英语通过 6 级，良好要求英语通过 4 级，一般指有一定的英语基础。

通过数据分析，汇总了对每一种语言的具体要求。其中要求日语精通的有 46 个职位，占 8.95％；要求日语熟练的有 80 个职位，占 15.56％；要求日语良好的有 102 个职位，占 19.84％；要求日语一般的有 22 个职位，占 4.28％；要求有日语基础的 35 个职位，占 6.81％。在 514 个职位中，要求英语精通的有 7 个职位，占 1.36％；要求英语熟练的有 36 个职位，占 7.00％；要求英语良好的有 90 个职位，占 17.51％；要求英语一般的有 23 个职位，占 4.47％；未要求的 148 个职位，占 28.79％。日语和英语都要求的 89 个职位，占 17.32％。下面将对语言有要求的职位作图，如图 11-5 所示。

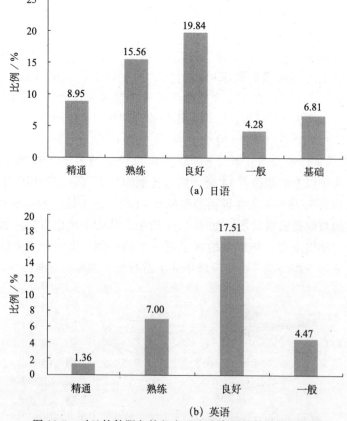

(a) 日语

(b) 英语

图 11-5　对日软件服务外包产业人力资源的外语基本情况

在对日软件服务外包迅速发展的今天，需要大量的懂日语并能熟练进行程序开发的人才。而我国的外语教育一直以来是以英语为主体的，日语教育相对较少，对日软件服务外包人才的缺乏是必然的。这已经成为制约我国发展对日软件服务外包的重要瓶颈（施亮，2011）。

4. 其他特质

通过对招聘数据的分析，我们还发现，在514个职位中，有21.79％的企业要求员工具有学习能力；有54.28％的企业要求员工具有团队和沟通能力；有12.06％的企业要求员工能经常出差和加班；有15.37％的企业要求员工能够承受一定的压力；还有4.09％的企业要求员工有吃苦精神，如图11-6所示。

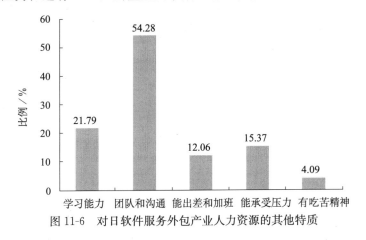

图 11-6　对日软件服务外包产业人力资源的其他特质

软件产业是以人的智力劳动为主的高技术产业，是最为典型的技术密集、知识密集和智力密集型产业。图11-6中的数据恰恰反映了知识性企业对员工的要求，学习能力是非常重要的，企业的人力资源开发要紧紧抓住这一非常关键的特质，培养员工的个人学习能力和团队学习能力。由于软件服务外包企业经常以项目小组的形式工作，因此团队和沟通能力就显得非常重要。同时，经常加班和出差、压力大也反映出企业流动率很高的原因。目前中国的软件服务业员工年平均流动率可达15％～20％（蒋莉琴，2009）。因此，这些企业的人力资源管理要特别针对这些特点展开，构建相应的激励和约束机制。

（三）对日软件服务外包产业人力资源需求结构分析

一般来说，软件人力资源在结构上按职位高低从上到下可分为三个层次：高端人才、中端人才和低端人才，其合理构成应该是上头小下面大的金字塔形（李超和卢军，2009）。在社会培训机构的努力，以及教育部发展软件职业技术学院的推动下，我国的软件人才结构从橄榄形逐渐向梯形结构过度。根据国际经验，软件人才高、中、低之比为 1∶4∶7，我国软件人才比例大致是

1∶11∶5。在此，我们将人才进行分类，分成三个层次，分析三个层次人才的比例结构，并分析不同层次人才对学历和工作经验的需求。

1. 人力资源需求结构

这里我们也将软件人才分为三个层次：①高层次人才，主要包括架构师、系统分析师、资深（高级）软件工程师以及项目主管。②中层次人才，主要包括软件开发工程师、软件测试工程师、系统工程师、顾问、高级支持人才、系统维护工程师、设计师等。③低层次人才，主要包括初级软件工程师、程序员、测试员、信息处理员、一般管理人员等。共选取了501个职位，将所有的职位归到上面的类别中，可以得出每一类职位的需求量，具体数据如表11-3所示。

表 11-3　对日软件服务外包产业人力资源需求层次分类表

类别	职位	职位数	职位数（合计）	所占比例/%
高层人才	架构师和分析师	11	112	22.36
	资深（高级）软件工程师	74		
	项目主管	27		
中层人才	顾问	14	289	57.68
	部门主管	32		
	支持（高级）	7		
	维护	5		
	软件工程师	32		
	系统工程师	13		
	设计师	9		
	测试工程师	18		
	开发工程师	86		
	某种语言的软件工程师	72		
	质量管理	1		
低层人才	初级软件工程师、程序员和信息处理员	29	100	19.96
	测试员	9		
	支持	15		
	专员	47		

其中，高层次人才的职位为112个，占22.36%；中层次人才的职位为289个，占57.68%；低层次人才的职位为100个，占19.96%。但是，三个层次的人才需求比例与通常文献中所提的并不一致。其实，我们的人才需求与供给是基本一致的。

2. 不同层次人才的教育程度对比分析

我们将不同层次人才的教育程度数据进行整理，如表11-4所示。从表中数据可以看出，在高层次人才中，要求本科学历的所占比例为66.07%；要求大专学历的所占比例为19.64%；要求硕士学历的所占比例为1.79%，未要求的所占比例为12.50%。在中层次人才中，要求本科学历的所占比例为61.59%；要求大专学历的所占比例为 28.72%；要求硕士学历的所占比例为 0.69%，未要求的所占比例为 8.99%。在低层次人才中，要求本科学历的所占比例为 33%；要求大专学历的所占比例为 44%；要求中专和高中学历的所占比例为 7%，未要求的所占比例为 16%。很显然，越是高层次人才对学历的要求越高，但是高层次人才和中层次人才中本科所占的比例相差不大，中层次人才中大专所占的比例明显高于高层次人才。在低层次人才中，本科所占的比例要低很多，而大专学历的占了近一半。这说明不同教育机构应该培养不同层次的人才。

表 11-4　不同层次人才教育程度的对比数据

类型	职位数/个	所占比例/%
高层人才（112 人）	本科 74；大专 22；硕士 2；未要求 14	本科 66.07；大专 19.64；硕士 1.79；未要求 12.50
中层人才（289 人）	本科 178；大专 83；硕士 2；未要求 26	本科 61.59；大专 28.72；硕士 0.69；未要求 8.99
低层人才（100 人）	本科 33；大专 44；中专和高中 7；未要求 16	本科 33.00；大专 44.00；中专和高中 7.00；未要求 16.00

3. 高、中、低人力资源工作经验的需求比较

我们将对不同层次人才工作经验的数据进行整理，高层次人才 112 个职位，要求应届毕业生 1 个，所占比例 0.89%；要求工作经验为一年以上的 9 个，所占比例 8.04%；要求工作经验为两年以上的 8 个，所占比例 7.14%；要求工作经验为三年以上的 39 个，所占比例 34.82%；要求工作经验为五年以上的 47 个，所占比例 41.96%；要求工作经验为八年以上的 6 个，所占比例 5.36%；未说明的 2 个，占 1.79%。中层次人才 289 个职位，要求应届毕业生 17 个，所占比例 5.88%；要求工作经验为一年以上的 59 个，占 20.42%；要求工作经验为二年以上的 94 个，占 32.53%；要求工作经验为三年以上的 76 个，占 26.30%；要求工作经验为五年以上的 21 个，占 7.27%；要求工作经验为八年以上的 7 个，占 2.42%；未说明的 15 个，占 5.19%。低层次人才 100 个职位，要求应届毕业生 21 个，占 21.00%；要求工作经验为一年以上的 26 个，占 26.00%；要求工作经验为二年以上的 15 个，占 15.00%；要求工作经验为三年以上的 11 个，占 11.00%；要求工作经验为五年以上的 1 个，占 1.00%；未说明的 26 个，占 26.00%。我们可以进一步将这些数据做成图，如图 11-7 所示。

从图 11-7 中的数据可以看出，越是高层次人才，企业要求的工作经验越长。但是，高层次人才与中层次人才相比，重要的差别在于工作经验；而低层次人才与中层次人才相比，重要的差别在于教育程度。从企业对人才的需求来看，高层次人才需要具有很长时间的工作经验，这并不是在学校可以培养出来的，尽管很多文献强调大学应该注重实际操作能力的培养，但实际的工作经验应该

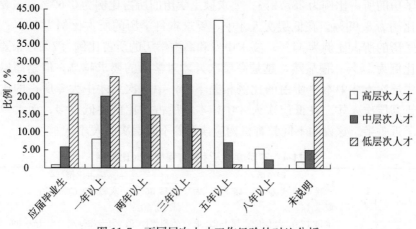

图 11-7　不同层次人才工作经验的对比分析

在企业中培养。对日高端软件人才是一种复合型人才，在企业中最起码的职位是软件项目经理。高端人才除具有良好外语能力和技术水平，还要求他们具有一定的管理能力和对业务流程的理解能力，这样的人才很难找。人才的培训总是滞后于市场需求的。近几年，在政府、行业协会的推动下，高校和外资、民办职业教育机构的参与下，对日软件工程师培训大有泛滥之势。其实，虽经培训，但没有实际工作经验的新手，少至半年多则一年，才能成为一个合格的白领工人，离软件服务外包所需的高端人才相距甚远。一个软件工程类毕业生，至少要在软件项目制作过程中磨炼 3～5 年，这期间除了需要将学校扎实的基础知识转变成软件开发的实际能力外，还要达到一定的日语水平（最好达到一级日语能力）后，通过派遣到日本当地企业工作，熟悉日本文化、思维方式、企业管理方法等，再经过参与若干软件项目管理的摸爬滚打，才能成长为一名合格的软件项目经理，以及行业内奇缺的高端复合型人才（李景霞，2009）。

三、我国软件服务外包产业人力资源供给分析

我国软件服务外包产业人力资源供给的来源，主要有以下几个方面。

（一）全国计算机及相关专业毕业生

近年来，中国计算机及相关的高等教育规模在急剧扩张。目前，我国有1000 多所高校设有软件及相关专业，2006 年有 75 万毕业生。截至 2006 年年末，软件及信息服务业共有员工 129 万人，其中近 10 万人从事离岸外包业。2009年，中国计算机及相关专业本、专科毕业生达 84.80 万人。然而，数据表明，有近 30 万人，也就是多达 35％的计算机及其相关专业毕业生没有从事计算机相

关行业的工作（教育部高职高专计算机类专业教学指导委员会，2011）。

目前，我国高校软件相关专业硕士（含）以上毕业生数量大约为 20 910 人，仅占高校软件相关专业毕业生总量的 9.7% 左右，其中，博士学历软件相关专业毕业生尚不足 1792 人，所占比例不足 0.8%，这进一步加重了高端软件人才供给的不足。作为培养应用型人才的重要组成力量，高职院校计算机及相关专业毕业生为 49.84 万，占全部计算机相关专业毕业生的 58.7%。但高职院校计算机及相关专业毕业生在软件从业人员中所占比例与其数量并不相称，在我国软件及服务外包企业中，高职高专毕业生在整个人力资源构成中仅占 9.7% 的比重（教育部高职高专计算机类专业教学指导委员会，2011）。

据 Gartner 统计，我国至少需要 400 万 IT 人才，目前已培养了近 50 万名软件专业人员，每年毕业的计算机专业大学毕业生超过 10 万人，但我国软件人才在数量上仍处于供不应求的状态（钟瑞琼等，2011）。2009 年，教育部在《教育部商务部关于加强服务外包人才培养促进高校毕业生就业工作的若干意见》中明确要求各类高校要在相关专业开展服务外包人才培养工作，在高职高专、本科、研究生等层次培养高质量的服务外包人才，力争在 5 年内培养和培训 120 万服务外包人才，新增 100 万高校毕业生就业，实现 2013 年承接国际服务外包业务 300 亿美元。

（二）37 所国家示范性软件学院

2001 年，为加快培养软件产业急需的高素质软件人才，教育部和原中华人民共和国国家计划委员会批准北京大学等高校试办示范性软件学院。截至 2011 年，37 所国家示范性软件学院累计培养毕业生 98 281 人，毕业生分布在各行各业，为我国产业发展提供了强有力的人才支撑和智力支持，约每年培养 10 000 人。2009 年尽管受到世界金融危机的影响，仍有近 3 成的示范性软件学院实现了本科毕业生 100% 就业，7 成多示范性软件学院双证硕士实现 100% 就业。国家示范性软件学院 2008 年、2009 年和 2010 年的就业率分别是 97.97%、97.5% 和 97.4%，明显高于同期全国水平（赵凤华，2011）。

本科毕业生签约的月平均工资为 5500～7500 元，硕士毕业生签约的月平均工资为 6500～13 000 元。中国软件产业协会的调查显示，企业对国家示范性软件学院毕业生知识结构的适用性、软件开发能力等以 5 分制进行综合评价，本科生的"满意度"为 4.11 分，研究生的"满意度"为 4.23 分。

工业和信息化部软件服务业司司长陈伟说，2010 年软件产业总收入超过 1.3 万亿元，年均增长 38%。这得益于示范性软件学院成立 10 年来在人才培养方面做出的重要贡献，为产业发展提供了强有力的人才支撑（杨晨光，2011）。

（三）35 所国家示范性软件职业技术学院

2002 年 9 月，国务院办公厅转发了国务院信息化工作办公室制定的《振兴软件产业行动纲要》（以下简称《纲要》）（国办发〔2002〕47 号）。《纲要》明确提出，要改善软件人才结构，大规模培养软件初级编程人员，满足软件工业化生产的需要。《教育部办公厅关于试办示范性软件职业技术学院的通知》（教高厅〔2003〕4 号）提出，试办一批示范性软件职业技术学院，以尽快满足国家软件产业发展对高素质软件职业技术人才的迫切需求，并推动高等职业教育办学体制、培养模式的改革。全国首批遴选 35 所左右的示范性软件职业技术学院，建成后每个独立设置的学院每年招生 2000 人左右。由此可见，每年约培养70 000 人。

要使学生在学习期间就能够参加实际的软件开发工作，突出以技术应用能力为核心的人才培养特点。学校教育要与软件产业的资格认证相结合，以职业技术需要为依据，构建新的培养计划，并使师资、教材、实训基地等建设与之相适应，使达到培养规格的毕业生既能得到毕业证书，又能得到一个或多个软件领域的职业资格证书。学制以二年制为主，鼓励试办学校积极探索灵活的学习方式，推行更加灵活的教学管理制度，支持学校按照国际通行的软件职业技术教育模式制订教学计划。

（四）47 所全国省级示范性软件学院

建设示范性软件学院是我国软件产业人才培养实现跨越式发展的一次重大改革尝试。示范性软件学院为国家培养了一批软件产业急需的高素质人才，促进了区域软件产业的发展，增强了我国软件产业的国际竞争力。《教育部办公厅关于进一步加强示范性软件学院建设工作的通知》（教高厅〔2007〕4 号）提出，为了推动示范性软件学院持续、健康地发展，巩固成果、深化改革、提高质量，要进一步加强示范性软件学院建设工作。

《关于批准有关高等学校试办省级示范性软件学院的通知》（粤教高〔2004〕30 号）提出，为适应我国经济结构战略性调整的要求和软件产业发展对人才的迫切需要，各省决定试办一批省级示范性软件学院，建立若干个软件人才培养基地，培养高素质的具有较强竞争力的实用型软件人才。面向企业，产学研结合，为普通高校培养本、专科层次软件技术应用型人才起到示范作用，并以此推动高等教育人才培养模式和办学体制、管理体制及运行机制的创新。

国家教育部示范性软件学院建设工作办公室主任吴爱华在 2010 年全国省级示范性软件学院软件服务外包人才培养研讨会上着重强调了目前我国产业对软件人才的迫切需求，强调了培养实用型人才的重要性。他提出，第一是要和产业合作，学校与企业共同开发课程，让学生到公司实训，或者聘请企业人员到学校授课。第二是要改变人才培养模式，因为学生毕业后做工程的多，做研究的少，所以必须改革课程体系，改变人才培养模式，加大实训力度，使学生通过实训，提高自信心，改变自己的精神面貌。第三是人才培养国际化。软件学院的毕业生很多到大型跨国公司就业，要使学生尽早适应国际化的工作环境。示范性课程应采用双语教学，引进国外的课程，聘请国外高水平教师授课，突出培养学生的国际工程实践能力。

每个省级示范性软件学院每年培养人才至少 200 人左右，如大连交通大学每年培养学生 1500 人左右，由此可见，每年省级示范性软件学院至少可以培养10 000 人，增加了软件人才的供给。

(五) 社会培训机构

近几年，全国范围内的 IT 培训机构迅速崛起。与学校的教育相比，社会培训机构的优势明显。高校的计算机专业课程大多较为死板，应试教育现象严重，且技术先进性不足。培训机构显然更加专业，可针对软件产业的细分领域对学员进行技能培训（实训基地记者，2009）。

IT 培训市场在受到追捧的同时，竞争也随之日益加剧，据粗略统计，全国IT 培训机构已达几万家之多。而从企业实际用人来看，培训学校所培养的人员也确实难以满足企业所需。一方面，社会培训大都没能达到企业对人才的要求，社会上通常的培训项目主要集中在日语学习、学基本的 JAVA、C++程序开发、学看式样书等比较初级的培训阶段，剩下的还得依赖企业内部培训来完成；另一方面，生源素质参差不齐。赢利目的和输送人才目的完全不一样，赢利目的是越多人来报名参加培训越好，培训机构为了挣钱，人才把关的标准就放得低了（北京亿兆国际软件技术有限公司，2007）。

曲玲年指出，如今企业不仅需要自己培养高中端人才，甚至低端的开发人员也要依赖企业自身力量（北京亿兆国际软件技术有限公司，2007）。因此，应借助社会培训力量搭建学生与企业间的桥梁，把单个企业都不愿投入，都不愿做的事情，通过社会培训的力量承担起来（SystemMaster，2009）。

四、我国软件服务外包产业人力资源供需矛盾和趋势分析

综上所述，可以看出我国软件服务外包产业人力资源供需矛盾主要体现在三个方面：①人才的供给与需求的规模性失衡；②不同层次人才的供给与需求的结构性失衡；③人才的素质与企业需求的品质性失衡（姜琴等，2012）。对软件服务外包产业未来的发展，可以得出以下几点结论。

（一）产业发展对复合型人才的需求增大

供给和需求在数量上依旧存在缺口，与以前相比缓解了很多，但是目前和未来一段时间内非常缺乏的仍然是复合型的人才，我们在软件服务外包人才的质量上还有一定的差距。从前面的分析可以看出，软件服务外包人才应该具备的特质有：①复合型的知识储备；②实践性的职业技能；③国际化的沟通与交流能力；④职业化的个人素养，包括对知识产权的尊重和保护，跨地域、跨文化的团队协作精神（教育部高职高专计算机类专业教学指导委员会，2011）。

（二）产业发展需要分层次进行人才培养

我国软件服务外包人才在未来一段时间里，需求量仍然是很大的，国家和社会培训机构应该根据企业对不同层次人才的需求数量、需求质量有针对性地培养。高层次人才培养应该分成两个阶段：第一阶段是在本科院校中；第二阶段，也是非常重要的阶段，是在企业中的培训，在工作实践中逐渐成长与提高，企业应该负担起这部分责任，让高层次人才在企业中慢慢成长。而中层次人才的培养途径主要为本科院校和一些国家示范计算机软件学院，学校应该针对企业的要求在计算机技能和外语上进行有针对性的培养。而对低层次人才的培养，主要由教育和社会培训机构完成，计算机技能操作是最为重要的，社会培训机构在这方面具有优势。

（三）高校、企业、社会培训机构需协同构建人力资源开发体系

每一种培养方式都存在着各自的优缺点。高校教育过于强调理论学习，忽视实际操作能力，培养的人才在知识、能力结构上与企业的实际要求存在差距。职业教育是面向就业的教育，但由于学生生源、师资力量等资源问题，培养的学生还需要继续加强专业知识、实践能力、创新能力、逻辑思维等方面的素质培训（姜琴等，2012）。因此，非常重要的是实现各种培养机制的对接和合作，学校、企业、培训机构三个方面要实现紧密合作和互补。

第三节　对日软件服务外包产业
人力资源开发战略

人力资源开发有宏观与微观两个层次。从宏观层次上讲，人力资源开发包括一个国家或地区的一系列开发人力资源的活动：从学前教育、基础教育、中

等教育、高等教育、职业教育到老年教育等整个教育体系；从微观层次上讲，人力资源开发是指特定组织内部的人力资源开发，即组织为促进员工成长、提高工作绩效、实现组织战略而进行的一种有组织的学习活动（贾建峰和赵希男，2011）。本章所要探讨的是宏观层面的人力资源开发，而微观层面的问题在第十二章来探讨。

目前，很多学者将软件服务外包的人力资源开发归纳为三个平台：教育、在职培训和社会培训机构，并且对其做了很详尽的论述，本章也采用这三个平台，将高层次人才、中层次人才和低层次人才的开发纳入其中。高层次人才的开发主要有两个阶段：第一阶段是在学校中，第二阶段是在企业中，中层次人才的开发主要在学校中，低层次人才的开发主要在社会培训机构中。运用劳动经济学的前沿理论，构建一个人力资源开发的体系。

一、教育

（一）教育的两个重要作用：提高人力资本，信号和筛选机制

人力资本理论在阐述教育作用上一直占有主导地位。人力资本理论认为，人的能力在很大程度上是后天获得的，或通过在家庭与学校接受非正规与正规的教育，通过培训、经验及劳动市场上的流动而开发出来的。雇主对具有更高教育程度的雇员支付更高的工资，原因是具有较好教育程度的雇员的价值生产力被认为并且也被经验证明要比具有较差教育程度的雇员更高（雅格布·明塞尔，2001）。Spence（1973，1974）创立了信号发送（signaling）理论，着重分析教育作为信号对劳动力市场信息不对称及均衡产生的影响。信号发送指市场上有信息的一方通过某种信号向没有信息的一方传递信息或使其改变信念。Spence 从信号发送角度阐释了教育的信息性作用，引发了对教育功能的争议和讨论。Spence 着重分析了教育作为信号的各种情形。

因此，在解释教育的重要作用时，经济学家提供了两个主要理论：人力资本理论和信号发送理论。人力资本理论认为，教育通过直接增加个体的生产力而增加工资。信号发送理论认为，教育与不能直接观察到的特性或生产力存在某种相关性，教育是作为特性的信号或生产力差异的过滤器存在的。

（二）教育作为信号的理论模型

Spence（1973，1974）创建了劳动市场信号发送模型。劳动市场的信息不对

称现象非常明显，而且这种信息不对称是双向的。一方面，雇主不能直接观察到雇员的特质，而这些特质会影响雇员的生产力；另一方面，雇员也不了解企业和工作的具体情况。Spence 忽略了雇员对工作的不确定及雇员和雇主在市场上的相互寻找，认为劳动市场上存在着关于雇员特质的信息不对称，雇员是知情者，雇主是不知情者，他分析的前提是雇主在雇佣之前不能准确地判断雇员的特质（或生产力）。雇主通过两个来源判断雇员的生产力：一是过去的市场经验；二是可以观察到的潜在有用信息，如教育水平、雇佣记录、种族和性别等，可以潜在地影响雇主的信念，雇主会根据过去的市场经验进行解释。潜在有用信息可分为信号（signal）和标志（index）。信号指市场上个体的活动或特性，这些活动或特性可以随机地或通过控制、设计改变市场上其他个体的信念或向他们传递信息，如教育水平、工作经验等。标志是指可观察到的、不能改变的特性，如种族和性别等。信号和标志的主要区别是能否操纵，能够操纵的为信号，不能够操纵的为标志。如果不能直接观察到的特性与信号存在某种关系，那么个体可以通过发送信号向雇主显示自己的能力。

教育不仅可以提高人力资本，而且还具有作为个体能力（或生产力）信号的重要功能。Spence 着重分析了教育作为信号的各种情形。在其 20 世纪 70 年代的模型中，Spence 认为获得教育的成本与生产力负相关是产生分离均衡的关键假设或必要条件，被称为 Spence-Mirrlees 条件或单交叉条件。因为不同生产力个体的最优教育水平不同，所以可以将教育水平作为反映个体能力或生产力水平的信号。2002 年，Spence 在《美国经济评论》上发表了《信号发送回顾与市场的信息结构》一文，修正了教育可以提高生产力时分离均衡的假设条件，将其理论作了推进并得出一些重要结论。Spence 早期模型的重要假设是：受教育的成本与个体的能力呈负相关，能力越强，从而教育成本越低的人，受教育程度也就越高，一个人的教育程度可以作为生产力水平的信号。

为了使问题简化，暂时假定人的生产力由特质决定，舍掉教育的生产力功能，教育的作用仅仅在于发现这些特质。劳动市场的发信号均衡有两种情况：分离均衡和混同均衡。在分离均衡中，具有不同生产力的个体被正确地区分开来。假设有两组人：组 1 为低生产力群体，生产力为 1；组 2 为高生产力群体，生产力为 2。而他们各自接受教育的成本则正好相反：对任意的教育水平 E，组 1 获得教育的成本为 E[①]，组 2 的成本为 $E/2$。雇主根据雇员的生产力支付工资，

---

① 假设教育成本与教育水平成正比，想多获得教育，就得多付出成本，故简单地将教育成本等同于教育水平

假设支付的工资等于生产力。

假设雇主认为某一给定的临界教育水平 E^* 是区别高能力者与低能力者的分界线，其信念为：若某一群体有 $E < E^*$，表明其生产力为 1；若 $E \geqslant E^*$，则表明其生产力为 2。这样，只要 $2 - E^* < 1$，即组 1 选择教育投资的净收益小于其不投资时的收益，它就会放弃投资，即 $E = 0$；只要 $2 - E^*/2 > 1$，即组 2 选择教育投资的净收益大于其不投资时的收益，它就会选择投资，即 $E = E^*$。E^* 需要满足的条件为：$2 - E^*/2 > 1 > 2 - E^*$，所以，便有均衡的教育信号投资区间：$1 < E^* < 2$。如图 11-8 所示，横坐标代表教育水平，纵坐标代表生产力或工资。从图上可以看出，只要教育水平在 1 和 2 之间，任何一个教育水平都可以分离两组群体，形成分离均衡。若 $E^* = 1$，组 1 发不发信号是无差异的，所以，$E^* = 1$ 是信号投资均衡值的最低边界。若 $E^* = 2$，组 2 发不发信号也是无差异的，所以，$E^* = 2$ 是信号投资均衡值的最高边界。因此，存在着无穷多个均衡值，均衡的集合为 $E^* \in (1, 2)$，多个均衡的经济效率后果是不一样的，一些均衡可能比另一些均衡在帕累托标准的意义上更优或更劣。就教育的信号功能而言，E^* 越小越好。例如，对于高生产力群体来说，选择的教育水平只要稍稍大于 1，就可以把自己与低生产力群体区分开来，所以最有效率的 $E^* = 1 + \delta$（δ 是一个很小的正数）。只要 δ 足够小，E^* 会非常接近于 1，可以满足最接近帕累托效率的条件，如图 11-9 所示。另一方面，如果 $E^* = 1 + \delta$，（δ 是一个接近于 1 的数），即 E^* 会接近于 2，那么将会出现最远离帕累托效率的均衡，如图 11-10 所示。这时，虽然发生了更高的教育投资，但是其信号分离功能并未增强，故意味着信号投资过度。所以，教育的信号功能内生了教育投资过度的可能性。

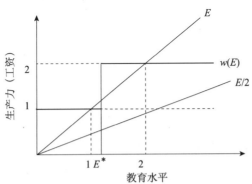

图 11-8　教育信号投资的分离均衡

注：w (E)：代表工资水平，当教育水平是 1 时，雇主支付的工资是 1；当教育水平是 2 时，雇主支付的工资是 2

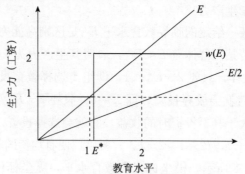

图 11-9 最接近帕累托效率的分离均衡

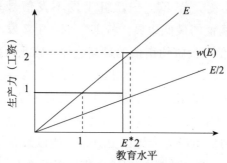

图 11-10 最远离帕累托效率的分离均衡

如果没有任何方式区分这两组人，两组会得到相同的平均工资 $\overline{W}$，即两组人工资的加权平均，$\overline{W}=2(1-\alpha)+\alpha=2-\alpha$，$\alpha$ 为组 1 人口所占的比例（$0<\alpha<1$）。这时教育的信号功能被极大地弱化了，将形成混同均衡（pooling equilibrium）。在混同均衡中，雇主会支付平均工资。高生产力群体所得的工资少于他们的生产力，而低生产力群体的所得的工资高于他们的生产力。因此，相当于高生产力群体转移支付给低生产力群体。由于高生产力群体要自己筛选出来需要花费的教育成本，当这种成本大于其发信号的净收益时，通常可能会有这种情况，因此这时将是所有群体不发信号的状况更好。

组 1 在混同均衡中的净收入为 $2-\alpha$，在分离均衡中的净收入为 1。因为 $2-\alpha>1$，所以组 1 总是偏爱混同均衡。组 2 在混同均衡中的净收入为 $2-\alpha$，在分离均衡中的净收入为 $2-E^*/2$。只要 $2-\alpha>2-E^*/2$，$E^*=1+\delta$，即 $\alpha<0.5(1+\delta)$，对于组 2 而言，混同均衡会优于分离均衡。因此，若 δ 足够小，只要组 1 的规模少于总体的一半，组 2 就会偏爱混同均衡，没有发信号的激励。例如，当低生产力群体是少数派时，高生产力群体就没有必要去投资信号来分离自己。因为高生产力群体将自己分离出来的成本太高了，与低生产力群体混同就变得有吸引力，这种错误的混同不会牺牲太多，还可以避免信号发送产生的成本。

对于组 2 而言，若 $2-\alpha<2-E^*/2$，分离均衡会优于混同均衡，即 $E^*<2\alpha$。也就是说，α 越小，E^* 也就越小，表明低能力群体在总人数中所占比重越小，要求分离均衡的教育水平越低。而随着低生产力群体人数的增加，雇主支付的平均工资越来越低，高生产力群体投资信号分离自己的激励会变得越来越强。这个后果应是二重性的：一方面，相对于市场破坏而言，可以改进效率；另一方面，又由于可能会导致过度投资而偏离帕累托效率。也就是说没有信号投资不行，但信号投资过度也不行，关键是确定适度的信号投资量，即 E^* 的大小。

（三）构建以教育为主体的信号束

除了教育水平可以作为信号外，教育质量也已经成为很重要的信号，与以前相比，1999 年连续性的大学扩招，使我国迅速实现了从精英型高等教育向大众型高等教育的转变。以前本科教育足可以代表高水平的特质，可是本科扩招后，大量低水平的个体也可以获得本科这一教育信号，也就是本科文凭信号的混同均衡范围扩大，高能力的本科生为了分离自己会选择更高的教育信号（如研究生），或是追求名校、特殊资质证书等其他信号。当雇员具有相同的教育水平时，雇主可以通过教育机构的名气或质量来筛选应聘者。雇主可能会发现本科毕业生的生产力差异很大，雇主并不会把所有本科毕业生都看成相同生产力的个体，而是根据新的市场数据，建立生产力与学校名气或证书的新信念，根据大学名气对个体进行分类。若加入教育质量及其他信号，可以继续实现分离均衡，分离程度取决于教育质量和其他信号的分布程度。在现实世界里，这已经是一个普遍的现象。学校类型（声望）对求职结果有显著的影响，"211" 重点大学和普通本科院校的毕业生找到工作的概率显著比其他院校高。此外，获得过奖学金、成绩排名前 25％、获得了英语四六级证书的毕业生在求职者中有显著的优势。

因此，在这样一种高等教育体系和结构之下，单一的教育水平已经不能满足教育的信号功能，很自然地形成了多维性的教育信号。首先，高等教育的层次及大学水平的合理梯度为信号发送机制提供了差别信号。在我国，高等教育分为博士研究生、硕士研究生、本科、专科或高职四个层次，这是一个纵向的层次，直接反映教育程度的高低。其次，在大学之间，国家扶持力度、院校行政级别、是否设有研究生院、是否进入 "211" 工程、是否重点大学等构成了大学间的横向梯度，反映了同级高等教育水平的差异。最后，选拔式的入学方式为信号与信息之间提供了对应关系。选拔考试的成绩分布把人力资本与高等教育的层次、大学的梯度以一种很高的正相关方式连接起来。

从上面的分析可以看出，可以构建一个以教育为主体的信号束（或信号集），主要包括纵向学历（教育水平）、横向学历（教育质量）、在校成绩单、英语和日语的等级、计算机能力、各类荣誉证书等要素。获得了这些信号指标，表明信号发送成本低，传递出个体的能力高于平均水平，说明个体具备高生产力的潜质。这些信号已经被用人单位接受并广泛使用。如果我们去看一个大学本科毕业生的求职简历，就可以发现教育信号的丰富性，同时也为我们提供了一个真实而生动的信号体系的例证。恰恰与前面的分析完全一致，可以认为这些招聘条件也构成了雇主的筛选机制

企业如果大范围地调查每个求职者的背景，弄清其技术水平和接受培训的能力，则其成本太高。降低成本的方法之一是在雇佣过程中依靠信号，而不是依靠细致的个体调查。例如，如果雇主认为，平均来说大学毕业生的市场效率要高于中学毕业生，雇主就可以将大学学历作为求职条件之一。如果使用信号（学历证书、婚姻状态或年龄）能使雇用成本大幅度下降，即使偶尔有"次品"通过，雇主使用这些信号也是有利的。

二、企业培训

高层次人才培养的第二个阶段，非常重要的是在企业中的培训。目前，存在一个很重要的现象：一方面企业需要对人才进行培训，员工也很愿意在企业中接受培训；另一方面，员工接受培训后，离职率很高。软件企业为使新人能够胜任工作，在每名新员工身上花费的培训时间要 6～12 个月，由于软件产业的特殊性，人员流动较大，如果培养出的软件人才不断流失，企业就会疲于不断地培养新人的过程中，高昂的培训成本往往是企业难以招架的。这里就涉及一个关键性的问题：培训投资风险的规避，以及培训费用的分担。下面将用劳动经济学的一般培训理论和特殊培训理论分析如何规避这种风险，以及如何进行最优的培训成本分担。

（一）人力资本的培训理论：一般培训理论与特殊培训理论

培训从概念上可以分为两种类型：一是普通培训，即培训所获得的技能对多个雇主同样有用；二是特殊培训，即培训所获得的技能仅对目前受雇的企业有用。这种区分主要是概念上的区分，因为多数培训实际上都包含两个方面。

我们假定两期模型：在第一期，企业对雇员进行培训；在第二期，雇员接受培训后，可以继续留在企业中工作，或是选择到别的企业去工作。

假设 W_0 为第一期企业支付的工资；W_1 为第二期企业支付的工资；r 为利率；MP_0 为第一期雇员的边际产品；MP_1 为第二期雇员的边际产品；Z 为第一期企业支付的培训成本；G 为净剩余。两期模型的最优条件为利润最大

化：额外增加一位新员工所产生的收益等于其成本。

假设边际费用现值为 PVE：

$$PVE = W_0 + Z + W_1 / (1+r)；$$

边际生产率的现值为 PVP：

$$PVP = MP_0 + MP_1 / (1+r)；$$

也就是：

$$PVE = PVP \text{ 或 } W_0 + Z + W_1 / (1+r) = MP_0 + MP_1 / (1+r)；$$

初期净费用：

$$NE_0 = W_0 + Z - MP_0 > 0；$$

第二期净剩余：

$$G = MP_1 / (1+r) - W_1 / (1+r) = (MP_1 - W_1) / (1+r)$$

第二期的实际工资低于劳动力的边际产品时，企业才可能在第二期中得到净剩余，对第一期加以补偿。可以得出的结论为：当企业边际劳动成本现值等于劳动力边际产品现值时，企业实现利润最大化。当第一期劳动边际成本高于边际产品时，利润最大化要求第二期的实际工资低于第二期边际产品，以便产生净剩余（伊兰伯格和史密斯，2007）。

1. 普通培训

企业为雇员（其边际产品为 MP^*，在其他地方获得的工资 $W^* = MP^*$）提供普通培训。假定第一期净成本是等式中的 NE_0，通过培训，第二期的边际劳动生产率增至 MP_1（大于 MP^*），企业就要考虑第二期应支付多少工资（W_1），才能使第二期有一个净剩余（G）的现值等于 NE_0 的剩余。

受过培训的工人对几个企业都有同样的 MP_1 价值。但是在举办培训的企业得到的报酬低于 MP_1（因为该企业要获得所需要的剩余）。这样，雇员可以在其他企业得到比在原企业高的工资，而其他企业因为没有支付培训费用，所以不需要剩余，因而支付的工资也高。在这种情况下，雇员接受培训之后可能辞去其他企业供职。假定所有其他就业条件相同，培训之后，企业为了能留住工人，支付的工资必须等于 MP_1。

如果培训之后企业必须支付等于 MP_1 的工资，那么企业就不愿为雇员的普通培训支付费用。企业要么是不愿意提供培训，要么是培训期支付的工资低于边际产品。其差额等于直接培训费用（即 NE_0 必须为 0），工人承担全部的培训成本。

2. 特殊培训

特殊培训将接受培训者第二期在现有企业的边际生产率提高到 MP_1。由于是该企业的特殊培训，所以，雇员对于其他企业的边际产品仍然是受训前的水平 MP^*，因此，他们在其他企业只能得到工资 W^*。这样企业愿意提供特殊培训，至少愿意负担部分成本。因为企业在第二期支付的工资可以超过 W^*，但低于 MP_1。

　　关于特殊培训投资，企业需要做出两个相关的决策：第一，投资多少用于培训；第二，如果投资于培训，如何设计培训期间和培训后的工资，才有可能收回投资。向各类雇员提供多少培训受两个因素的影响：一是生产率可以提高多少；二是受培训后这些雇员继续留在企业的可能性有多大。显然，企业更愿意向那些学习效率高、跳槽或辞职倾向小的员工提供培训。尽管有些工人的辞职倾向很高，企业也可以采取相应的工资政策以降低工人的辞职率。

　　用两期决策模型为例加以说明。该企业工人边际产品是 MP^*，在任何地方可以获得的市场工资是 W^*（等于 MP^*）。如果在雇用的第一期接受特殊培训，培训期间雇员的边际产品降至 MP_0，但是培训之后则上升到 MP_1（大于 MP^*）。企业如何确定培训期间和培训后的工资呢？

　　企业在选择提供的工资额时，必须满足三个条件：第一，它不能让工资和培训费用的现值高于工人的边际劳动产品；第二，为了利润的最大化，企业提供的报酬现值必须不低于其他雇主；第三，培训后企业必须提供足够高的工资，以打消那些刚受完培训就想跳槽的工人的如意算盘。因为一旦他们跳槽，公司的培训投资就赔本了。也就是培训后的工资高于 W^*（打击跳槽）而低于 MP_1，使企业可以收回培训投资成本。

　　工人辞去某个工作而从事新的工作是有成本的，尤其是如果涉及居住地的变化，或者工作搜寻过程成本很高的话就更是如此。如果企业认为工人接受培训后辞职有着较高的成本，那么可以提供类似的工资额，其中 W_1 略高于 W^*，而 W_0 略低于 W^*。换言之，如果工人的流动性不强，培训之后的工资曲线略有上升就可以吸引工人在培训后留在企业。W_1 不必高于 W^* 来吸引工人在受训后留在企业，这意味着企业在培训中所提供的工资可以接近 W^*。培训期间 W_0 相对于 MP_0 越高，企业负担的培训成本越高，如图 11-11 所示。

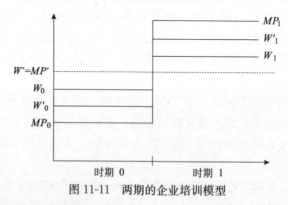

图 11-11　两期的企业培训模型

　　如果工人变动工作的成本很低，培训之后辞职的可能性很大，则企业希望在培训期间支付较低的工资，使工人自己承担培训成本。这样做就要求企业在培训之后支付较高的工资，从而降低工人辞职的可能性。因此，企业不愿意投资于"辞职倾向"较强的工人，即使提供特殊培训，其工资曲线也更为陡峭。

从雇员的角度看，如果培训期间的工资低于 W^*，也存在着培训后"保护"投资的问题。正如雇主在培训期之后支付高于 W^* 的工资以降低雇员辞职的动机一样，培训之后工人接受的工资低于 MP_1，可以免遭培训之后被解雇。如果雇员承担特殊培训的全部成本，并获得所有收益（培训后工资等于 MP_1），则雇主没有什么要保护的投资，也从雇员那里得不到培训后的剩余，也就不能在第二个时期支付足够高的工资，以防雇员辞职。

（二）培训投资风险与培训成本的分担

从纯粹的培训理论模型看，一般培训的培训费用应该由员工承担，而特殊培训的培训费用应该由企业承担。现实中的工资剖面曲线，雇主承担大多数成本，并获得大多数收益，并且培训之后的工资增长低于生产率的增长。

一般培训和特殊培训的培训费用往往由企业和员工共同分担，一般培训的培训费用企业负担得少，员工负担得多；而特殊培训的培训费用企业负担得多，员工负担得少。雇员越可能离职，工资的剖面曲线越平；雇员越不可能离职，工资的剖面曲线越陡峭。只有雇主、雇员分享利益，才能建立长期的雇佣关系，而要做到这一点，只有共同分担特殊培训的投资成本。雇员越愿意与雇主建立长期的雇佣关系，获得的培训机会就越多。结合了上面的分析可以看出，这样的成本分担可以减少流动性。雇主提供的培训与雇员的低辞职率是密切相关的。雇员较低的辞职倾向会促使企业提供更多的培训。一旦提供培训，企业将会采用适当的报酬政策以减少辞职。因此，低辞职率既是雇主提供培训的原因，又是雇主提供培训的结果。在经济衰退时期，企业希望解雇没有经过培训或者经过普通培训的工人，这对留住那些经过特殊培训的工人是有利的。因此，技术水平越高，失业的可能性越小，培训之后的技术（生产率）和工资的偏差可以被看做特殊培训程度的标尺。

（三）政府的作用

根据国家相关政策，对于进入软件服务外包行业的软件人才，由政府提供一定的培训补贴。深圳市有文件规定，对符合条件的服务外包企业，从 2007 年 9 月 1 日起，每新录用 1 名大学（含大专）以上学历员工从事服务外包工作并签订 1 年以上《劳动合同》的，给予企业每人不超过 4500 元的定额培训支持（定向用于上述人员的培训）。同时，对符合条件的服务外包培训机构，从 2007 年 9 月 1 日起，其培训的从事服务外包业务的人才（大专以上学历），通过服务外包专业知识和技能培训考核，从事服务外包工作并签订 1 年以上《劳动合同》的，给予培训机构每人不超过 500 元的定额培训支持。上海还试点出台 1：1 的补贴政策配套措施，企业共可获得软件服务外包人才录用补贴 9000 元，培训机构获得补贴 1000 元，为软件企业提供发展机会。

政府承担了一部分培训费用后，在企业内部，形成了政府、企业和员工三方共同负担培训费用的理论模式。同时，从整个社会来看，也搭建了一个企业、社会培训机构、政府和员工互动式培训结构的人力资源开发平台，极大地鼓励和促进了员工的培训，提高了培训数量和质量。

三、社会培训机构

许多社会力量正逐步进入到软件人才培训市场中，还有一些国外培训机构也来到中国，或与国内一些机构合作进行软件技能型人才的培训（郝晓芳等，2011）。曲玲年表示，与印度培训机构完成 70% 的培训任务相比，我们的社会培训远远达不到这样的比例，只能达到 30% 左右的培训目标。与印度软件培训业相比，我国的软件培训产业，即中国 IT 人才的培训才刚刚起步。印度软件的培训收入，2006 年已经达到上亿美元，拥有一个接近 50 亿元人民币的培训市场，产业链已经形成了。但我国这个产业链还没有形成（北京亿兆国际软件技术有限公司，2007）。全国高校计算机基础教育研究会副理事长吴文虎教授认为，国家应该拿出必要的政策和措施来支持软件人才的培养，把软件人才培养当做一个系统工程来规划。社会上的培训机构，应该给予一些导向性的政策，使得这些培训机构加大投入，做产业与教育"黏合剂"的工作（SystemMaster，2009）。

（一）社会培训机构的优势

1. 市场决定专业，岗位决定课程

社会培训机构的人才培养目标必须直接面向市场，由市场决定专业，由岗位决定课程。即市场需要什么人才，就培养什么人才，工作岗位中需要用什么，就教授什么。

其一，市场决定专业，由于专业定位直接面向市场热需岗位，而社会分工是细致而明确的，那么就决定了他们的专业定位既准又专。准确的专业定位保证了学员学习目标的明确性，学员在学习期间很清楚自己将来要去做什么工作，学习带有明确的目的性。

其二，岗位决定课程，保证了课程内容的完整和及时更新。课程体系的设置完全基于工作岗位需要，工作岗位中需要的技能全部体现在培训课程中，工作中用到的知识全包含在讲授内容里，最大限度地保证了技能培养的全面性。最后，基于 IT 行业技术更新快的特点，培训机构的课程内容还会根据岗位需求

随时进行调整和更新，做到与时俱进，真正保证了学员所学即所用，毕业即就业（郝晓芳等，2011）。

2. 教学过程环环相扣，连续而完整

软件培训机构在教学上最显著的特点是时间短、效率高。学员交学费后，都渴望在短期内学得一技之长，因此，培训机构的教学过程表现出高度集中的特点，整个教学过程环环相扣，连续而完整，更易于实现学员知识和能力的提高与飞跃。

培训机构的课程安排很细，前后顺序明确，知识连贯性很强。在长期的实践中，他们形成自己的内部教材，教材内容重点突出。全部课程完毕后，学员直接进入实习，实习阶段主要是实战性训练，通过企业项目案例的完成熟悉工作环境，实现从学生到员工的角色转变。实习在全部培训过程中至少要占 1/3 的比例，培训机构非常重视学生的实践动手能力（郝晓芳等，2011）。

3. 教师专业素质高，学员学习积极性高

培训机构对教师的学历没有太高要求，却非常看重教师的专业素质与能力。特别是大规模的培训机构在师资队伍上具有明显的优势，他们通常高薪聘请业内知名专家做指导，讲师学历要求不高却必须有 3 年以上工作经验及项目案例。因此，培训机构的讲师多是来自一线的工程师、设计师，具备丰富的项目经验。讲师在教学过程中最明显的优势就是熟练，能快速地用最简捷的方法完成案例，并在教学中将最实用的技能传授给学员。培训机构的学员成分较复杂，文化素质参差不齐，但学习热情却是在校大学生不能企及的。这些学员无论来自哪里，都渴望在短期内掌握一技之长，谋求一个理想的职位。鉴于这一目的，他们不惜重金，不畏艰难。在学习过程中有压力和动力，每个人都希望在培训班学到真本领，是真正地为自己学习，这和大学生在校应付考试的心理是完全不同的。尽管培训机构对学员的监督很弱，但是学员的学习积极性却很高，他们普遍都能认真听课、认真完成作业，主动求教老师，因为他们有明确的求职意向（郝晓芳等，2011）。

4. 紧密联系企业，办学模式产业化

社会软件培训机构本身就是产业化运作机制，他们一边培训一边承揽业务，并且与社会上众多单位签订了人才培养协议。学员在学习过程中好的作业他们会主动发到相关用人单位，以便用人单位了解学员水平，随时挑选优秀人才。另外，他们在长期的培训过程中树立起良好的口碑，技术在行业内得到认可，许多用人单位也会主动到培训班来选拔优秀人才。规模大的培训集团下属还有多家分公司，这些分公司成为学员将来实习就业的最佳基地，学员学习过程中的项目就来自这些分公司，学员平时的作业就是小项目，学员的实习基地就是分公司，这样的培养模式真正实现了学校与企业的无缝接轨，真正做到了校企结合，产学结合。

（二）社会培训机构存在的问题

（1）入学时，学生的计算机基础、计算机应用能力参差不齐，给计算机基础培训教学计划的正常实施带来一定的困难（北京北大青鸟天灿白领校区，2012）。相当一部分 IT 培训机构不择手段地扩大招生，培训质量良莠不齐。培训机构在人才选择上把关不够严格，有些学生基础素质较低（姜琴等，2012）。

（2）培训机构对学生的德育、情商等方面的培养并不重视，因此常导致培养出来的学生整体上竞争力不如正规学校的学生。评价教学效果的指标常常是等级考试的通过率，并不科学（郝晓芳等，2011）。

（3）专职教师少，外聘教师多，造成教师与学生、教师与教师的沟通少，教师不能及时了解学生的学习情况。由于外聘教师多调停课、代课次数多，常常影响正常教学秩序。计算机技术发展快，基础计算机培训使用的教材内容更新频繁，教师不适应，往往是熟悉的内容多讲，不熟悉的内容照本宣科，达不到预期的教学效果（北京北大青鸟天灿白领校区，2012）。

第十二章
我国软件服务外包企业人力资源管理与开发体系构建

第一节　工作分析与工作设计

一、基于胜任特征的职位体系

　　胜任特征是指能将某一工作（或组织、文化）中有卓越成就者与表现平平者区分开来的个人的深层次特征（王菲，2011）。在我国软件服务外包企业中，绝大部分员工都是技术研发人员，因此，建立一个偏重于技术人员的规范而标准的职位结构体系对软件企业人力资源结构优化是非常必要的。软件企业职位结构体系的主要内容包括：员工的基本素质、知识水平、相关技能及胜任能力，如图 12-1 所示。其中，基本素质、知识水平与相关技能更偏重于对软件企业技术人员职位体系的设置，而胜任能力中包含了不同职业类型和不同职务层次的职业素质要求。

　　通用胜任力是企业员工在工作中所具备的普遍适用的管理能力。例如，对于研发技术人员来讲，通用胜任力包括潜力开发意识、工作压力管理、与团队成员的沟通能力等；对于管理人员来讲，通用胜任力包括人际关系协调能力、领导力、激励他人、维护团队合作融洽等能力。职业胜任力是对员工具有与其职业相关的专业性能力的要求。对于软件企业的管理层员工来说，职业胜任力不仅涉及管理者的专业知识，更重要的是其领导力、判断力及对人际网络关系的处理等。岗位胜任力是指胜任一个工作岗位所需要的能力和素质。软件企业要针对不同职位胜任力对岗位进行细化，研发人员和管理人员都应该具备与之相对应的岗位任职资格。

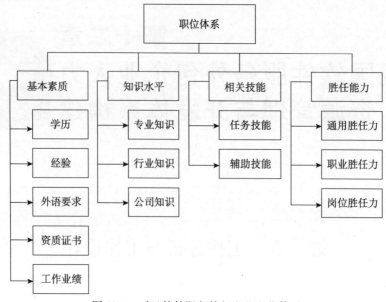

图 12-1　对日软件服务外包企业职位体系

二、加强职业生涯规划

一个有效的职业生涯规划可以使企业吸收和保留高素质人才。要求软件企业重视员工职业生涯规划，帮助软件人才仔细分析现状及自身的能力、需求，制定适合个人发展的目标，制订实施计划，使员工在为企业的发展做贡献的过程中实现自身目标，用事业留住人才（余忠和江智文，2003）。软件人才发展的路径有两条：一个是技术岗位，一个是管理岗位。而软件企业对员工职业发展通道的设计方向包括横纵两个维度，如图 12-2 所示。

（一）纵向职业通道

纵向职业通道的表现形式主要为晋升，包括管理岗位人员晋升和技术岗位人员晋升两部分内容，构成了整个职业通道的整体框架。

1. 技术岗位

对于在软件技术开发方面有发展潜力且喜爱该行业、专注技术研发的软件人才来讲，其发展路径为：基层业务人员→骨干→核心骨干→专家→资深专家，可以根据软件人才的兴趣点关注某一个技术领域层面的技术动向不断积累自己的行业经验，成为软件领域的顶尖技术人才，向行业资深专家方向发展。对于大多数处于一线的技术工人（即程序员）来讲，由于自身学历水平及个人能力

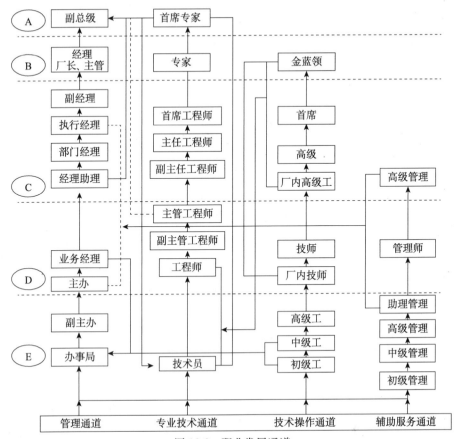

图 12-2　职业发展通道

等原因，成为技术专家的可能性较小。这一群体的软件人才，最佳的职业发展路线是使其立足本职岗位，提供专业技能的培训、训练机会，培养其成为高级操作型技术人员，缓解软件行业高级技工供不应求的现状，沿着这条道路可以通达高级技术职位，向着"金蓝领"方向努力。

2. 管理岗位

软件企业管理类岗位的发展路径为：基层业务人员→基层管理者→中层管理者→高层管理者。

（二）横向职业通道

员工的横向职业发展通道是纵向通道的补充，对整个职业通道起到重要辅助作用，两者共同构成了立体交叉的员工职业发展通道网。例如，软件服务外包企业中的管理岗位需要扎实的技术能力，同时又需要具有管理才能的软件人才。因此，对于软件人才的职业发展规划不仅要提高开发人员工作技能的专业化水平，更要对那些技术出身，在工作中表现出管理潜质的软件人才提供横向发展的机会。在制定该类群体的职业规划时，在其具备技术经验的基础上，企业应该为其提供更多的学习管理方面知识的机会，并在工作中锻炼其市场开拓能力，培养他们成为出色的管理人员。

第二节　人才吸引

我国软件服务外包企业的发展要注重人才引进，重点引进的人才包括：具备专业技术技能、富有创新能力和科学研发能力的科技创新创业人才；具有国外学习经历，掌握国际先进软件核心技术的人才；具有海内外创业经验，熟悉相关产业领域，能带来技术、项目、资金的国外优秀管理人才。软件企业从外部引进优秀人才有以下途径。

一、校企合作

（一）高级人才深造

校企合作培养高级软件人才，能为我国软件服务外包行业培育高端人才。软件企业与高校联合办学，选择企业优秀人才到高校继续深造，攻读硕士、博士学位，深化学习管理知识和专业理论知识；校企创办"双师制"的合作团队，将企业有资深实践经验的软件工程师与校内丰富理论知识的教师队伍联合，优势互补，实行人才交叉式培养。

（二）普通人才引进

校企合作，共同培养企业需要的人才，双方实现人才的共赢发展。我国对日软件服务外包企业积极打造一个人才培养基地，为在校软件专业学生提供实习岗位，给予在校学习生以实训训练。最有效的方式是企业对实习学生采用带薪定岗实习或者采用订单合作模式，让软件专业在校学生实际参与到项目实施中去，充分让学生了解实际工作中对专业知识、技能的需求。这种方式能够使软件专业毕业生入职后更容易上手，更快地进入工作状态，实现校企"无缝"对接；另外，可以提高软件专业学生研发和技术创新能力，促进校内研究成果在实际工作中的转换，最终实现企业、学校、学生三方共赢的效果。

二、海外人才引进

(一) 战略合作

引进外资战略合作、企业并购强强联合，吸引高水平的优秀人才。战略合作是出于长期共赢考虑，建立在共同利益的基础上，实现深度的合作，也是双方的强强联合。如今中外企业的战略合作已经越来越多，利用双方各自的优势，共同开拓市场获得利益。国外软件企业的优势通常在于高水平的人才和先进的经验技术，而国内企业拥有市场和相对廉价的劳动力，在双方的合作中国外软件企业会派出优秀的软件人才来中国工作，在合作中实现海外人才的引进。另外一种方式就是企业并购，目前部分国内软件企业拥有稳定的市场和充足的资金，经济危机后我国也加快了走出去的步伐，有实力的软件企业也应该积极走出去，寻找合适的外国软件企业进行并购，尤其是高水平人才较多的企业，通过海外并购的方式可以短时间内获得大量所需要的高水平软件人才。

(二) 海外招聘

通过外部招聘，从海外获取具有国际化水平的软件人才。外部招聘也是引进高水平软件人才的重要渠道。我国广阔的软件市场和有实力的软件企业能够提供有竞争力的薪资报酬是吸引国外软件人才的重要条件。在经济危机之后，欧美国家经济环境不景气，使就业市场大量的优秀人才失业，这时我国的软件企业就要主动出击，去美国、欧洲、印度等国家和地区去招聘企业所需的高水平的软件人才。另外，与专业的猎头公司合作，利用猎头公司掌握大量优秀人才资料和科学的招聘方式，可以做到低成本、高效率地招聘，能够更加精准、有的放矢地招聘到合适的海外软件人才，满足企业不断发展的需要。

三、定向猎取

软件企业在需要人才时可能会因为地域、时间等因素的限制，导致企业在规定时间内找不到合适的人才，或者招聘质量达不到预期的效果，不仅浪费了企业招聘时间，也增加了其运营成本。此时，猎头公司就成了为软件企业猎取高精尖端软件人才的主力军。

通过猎头公司对所需人才的定向猎取，招聘的人才更具有针对性，与所需岗位的要求相匹配，入职后的磨合期很短，在提高工作效率的同时，降低了软件企业的运营成本，创造了更高的效益。从而能优化软件企业人员结构，整体提升软件服务外包企业参加国际竞争的水平。

第三节　薪酬管理与绩效评价

一、深化企业薪酬管理改革

合理完善的薪酬体系能够提高员工的稳定性及其对企业的满意度。深化软件企业薪酬管理改革的最关键之处在于薪酬结构设计，建立合理的薪酬结构要从劳动力市场供求状况和行业特性出发，针对目前软件企业职位薪酬体系存在的问题与缺陷进行改革，建立完善的薪酬体系。

（一）存在的问题

第一，薪酬结构单一。我国软件服务外包企业的薪酬体系主要以基本工资和奖金为主，其中奖金也只是有关项目奖金、考核奖等短期奖励，薪酬的发放形式比较单一，薪酬所包括的范围过窄。对于刚入职的软件人才来讲，尚且能够满足他们对目前工作的满足感，然而对于专业技能强且工作经验丰富的软件人才来说，当前的薪酬体系远不能激励他们对工作的积极性和上进心。单一的薪酬结构更不足以吸引人才市场上高素质的软件人才，久而久之，企业自身的员工流动频繁，人才又得不到及时补给，将会导致企业人才脱节，加大企业的运营风险，竞争力也随之减弱。

第二，未针对需求进行细分。软件服务外包企业中不同层次、不同岗位的人才对薪酬福利的期望值不同。新入职的软件人才固然比较看重工资待遇和奖金，但是他们更加关注自身的长期发展。例如，企业是否提供培训机会、职业生涯规划和晋升机会。相比较而言，那些在这个行业打拼多年、已解决"温饱"问题的老员工对薪酬福利的关注点并不在于此，他们更加注重除了工资和奖金以外的生活福利。然而，当前的软件服务外包企业并未对不同员工的需求进行细分，而是使用统一的薪酬制度，薪酬体系并不完善，导致企业的薪酬体系与员工实际需求并不一致，影响企业的长远发展。

（二）薪酬激励机制

1. 薪酬结构体系

针对上述软件服务外包企业薪酬体系存在的问题，为了真正发挥薪酬制度对软件人才的激励作用，软件企业应该在考虑外部人才市场环境、企业发展阶段、赢利能力及员工能力、个人需求状况等因素的基础上，建立并完善激励性的薪酬体系。激励性的薪酬体系应该包括以下内容。

（1）基本薪酬＝基本工资＋岗位工资＋技能工资。在软件服务外包企业员工的薪酬结构中，基本薪酬占据整个薪酬的大部分。其中基本工资是薪酬待遇的主体部分，对于任何一个层次的软件人才来讲都很重要，通常与公司所在地的最低工资标准或者软件服务外包行业内企业的工资水平相当。岗位工资即职位工资，是根据软件研发、管理人员从事的岗位所制定的工资。技能工资是按照研发人员的技术水平、工作年限、工作经历等自身的专业技能水平和资历制定的工资。

（2）激励性薪酬＝绩效工资＋奖金。当前软件服务外包产业的知识型员工的离职率越来越高，其中根本原因之一就是企业对员工的长期激励效果不明显，由此可见激励性薪酬在整个薪酬中的作用可见一斑。绩效工资与员工的工作业绩挂钩，如何合理地设计绩效考核和奖励额度是薪酬体系中最复杂的部分。软件企业中针对不同岗位和职位的人员，绩效奖金所占整体薪酬的份额也不同。软件企业的奖金通常根据自身的业务情况而定，包括项目奖金、销售奖金、年终奖等。对日软件服务外包企业所承接的大多是短期外包项目，项目完成后的项目奖金发放对软件开发人员的激励是及时的，可以提高员工继续投入工作的效率。激励性薪酬体系还可以采用其他激励机制，如股权激励等方式，让员工与企业共同分担企业风险，以达到留住软件人才的目的。

（3）福利待遇＝基本福利＋ 特殊福利。基本福利用于保障员工的基本权益，如国家规定的三险一金，这些福利都是给员工提供基本生活保障的一些措施，使员工可以安心工作。但是，对于不同层次、不同级别的软件人才，他们的需求也不尽相同，除了基本福利以外，特殊福利与补助也是软件服务外包企业针对在特殊的工作条件下工作的软件人才的补偿。特殊福利包括职业福利、生活福利以及心理福利。第一，职业福利。软件开发人员这类知识型员工，面对软件技术日新月异的变化以及更新换代的速度，压力可想而知。软件服务外包企业要留住这些优秀的软件开发人员，应该为其提供职业规划，给予他们更多的机会继续学习先进的技术知识和参加技能培训，保证他们的技能与时俱进，解决他们的后顾之忧。第二，生活福利。对于软件研发人才来说，加班熬夜是常事，帮助他们营造良好的工作环境和优越的生活环境也是他们以旺盛的精力投入工作的动力。例如，为员工提供带薪休假的待遇，舒缓软件开发人员的身心；为高层软件管理人员提供公费旅游、公费攻读学位的机会等。第三，心理福利。是指企业给予员工的精神奖励。员工心里的满足感和愉悦的情绪更有利于提高员工的工作效率和归属感。

2. 股权激励

当前单一的激励模式不适合知识型软件企业的长期发展，软件企业除了通过薪酬体系设计、培训等方面给员工提供个人成长与发展的机会等方式激励员工外，更有效地吸引、留住人才的方式是让员工参与决策，将自身的发展前途与企业的发展目标相联系，使得企业与员工共担风险，共享利益。

（1）技术入股：技术入股的激励方式用于优秀的软件研发人员。软件研发人员将技术成果作为无形资产作价出资，作为出资方，研发人员便取得股东地位，参与企业的经营决策，将自身的前途和企业的前景紧密联系在一起。由此，软件企业不仅得到了技术成果所有权，又可以激发研发人员的积极性，达到留住人才并保持企业稳定运营的目的。

（2）股票期权激励：股票期权激励是软件企业授予技术骨干或者高级经理人一定数量的股票期权，当达到相应的标准时，他们可以以事先约定的价格购买公司股票。这种股票期权的激励方式与现金激励相比较，在当下减少了企业的开支，节约了企业运营成本。从长远来看，被赋予期权的研发人员和经理人都会有动力提高企业的内在价值，研发人员不断进行产品研发和创新，也可以防止经理人为了自身利益需要而做出的短期行为，对企业长期发展有较好的激励和约束作用。

二、完善绩效评价体系

软件研发的时间不能够准确计算，由此从事软件研发的人员绩效评价周期长，而且软件企业常以团队方式承接外包业务，对于单个成员对整体项目进度的贡献率很难准确地测量，进而难以对其进行绩效评价。当前软件企业在人力资源绩效评价中过于注重工作成果，而未考虑到过程中人员的努力程度、贡献率及整个团队的协作能力，使得绩效评价体系较片面。有效的绩效评价体系应针对软件企业不同层次的员工采用不同的绩效考核方法，软件服务外包企业人力资源的绩效表现在业绩、工作态度和技能的提高三个方面。在强调成果的绩效体系时，也应将学习绩效和创新技能的提高纳入到考核体系中，形成企业重视知识整合和创新的行为导向（方晓蓉，2009）。软件服务外包企业人才绩效评价指标体系，如图 12-3 所示。

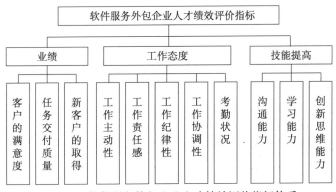

图 12-3　软件服务外包企业人才绩效评价指标体系

第四节　人才的"留"与"流"

一、人才流动的双重作用

人才是企业最重要的资产，人才流失会造成软件资产的损失。软件人才的频繁流动给企业造成了人力资源和经济的损失。软件服务外包企业都以项目方式承接外包，如果软件人才离开企业，定会影响所在项目组的进度，甚至企业自身的发展。另外，频繁的人才流动不仅影响了团队的人心稳定和工作效率、质量，更是增加了企业的人力成本和支出。

人才流动与人才流失虽仅有一字之差，但意义并非相同。人才流动是人才在企业的流入与流出，有助于企业人才资源的优化配置，不一定会对企业造成不良影响。而关键人才的流动会影响企业的正常运转，造成企业的资源的浪费和资产的损失，才能算是人才流失。物尽其用，人尽其才，适度的人员流动是员工为实现自身价值的表现，对企业的发展也有一定的积极意义。例如，可以促进企业人才的新陈代谢，优化人才结构，增强企业员工的竞争意识，确保企业的健康发展。

二、人才流动的原因剖析

软件产业的人才流动主要有以下三个方面的原因：一是市场原因；二是企业原因；三是员工自身原因。

（一）市场原因

当前，我国软件服务外包发展迅速，技术发展快，对软件人才的需求量随之增加。虽然软件产业每年的毕业生增多，但是有相应的实践经验和相关工作经验的人仍然短缺，并不能完全适应软件企业的需求现状，从而造成软件产业市场上软件研发人员供不应求的状况，从而使得软件人才有更多的选择空间。

（二）企业原因

软件人才面对以上市场需求状况，一旦遇到企业产品无核心竞争力，企业前景渺茫，或者是各个企业的薪酬待遇不平衡等问题，都会加剧软件人才的流动。第一，企业的发展前景关系到员工个人的发展空间的大小，以及个人价值是否能够得到实现。目前，有些软件服务外包企业起步较晚，总体规模较小，接到的软件服务外包项目少，面对软件服务外包激烈的竞争市场，难以抵抗来自其他企业的压力，并且市场开拓能力有限，这些都让员工觉得自身的前途渺茫，进而选择离职。第二，软件人才对企业的工资和福利待遇不满意是影响软件企业人员流动的重要原因。软件产业是知识更新速度最快的产业，同时也是加班最频繁的行业，可见软件人才面临着比别的岗位的人员更大的工作压力，因此，高薪是对软件人才高学历和高工作强度的回报。软件人才在与同行业人才的薪酬福利待遇对比出现很大差异时，就会使员工心理产生不平衡感，导致软件人才的高流动率。第三，企业文化和领导风格直接影响企业的价值观念和所营造的工作氛围，关系到软件人才的工作情绪和工作积极性。另外，在对日软件服务外包企业中，由于工作性质的关系，员工能够接触到更多的日本发包商的客户，更容易受到客户企业文化潜移默化的影响，当两者的文化发生碰撞，产生矛盾时，便可能影响员工对企业的忠诚度，造成员工的离职。

（三）员工自身原因

软件人才流动的原因，除了上述外因之外，更重要的是员工从自身出发对工作的考虑，主要受自身发展需求、员工之间人际关系、企业领导风格、家庭生活等方面的影响。首先，软件人才个人职业生涯规划需要是造成人才流动的首要原因。对于一些技术水平较高，并且有管理才能和志向的软件人才来说，"另起炉灶当老板"是他们在积累了丰富的工作经验后的职业规划，而且创建软件服务外包企业的进入门槛较低，也使得原企业面临着人力资源损失和新企业威胁的双重压力。其次，软件企业员工之间的协调配合可以促使团队发挥群体效应，增强企业竞争优势。目前，软件服务外包行业存在很多不成规模的小型企业，员工之间的人际关系僵化、沟通不畅通，这种相互不信任的工作氛围也造成了员工对企业的不满情绪，导致企业人员流动频繁。

三、实行"弹性工作制"

（一）软件服务外包企业中实行"弹性工作制"的价值

弹性工作制是指在完成规定的工作任务或固定的工作时间长度的前提下，员工可以灵活地、自主地选择工作的具体时间，以代替统一、固定的上下班时间的制度。

（1）员工视角：对于软件服务外包服务企业员工来讲，他们所从事的研发工作具有相对独立性的特点，决定了他们工作的人性化需求和自主性比较强。作为研发设计人员，他们在工作中更强调自我引导，厌恶循规蹈矩，排斥传统的等级管理和行政命令，更倾向于在一个宽松、自主的工作环境中实现自我管理。另外，软件服务外包企业人员经常要与客户沟通和交流，工作时间要根据客户的需要来安排，因此加班加点的情况时有发生，这也要求员工有一定的工作自主权。

（2）企业视角：对软件服务外包企业中的软件设计人员、技术研发人员、中高级管理人员实行弹性工作制，对于企业来讲，可以降低企业运营成本，如减少加班费的支付等。对于企业员工来讲，在工作时间、工作地点、工作方式给研发人员更多的自由空间，设置灵活的考勤制度和宽松的工作氛围，员工可以根据自身的方式和节奏安排各自的工作时间，这样不仅能够降低软件服务外包人员的缺勤率，提高软件人才对工作的满意度，防止员工的频繁流动，而且可以提高软件人才的工作积极性、工作效率和工作质量，使其创造才能得到最大限度的发挥。

（二）软件服务外包企业中实行"弹性工作制"的支撑条件

在实行弹性工作制的过程中，软件服务外包企业仍要考虑以下三个方面的问题。

（1）文化：在弹性工作制下，软件企业为员工提供灵活的工作时间的同时，要兼顾纪律与效率，提高员工的自律意识，在公司内部打造一种"自律"文化，通过这种文化氛围去约束员工的工作行为，自律文化往往比制定一套严格的工作规范制度更有效。另外，实行弹性工作制的软件企业员工，会因长期在外工作而脱离了企业整体的文化氛围，对企业价值观的认同会慢慢淡化。因此，在弹性工作制下，强调企业文化、价值观的认同感尤为重要。企业可以通过网络交流、定期会议、集中培训等方式加强员工之间的沟通和交流，更加直接地把企业的价值观和发展目标传递给员工。

（2）沟通：保持高效畅通的沟通渠道，确保沟通质量，这也是实行弹性工作制的重要一环。对于软件企业的员工来讲，员工与企业之间持续、有效、深度、双向的沟通，能使员工知己知彼，动态地把握自己在团队行动中的坐标（崔海鹏和胡晓岚，1999）。员工之间的沟通更能够集思广益地解决技术难题、提高工作效率，并且能够督促个人的工作进度。良好有效的沟通方式，可以保证信息畅通流动，促进员工之间的信息互通有无，更能够营造企业融洽的工作氛围，也有利于管理层更好地掌握员工的工作状态，制订工作方案。因此，企业应该制订合理的沟通时间表，利用多种方式和渠道进行沟通（如电话、网络会议、MSN、QQ、例会等），时时了解员工的动态，管理层也要及时做好反馈，以保证沟通的有效性。

（3）监督：弹性工作制不意味着没有监督，工作时长也不能完全代表工作贡献，对软件企业而言，工作成果就是最好的监督。软件服务外包企业实行弹性工作制后，对员工的监督考核主要体现在员工是否能在规定的时间内完成规定的工作量。但对于软件企业的管理层而言，上述监督形式只是通过对员工工作成果考核而进行的检查，并不能对员工的工作过程进行有效的现场监督，这有可能导致工作中的错误没有及时纠正，从而造成团队整体工作的返工重做，既浪费时间又增加了成本。因此，软件企业应该要求员工对工作进度或者阶段性目标进行分解，及时反馈给团队负责人，保障工作的有效进行。

第十三章
我国软件服务外包人才培养基地建设

第一节　双专业复合型人才培养模式研究与实践

一、双专业复合型人才培养背景和指导思想

（一）双专业复合型人才培养背景

中国共产党中央委员会（以下简称中共中央）在十五大上提出了"大力推进国民经济和社会信息化"，到十六大明确了"工业化促进信息化，信息化带动工业化"的发展思路，再到十七大提出了"发展现代产业体系，大力推进信息化与工业化融合，促进工业由大变强"，体现了中共中央对推进工业化和信息化实践的更进一步思考。

21世纪，世界进入了全球化、信息化、知识化时代，而软件业工程化、工业化的发展趋势已经成为必然，这就需要工程技术人才具备综合素质，他们中部分人将从事专门行业的软件开发，同时也有相当部分人将从事专业软件的应用工作。因此，培养具有相关领域的专门知识又掌握软件理论与技能的复合型人才，是适应软件专业化和广泛应用的发展趋势，也是为社会提供高素质技术人才的必由之路。

教育部在2009年2月召开的全国服务外包人才培养工作座谈会上，要求各高校不要放弃或减缓服务外包人才的培养和储备。希望各高校要创新发展模式，大力培养服务外包人才，紧跟服务产业所涉及专业的特点，采取灵活措施，按照国际先进技术和全球化的理念，探索多种模式培养高质量的服务外包人才。国发〔2011〕4号文《关于印发进一步鼓励软件产业和集成电路产业发展若干政策的通知》，进一步明确了软件与服务外包产业的发展方向。"十二五"期间大连市将向着温家宝同志提出的促进软件服务外包业向"中国第一、世界第一"的目标迈进，打造具有国际竞争力的世界级产业基地。人才是服务外包产业最重要的战略资源。

辽宁省提出了《教育为振兴辽宁老工业基地服务行动计划》，实施"紧缺复合型软件人才培养工程"，对高校提出了要适应国家、省市，要加大高等教育人才培养结构调整力度，推进信息化与工业化的有效融合；把培养大批复合型软件人才作为重要任务，为两化融合准备坚实的人才基础的重要指示精神。

大连交通大学 2001 年 12 月经辽宁省教育厅批准创建了省级示范性软件学院。同时，确立了适合实用型、复合型、国际化软件人才的培养目标；建立了"五年制双专业"复合型软件人才培养模式，并进行人才培养实践。

（二）双专业复合型人才培养指导思想和原则

复合专业培养方案的制订要符合学校的办学定位，立足于国家现代化建设和人的全面发展需要，全面贯彻党和国家的教育方针，遵循高等教育教学的基本规律，坚持教育教学改革与创新。以培养"具有社会责任感、基础扎实、知识面宽、富有实践能力和创新精神的复合型、应用型高级专门人才"为目标。

（1）加宽基础教育，做好专业复合。要充分考虑两个专业基础，设置较宽的基础课程平台。加强专业基础课程的相互支撑和合理渗透，做好课程的合理衔接。对两个专业课程进行合理整合。

（2）加强实践教学，培养实践能力。实践教学是培养实践和创新能力的源泉。注重对应用能力的培养，大力加强实践教学，优化实践教学体系，改革实践教学方案，更新实践教学内容。

（3）科学设计课程体系，更新课程内容，改革教学方法。根据现代高等教育发展要求，优化课程体系，精选教学内容，改革教学方法和教学手段，要减少课堂讲授课程学时，给学生更多自主学习的时间。

（4）加强双外语教学，适应国际化要求。引进国际先进的教育理念和教学模式，突出软件人才培养的国际化，大力加强外语教学，培养学生的双（英、日）外语应用能力。

（5）合理设计课程模块，提高可选择性。为满足学生的个性发展要求，发挥学生的学习主动性，培养计划要合理设计课程模块，特别是要做好专业方向课程模块设计。

二、双专业复合型人才培养体系结构

(一)双专业复合的实现

充分调研对日软件服务外包产业的人才需求,学校与企业共同制定了"日语+软件工程"、"英语+软件工程"的培养方案,实现了"科学制定人才培养方案,按市场和企业需求组织授课计划",将学生的学习与对日软件服务外包企业未来软件工程师的实际岗位要求实现了"无缝"连接,使人才的培养规格和质量满足了市场和企业的需求。优化课程结构,开展了融合课程体系设计。

在培养计划中确立了"以就业为导向、以实践能力的培养为本位"的人才培养思路,由面向学科办软件工程专业,改为面向对日软件服务外包行业岗位技能需求与企业联合培养合格人才。将"专业建设、教学改革、实训基地建设"等方面不断与相关产业经济和国际化行业发展趋势接轨,切实将校企合作由"握手型"向实质性的"紧密合作型"纵深发展。努力突破学校本位的办学模式,通过紧密的校企合作关系,与各大软件园和对日软件服务外包公司结成紧密型的利益合作伙伴关系,邀请服务商或公司老总组成教学指导委员会,共同制定了培训课程体系以及考核标准,构建了校企结合,以对日服务外包能力为本位的人才培养方案。通过校企合作使学生在校期间到软件企业进行为期一年的岗位实习,按照实际要求参加软件工程实践,获取软件开发工作经验,学生在校期间就可具备企业录用新员工所需的工作经验,有效提高学生的就业能力。

基本理论和基础知识以满足专业需要为前提,强调专业知识的复合。要根据两个专业知识的相关性,找出复合点,科学合理地设计课程体系。"五年制双专业"要合理分配教学学时,课程安排要遵循学习规律,相互协调交叉进行。软件工程专业设多个专业方向以供选择。每个复合专业都合理整合专业课程,开出1~2门复合课程或一个复合型课程设计(实践)。工学类复合专业,可以进行大综合毕业设计;也可根据复合人才培养目标要求,完成一个大型的综合训练和一个毕业设计。跨门类复合的专业完成两个独立毕业设计。

通过一系列的改革与创新,最终构建了由专业基础与理论模块、程序设计模块、工程素质模块等组成的对日软件服务外包课程体系,以培养符合对日软件服务外包市场需求,符合对日软件服务外包素质要求的外包人才。

(二)人才培养体系

2002级"五年制双专业"学生进入大连交通大学时,还没有形成一个完整的培养方案。2002年下半年随着教学的进行,将原有的人才培养思路落实到具体的课程设置中，逐步形成了 2002 级 7 个"五年制双专业"人才培养方案，在执行中也有很多调整。

以 2002 版培养方案为基础，通过 2002 级和 2003 级教学过程的实施，对复合型人才培养目标认识更加明确，课程体系的设置思路更加清晰。2004 年 9 月，经过软件学院和各相关专业负责人的认真研究，形成 2004 版共 18 个"五年制双专业"人才培养方案，这一版方案更加规范、合理。

2006 年，根据复合型人才社会需求的变化和本科教学评估的要求，结合 2002～2005 级教学工作的实际情况，在充分调查研究的基础上，大连交通大学制定了《大连交通大学关于修订"五年制双专业"培养方案的实施意见》，确定了培养方案修订的指导思想、基本原则、复合的具体要求等。2006 年 9 月完成了 2006 版培养方案的制订。2006 版方案比较系统和完善，为进一步深化复合型人才培养模式和改革奠定了基础。

从 2008 年上半年开始，大连交通大学再次组织"五年制双专业"培养方案修订工作。本次修订重点解决了四个方面的问题：一是大力整合课程，压缩理论课学时，总学分减少 20 分以上；二是每个复合专业要合理整合专业课程，设置 1～2 门复合型课程或一个复合型课程设计（实践），从能力层面上加强复合型人才的培养；三是合理安排课程，第五年不安排理论教学，只安排实践教学；四是根据运行模式，合理调整课程安排，提高教学运行效益。

2011 年，在信息化与国民经济各领域相融合的大背景下，根据社会和行业发展需求，以社会经济发展中重要行业的需求为标准开展复合型软件人才的培养。主要实现以下几个专业的有效复合，从而实现人才培养适应社会需求，使人才培养与社会需求实现"无缝"连接，主要表现在："会计学＋软件工程"专业要适应银行金融服务业的需求；"物流管理＋软件工程"专业要适应物联网应用的发展和社会需求；"日语＋软件工程"专业要适应对日软件服务外包产业的发展和需求；"英语＋软件工程"专业要适应国际化软件技术人才的需求；"工业设计＋软件工程"专业要适应社会对数字化动漫设计人才的需求。

通过到相关院校、企业调研，了解社会对人才知识、能力和素质的具体要求，大连交通大学修订设计五个试点专业课程体系，通过知识复合，实现专业复合，从而使两个专业培养目标合二为一。优化具有行业背景知识的复合型软件人才培养方案，加强师资队伍建设，创新人才培养体制和构建人才培养质量评价体系，培养具有社会责任感、基础扎实、知识面宽、富有创新精神与实践能力和具有行业背景知识的复合型软件人才。

（三）由专业知识融合到专业融合的培养模式

由传统专业知识与信息技术的课程内容融合，到信息技术与工程技术的实践教学内容融合，到双专业毕业设计（论文）复合，复合型人才培养模式改革的重点由专业嫁接到专业复合的实现。目前，大连交通大学有"日语＋软件工程"等18个"五年制双专业"，专业内涵适应新的发展要求，为培养复合型人才搭建了新的平台。

（四）大连交通大学软件学院双专业复合型人才培养

大连交通大学率先在省内乃至全国进行这种"传统专业＋软件工程""五年制双专业"复合型软件人才培养模式的研究与实践，得到了各级领导、专家和社会的高度评价和充分肯定。

近年来，《光明日报》、《大连日报》、《大连晚报》和大连电视台等多家知名媒体都对"复合型"人才的培养模式进行了专题报道。

2006 年 9 月 10～12 日，教育部推荐的以北京大学软件学院院长陈钟教授为组长的核查评估专家组对大连交通大学软件学院（以下简称学院）进行了核查评估，专家组充分肯定了以下两点：一是"五年制双专业"复合型人才培养的新模式，构建了较完善的课程体系，注重实践教学和双语教学，以服务区域经济和地方经济为出发点，强化日语教学，形成了自己的特色，具有一定的创新性；二是软件学院积极开展国际合作，与国内外著名 IT 企业合作进行课程体系建设、教材建设、实验室建设和师资培养，并在多个企业建立了实践教学基地。

2006 年 10 月 15～20 日，教育部专家组对大连交通大学进行了本科教学工作水平评估，"五年制双专业"复合型人才培养模式作为学校办学特色之一得到了专家组的充分肯定。

"五年制双专业"复合型软件人才培养模式，已经成为大连交通大学的一个重要办学特色。作为一所"以工为主"的学校，培养信息技术和传统专业相结合的复合型人才，使大连交通大学的办学与地方经济的发展更紧密地结合起来，是该校转制后坚持服务区域经济，坚持"特色兴校"，践行"以服务求支持，以贡献求发展，以特色求突破"办学思路的正确选择，同时给该校服务轨道交通装备制造业的传统优势专业赋予了新的生命力。"五年制双专业"复合型软件人才培养模式的实践，不仅拓展了大连交通大学的办学空间，也提升了该校的社会影响力。同时在有效促进信息化和工业化融合方面提供了有力的人才保障，为国家现代化建设，振兴东北老工业基地，走新型工业化道路做出了贡献。

三、创新教学方式，改革教学环节

（一）课程建设

根据复合型人才培养需要，大连交通大学积极组织教师进行课程建设改革。

2004 年《数据库原理与应用》获 IBM 精品课资助，在 IBM 合作高校中广泛推广；2005 年《Eclipse 开放系统应用开发》获 IBM 精品课资助；2007 年《软件工程》获得辽宁省省级精品课资助；2007 年《JAVA 语言程序设计》获校级精品课；2009 年《软件工程实践》课程获得 IBM 精品课资助；2012 年《Web 应用及开发技术》、《企业级开放平台 Linux 大型服务器系统基础与导论》两门课程获批"教育部- IBM 专业综合改革项目建设课程"。

（二）教材建设

教师积极进行教材建设改革，出版各类专业教材 10 余部，《JAVA 程序设计》和《网络控制系统》两部优秀教材入选国家"十一五"规划教材。

（三）双语教学

学校共有计算机组织与结构、操作系统、数据结构等 12 门课程应用英文原版教材。经过多年实践，教学效果良好。通过使用英语原版教材使学生掌握先进的科学技术，同时也提升了整体教学水平和教学质量。使用英语原版教材进行课程教学是"五年制双专业"课程教学的特点之一。通过"传统专业＋软件工程专业＋良好的外语水平"的方式，达到了复合型人才培养的目的。

第二节　与 IT 公司合作，在校内建立
软件服务外包人才实训基地

一、与企业共建的实验室和实习基地

（一）IBM 实验中心

大连交通大学软件学院于 2003 年 3 月与 IBM 公司合作成立 IBM 实验中心，IBM 公司向学院提供软件产品，用于教学研究和人才培养。

目前，该中心共有 40 台高配置计算机，为全院学生提供集教学、科研、培训于一体的综合性 IBM 产品和技术实验环境，主要承担《J2EE/Websphere 应用开发》、《UNIX/AIX 操作基础》、《DB2 通用数据库》、《Linux》等课程的教学实验、课程设计等教学任务。

IBM 实验中心是学院培养专业化、实用化人才的重要方式——"IT 专业认证"的考试中心。该中心已经成为大连市仅有的两所 IBM 全球专业认证授权固

定考试中心之一，也是全球最大的两家专业化考试服务提供商 VUE 和 PROMETRIC 的授权固定考试中心。学生参加 IBM 的专业技术培训，考试合格者可获得国际认可的专业技术认证证书。

2005 年，聘请国外高级大型计算机技术专家来华对学院教师和学生进行培训、课程建设、技术开发和人才培养，解决目前国内计算机人才短缺阻碍软件产业发展问题的项目。2005 年，项目已经完成机房配套设施建设；大型计算机软件安装；聘请 IBM 公司高级技术人员来华授课 1800 学时；开设课程总门数 30 门；为全国其他高校或培训基地提供 800 人/小时的大型机机时；培养大型机技术人才 500 人等工作。项目取得了成功，缓解了目前国内大型计算机技术人才紧缺的问题。通过引智工作，外国专家协助和指导学院技术人员对 IBM 大型机进行了安装、调试和运行工作；帮助学院制订了大型机人才培养的课程计划并提供了相关课程的材料；为学院培养了大型机专业维护人才；为大型机功能进一步扩展提供了相关的联络渠道。

首先，学院每年完成数百人次的大型主机人才培养；多次派出教师参加师资培训，为学校进一步开展大型主机课程教学做好了师资储备；在主机的维护上做了大量的卓有成效的工作，保障了主机的正常运行。IBM 主机大学合作项目高级顾问黄小平先生为学生做了题为 "Mainframe" 的报告。报告具体介绍了 IBM 主机的历史和发展近况，每一系列的主机的特点与进步所在。通过听取报告，学院学生认识到了学习大型机技术的重要意义。目前，学院已有 11 名毕业生签约到 ISSC（IBM Solution & Services Co.，Ltd）大连、ISSC 深圳等公司从事大型主机相关工作。

其次，继续加强对学院学生进行 IBM 实践课程训练。自 2003 年学院与 IBM 合作开始，学院就非常重视此项工作，参加实训的学生人数逐年递增，参加考试学生的总通过率为 90％。

（二）华为 3Com 网络学院

2004 年，大连交通大学软件学院和华为 3Com 公司签订了共建华为网络学院的协议，并进行网络安全方面的专业培训认证工作，由于成绩显著，被华为 3Com 公司评为 2005 年度优秀网络学院。

华为 3Com 网络学院是为适应计算机网络技术发展的需要，培养高素质、实用型、多层次的计算机网络技术人才而建立的。通过合作，学院组织建立了华为 3Com 网络学院实验室，同时华为 3Com 技术有限公司为学院提供了价值数万元的教材及免费教师培训服务。

华为 3Com 网络学院实验室为全院学生提供集教学、科研、培训于一体的综合性网络实验环境，主要承担《华为 3Com 认证网络工程师培训》、《IPv6 技术》、《计算机网络》、《网络通讯基础》、《数据加密与网络安全技术》、《局域网技术与组网工程》、《计算机网络管理》、《网络操作系统》等课程的实验、上机、课程设计和教学任务。

从 2005 年开始，学院就针对在校生进行华为 3Com 网络工程师考试认证。截至 2011 年 5 月，参加认证考试总通过率为 90%。

（三）用友 ERP 实验室

ERP 实验室成立于 2006 年，由大连交通大学软件学院与用友（中国）软件股份有限公司共建。实验室安装的"ERP 实验教学软件"营造了一个模拟的企业运作环境，让学生就业之前了解企业运作的规律流程，学习 ERP 管理思想，同时培养学生的实际操作能力和决策能力。实验软件设定模拟岗位，设定每个岗位的责、权、利，学生通过角色扮演完成仿真企业流程。教师可全程跟踪并指导学生训练，最后通过软件自带的考评系统，自动打出模拟训练成绩。

实验室开设《供应链管理》、《生产制造》、《ERP》、《财务》等课程的实验教学。实验室提供的模拟软件与工具软件可帮助学生在教师的指导下完成课程设计与毕业设计。通过"ERP 实验教学软件"的完整模拟演练，引导学生完成短学期学习任务。

（四）思科网络技术学院

学院与思科系统公司、思科网络技术学院理事会共同签署协议，成立大连交通大学思科网络技术学院。

思科网络技术学院是由全球领先的互联网解决方案供应商——思科系统公司和全球范围的教育系统、商界、政府和社区共同构成的一个联盟。该项目自 1997 年秋季实施以来已经取得了巨大的发展，现在已经扩展到 130 多个国家和地区。

思科网络技术学院项目是专门为学校设立的网络技术教育项目，它包括全面的 8 个学期、560 小时的电子教材，致力于教授学生设计、构建和维护计算机网络，使学生成为符合信息时代发展要求的人才，为学生创造更多的就业机会和发挥个人才能的空间；同时该项目也成为实施 E-Learning 系统的一个成功典范。

（五）教学实习实训基地

为强化学生的实践能力和职业技能、丰富学生知识结构、适应国内不断增长的软件人才开发的需要，近年来，学院积极与国内各软件企业加强联系和合作，先后与北京软通动力信息技术有限公司、沈阳东软软件股份有限公司大连分公司、大连海辉科技股份有限公司、大连华信计算机技术股份有限公司、大连用友软件有限公司、大连明泰科技发展有限公司、大连创明信息技术有限公司、大连大建数码科技有限公司、北京达内科技有限公司、大连见微软件有限公司、青岛软件园等多家软件企业建立了合作关系，使之成为学生的校外实习基地。

2009 年大连交通大学软件学院与大连华信计算机技术股份有限公司、东软软件股份有限公司大连分公司、大连软件园股份有限公司、中软国际集团和安博教育集团五家知名企业签订合作协议，共选派近 300 名高年级学生进入企业进行培训，进入实际生产流程进行实践训练；指派专人对软件学院本科生校外实训及毕业设计和实训期间所发生的各种问题负责协调，保障学院领导、实训公司负责人及学生辅导员之间能够及时沟通。

（六）中软国际集团"微软定制班"

2009 年 11 月大连交通大学软件学院与中软国际集团上海中软资源技术服务公司合作建立"微软定制班"，定制班将按照中软国际集团标准在软件学院的四年级学生中择优选拔学生，教学方面由中软国际集团提供微软集团最新的研发体系和相关培训课程、教材与师资，并对学院的现有师资进行培训，学生经考试合格者，由中软国际集团招聘为员工。中软国际集团开设的课程将为学生提供接触 IT 领域前沿技术的机会，显著增强了软件学院毕业生的市场竞争力。学校也决定将定制班的课程学分与学生四年级软件工程课程学分互认，除保留软件工程学位课程外，其他 400 多学分涉及软件工程的所有课程，全部与中软国际集团课程置换，培养周期分三个学期，四年级下学期进行理论课程授课，五年级第一学期进行实训，第二学期进行校外毕业设计和实习。2009 年共选拔了 68 名同学进入定制班学习。

（七）软件人才定制培养

2010 年，大连交通大学软件学院与东软集团股份有限公司、安博教育集团、大连信雅达软件有限公司、青岛软件园人力资源服务有限公司、大连用友软件有限公司、大连现代高技术发展有限公司六家国内知名企业签订"2010 年大连交通大学软件人才定制培养协议"，学院积极总结经验，深入开展更大规模的"五年制双专业"复合型软件人才的定制培养，取得突破性进展。该次签约仪式的成功举行，标志着软件人才定制培养跃上了一个全新的发展阶段，与以上六家知名企业的定制培养势必将有效提高大连交通大学软件人才的培养水平，有效促进学生高质量地就业，每年选拔 200 多名学生进入定制班学习。

二、通过校企共建，产学结合，培养"复合型"人才

大连交通大学软件学院为促进学生实践能力和整体素质的提高，达到培养复合型人才的目的，在培养的过程中，通过校企共建，产学结合，利用学校和企业各自的优势，主要进行了以下几方面的研究工作。

（一）把具有企业背景的教师引入课堂，增强学生实践意识

聘请 IBM 公司黄小平、北京大学陈钟教授等多名具有企业经验的资深专家和企业界高管，以及北大方正集团有限公司、东软国际集团股份有限公司和大连华信计算机技术股份有限公司等知名软件企业的 100 多名兼职教师来校讲学和任教。

（二）毕业设计实行校企双导师制

在毕业设计指导过程中，校外毕业设计学生实行"双导师制"，由校内导师和具有工程实践经验的企业导师共同指导。建立起包括前期培训、过程管理、规范答辩等环节的完备的毕业设计体系。学生在指导教师的指导下，参与企业的实际软件项目开发，独立解决企业某个实际问题，掌握软件项目开发的方法和技术，学习企业中的管理流程、交流技巧和工作方式，缩短了学生毕业后进入企业的适应期。

（三）与企业共建实验室和实习基地

大连交通大学与 IBM、甲骨文股份有限公司、华为技术有限公司、用友软件股份有限公司、金蝶国际软件集团等多家国内外著名的 IT 企业，共建了 IBM 技术实验室、华为 3Com 网络实验室、用友 ERP 实验室和金碟中间件实验室、ORACLE 企业信息化实验室，并先后与大连华信计算机技术股份有限公司、中软国际有限公司、安博教育集团、青岛软件园等 10 多家软件企业建立了合作关系，使之成为学生校外实习基地，已有近 800 名学生进入这些实习基地。

（四）与多家国际知名公司开展认证培训

建立了 IBM 认证考试中心，并成为全球最大的两家专业化考试服务提供商 VUE 和 PROMETRIC 的授权固定考试中心。参加 IBM 认证培训的学生有 4500 人，考试通过率为 90%。学校开展了华为 3Com 网络工程师认证培训，累计培训学生 1300 人，考试通过率为 94%。

第三节　开展国际合作与交流

一、引进国外先进教育资源

印度印中贸易中心与大连交通大学软件学院签订了关于合作建立中印国际化软件人才培训基地的协议书。协议旨在加强国际间学术交流，培养国际化软件人才，共享全球智力资源，促进中国与印度之间信息产业的合作。同时，大连交通大学软件学院与美国加州大学、韩国湖西大学、美国莱特州立大学、加拿大菲莎河谷大学、日本 SMS 株式会社海外发展部、英国埃斯顿维阿大学、英国 Aberystwyth 大学、阿尔派电子公司、日本富士通公司、日本 NTT 通信公司、日本麻生集团、日本 IBridgeInc. 株式会社、日本 Project Support&Solution 株式会社和中日友好青森协会等公司都保持着密切的交往。

二、选派学生到国外进行培训

未来社会的竞争是国际化高科技人才的竞争，为打造国际化的高级人才，大连交通大学软件学院积极开展国际合作和交流。经过多年的建设，软件学院已经与美国、日本、韩国、英国和印度等多个国家和地区的近 20 所高校和知名公司建立了长期合作关系，开展国际合作办学和交流。

大连交通大学软件学院与日本早稻田大学合作开办 CCDL 远程教学课程，是大连交通大学软件学院与日本早稻田大学通过互联网用英语作为沟通语言、了解两国文化差异的英语课程。大连交通大学软件学院是日本早稻田大学在中国国内第一所建立合作的院校，该课程使用了全新的教学理念和方法：中、日双方的学生每次在进行网上英语沟通前要针对教师预先布置的题目通过互联网、报纸等来查阅相关的资料，整理后形成用词准确、语法正确、行文流畅的文字，在课堂上与中方学生沟通交流后，在同学和教师的帮助下进一步完善后，上网与早稻田大学的学生交流。该课程自 2006 年 4 月 18 日正式启动以来，参加学习的学生对 CCDL 远程教学课程给予了高度评价。

日本岩手县立大学与大连交通大学软件学院双方签订协议，大连交通大学软件学院每年派遣 5 名学生赴日本学习 1 年，目前已有 43 名学生赴日本完成学习。

第四节　参加科技创新大赛

一、学生科技文化活动

为推动学院科技创新活动的高效和快速的发展，大连交通大学软件学院专门成立了大学生科技创新活动领导小组，由学院的党政领导牵头，成立了由多名教授、副教授组成的教师指导委员会，同时聘请知名的教授和教师指导学院学生的日常科技创新活动。每年科技文化节，报名参加的学生都达到了3000多人次，由此可见学院科技文化活动的浓厚氛围。

大连交通大学软件学院在大学生科技活动中取得较好成绩：①学院学生参加了全国"高教社"数学建模竞赛、东北地区数学建模竞赛、美国大学生数学建模大赛、东北地区ACM/ICPC程序设计大赛、第五届"挑战杯"辽宁省创业大赛、辽宁省第七届机械设计竞赛、大连市科普动漫大赛等国家、省和地区级重大赛事，参赛规模达400多人次。②共获得了国家奖3项，省和地区级一、二等奖17项，其他奖项20余项。在全国"高教社"数学建模竞赛中，有一项作品上报国家参评。实践证明它已经成为大连交通大学软件学院"五年制双专业"学生提高科技创新能力、开展科技创新活动的平台，基地学员取得了许多骄人的成绩，为软件学院学生工作及校学生工作做出了贡献。

二、学生科技创新大赛成果

复合型人才培养模式的优势在大学生科技创新活动中得到了充分的体现。在竞赛中，学生发挥了双专业的学科优势，实现了传统专业和软件工程专业知识的有效整合。

近年来，大连交通大学软件学院共组织学生参加了如数学建模、挑战杯、机械设计等各类科技创新竞赛共计10大类，参加的学生达500余人次。在全国数学建模竞赛、全国计算机仿真大赛、全国节能减排竞赛、国家ITAT和全国IBM主机服务器应用技术大赛等国家级赛事中获得国家奖，在其他省和地区级赛事中获一等奖6项、二等奖11项。许多取得突出成绩的团队中的主力队员均来自复合专业，并且在比赛中发挥了复合型双专业的优势。

例如，"材料＋软件工程"、"交通＋软件工程"专业的学生组成的团队获得高教杯全国数学建模竞赛二等奖，在进行计算机数学建模中充分发挥其传统专业的优势，设计了合理的材料成型和轨道交通等领域的数学模式，并熟练地应用软件工程技术基础进行仿真。

又如，"机械工程＋软件工程"专业的学生获得国家节能减排竞赛国家奖和国家机械创新设计竞赛辽宁省赛区一等奖，在竞赛中充分发挥了"机械＋软件工程"复合专业的优势，不但利用机械学科基础知识和能力设立了完美的机械装置，而且大量应用了嵌入式和智能控制等软件工程技术知识去实现控制。

参考文献

埃尔钦汗 . 2010. 源码中国：全球 IT 外包新原点 . 北京：机械工业出版社 .

埃森哲 . 2009. 2009 年中国服务外包市场研究报告 . http：//www. docin. com/p-304540669. html ［2012－05－22］.

百度百科 . http：//baike. baidu. com/view/544622. htm ［2012－09－20］.

北京 12312 . 2008. 搭建知识产权公共服务平台促进软件服务外包产业发展 . 电子知识产权，(8)：65，66.

北京北大青鸟天灿白领校区 . 2012. 计算机培训中心基础培训的存在问题 . http：//www. tcaccp. com/news/20120203121051. html ［2012－02－03］.

北京亿兆国际软件技术有限公司 . 2007. 对日软件培训机构发展趋势 . http：//bj. szpxe. com/article/view/87911 ［2007－10－09］.

波特 M. 2002. 国家竞争优势 . 李明轩，邱如美译 . 北京：华夏出版社 .

波特 M. 2005. 竞争优势 . 陈小悦译 . 北京：华夏出版社 .

蔡靓 . 2007. 高科技园区公共服务设施规划研究——以张江高科技园区科技创新区为例 . 上海：同济大学硕士学位论文 .

曹瑞林 . 2008. 关于中日间地区合作与大学所发挥的作用的研究 . 金泽星稜大学综合研究所年报 .

曹新明，梅术文 . 2010. 知识产权保护战略研究 . 北京：知识产权出版社 .

陈丹 . 2006. 中国软件服务外包市场现状分析 . 武汉市教育科学研究院报，(4)：23.

陈飞翔，郭英 . 2005. 关于人力资本和 FDI 技术外溢关系的文献综述 . 财贸研究，(1)：17-23.

陈静 . 2011. 面向业务关联的多产业链协作网络和公共服务平台关键技术研究 . 成都：西南交通大学博士学位论文 .

陈全，邓倩妮 . 2009. 云计算及其关键技术 . 计算机应用，29 (9)：2562-2567.

陈羽责 . 2009. 中国软件及信息服务外包人才市场情况 . http：//chinasourcing. mofcom. gov. cn/c/2009-10-15/57827. shtml ［2009-10-15］.

丛国栋 . 2011. IT 外包风险评价模型与控制策略研究 . 杭州：浙江工商大学出版社 .

崔海鹏，胡晓岚 . 1999. 沟通——弹性工作制的灵魂 . 中国人力资源开发，7：23.

崔玲，俞兰 . 2013. 服务外包行业新的助力器——云计算 . http：//chinasourcing. mofcom. gov. cn/c/2013-01-23/147095. shtml ［2013-01-23］.

大连软件园 . 2011. 服务外包园区的标杆 . http：//www. dlsp. com. cn/2011/0624/2197. html ［2013-01-23］.

大连市统计局，国家统计局大连调查队 . 2012. 大连统计年鉴 2012. 北京：中国统计出版社.

代之华.2004.软件产业发展模式国际比较及借鉴.商业研究,(4):15.

戴永红.2004.印度软件企业外包模式及其对中国的启示.南亚研究,(12):32-35.

邓春平,毛基业.2008.关系契约治理与外包合作绩效——对日离岸外包软件服务外包项目的实证研究.南开管理评论,11(4):25-33.

丁磊.2010.中国软件服务外包产业的国际竞争力研究.北京:首都经济贸易大学硕士学位论文.

董慧.2008.软件服务外包对比分析与发展路径.南京:南京财经大学硕士学位论文.

董坚峰,肖丽艳.2008.IT外包商选择和管理中的风险及其管理策略.重庆科技学院学报(社会科学版),(12):84-85.

董伟.2011-10-10.三大因素阻滞中国成为最大的服务外包国.中国青年报,第10版.

段占东.2004.探索中印软件业的差距.经济论坛,(4):152,153.

樊丽明,郭健.2010.国际服务外包:交易成本与税收调节.税务研究,(9):44-47.

方慧.2008.中印软件的国际竞争力比较.世界经济研究,6:80-85.

方晓蓉.2009.论研发人员的特点和管理策略.管理研究,6:7,8.

房秉毅,张云勇,程莹,等.2010.云计算国内外发展现状分析.电信科学,8A:1-5.

甘健.2002.IT"蓝领"呼之欲出 我市加快实用型软件人才培养.http://news.sohu.com/40/48/news203684840.shtml[2002-10-14].

高鸿业.2010.西方经济学(宏观部分).第五版.北京:中国人民大学出版社.

高炜.2008-12-22.面临挑战与机遇 实现创新与发展:探寻大连建设全球软件服务外包新领军城市的核心内涵.中国高新技术产业导报,第A14版.

葛继平.2010.高校特色化发展的影响因素与发展路径.现代教育管理,(1):27.

管晓燕.2006.山东省软件产业竞争力评价.济南:山东大学硕士学位论文.

国际商报.2011.大连打造全球软件服务外包新领军城市.http://dalian.dlsp.com.cn/2011/0222/2109.html[2011-02-22].

国家服务外包人力资源研究院.2012.软件外包概论.北京:清华大学出版社.

郝晓芳,赵进尚,周哲.2011.软件培训机构IT人才培养模式的探究与启示.河北科技示范学院学报(社会科学版),(1):75-78.

何京玉,李云杰.2004.离岸外包,哪里到岸?http://www.ccw.com.cn[2012-04-05].

何瑞卿,黄瑞华,李妍.2007.基于知识外溢的合作研发知识产权风险及其影响因素分析.科研管理,(7):89,91-92.

何艳霞.2008.印度迅速完善知识产权体系——印度专利、外观设计、商标及地理标志管理总局简介.中国发明与专利,(1):83,84.

何有世,黄钦炎,熊强.2012.电子政务服务外包潜在风险对其模式选择的影响研究.情报杂志,31(5):128-132

胡国良.2007.中国、印度软件服务外包业国际分工、发展模式及竞争力比较.世界经济与政治论坛,6:18-22.

胡海波.2010.产业自主创新能力及其评价研究.南昌:江西财经大学博士学位论文.

胡立华.2010. 基于 DEA/AHP 方法的自行火炮作战效能评估. 火力与指挥控制, 5：55-57.

胡水晶.2010. 承接研发离岸外包中知识产权风险研究. 武汉：华中科技大学博士学位论文.

胡水晶, 余翔.2009. 印度服务外包中的知识产权保护及启示. 电子知识产权, (9)：57-63.

胡勇, 张享周, 陈国华, 等.2010. 外包软件项目风险决策树智能分析模型. 武汉大学学报 (理学版), 56 (5)：729-734.

花桥金融外包研究中心, 华软投资 (北京) 有限公司.2010. 中国软件业投资报告. 北京：中信出版社.

黄庐进, 康文娟.2008. 发展对日软件服务外包, 提升软件产业国际竞争力. 科技和产业, 8 (1)：1-5, 15, 83-85.

黄明, 董长宏, 梁旭.2010. 促进大连对日软件服务外包产业发展的对策研究. 人力资源管理, 3：154.

黄秀英.2009. 国际服务外包对中国产业结构升级的影响研究. 厦门：厦门大学硕士学位论文.

姬睿睿.2007. 北京上海大连软件产业研究. 企业与经济管理, (31).

加藤敦.2010. 关于外包开发和架构软件产业的日中分业生产体制状况的考察. 现代社会论坛, (6).

贾建峰, 赵希男.2011. 基于特征胜任特征的知识型企业战略性人力资源开发研究. 北京：经济科学出版社.

贾建莉.2005. 西安软件产业竞争力综合评价研究. 西安：西北工业大学硕士学位论文.

姜凌, 文俊伟, 夏奇峰.2006. 中印软件服务外包业务比较研究. 经济师, (2)：5.

姜琴, 季春, 吴铮悦.2012. 南京市软件人才培训现状调研分析. http://www.lwkoo.com/renliziyuanguanli/201203/6438_2.html [2012-03-08].

姜云飞.2008-09-03. 超越中国制造的"大连样本". 大连日报, 第 A4 版.

蒋莉琴.2009. 软件服务外包企业的人力资源管理问题. 湘潮 (下半月) (理论), (3)：66, 67.

蒋逊明, 朱雪忠.2006. 职务发明专利权归属制度研究. 研究与发展管理, 18 (5)：113-118.

焦鹏.2003. 软件项目风险评估方法的研究. 北京：北京工业大学硕士学位论文.

焦晓阳.2010. 辽宁省软件产业竞争力评价. 大连：东北财经大学硕士学位论文.

教育部高职高专计算机类专业教学指导委员会.2011. 中国软件服务外包人才需求与培养状况调研报告. http://221.12.38.131/web/articleview.aspx? id=20120223154035547&cata_id=N039# _Toc314934419 [2012-02-23].

金东淑.2010. 服务外包能力与潜力, 大连全球第五中国第一. http://dalian.runsky.com/2010-11/09/content_3742334.htm [2010-11-09].

雷泰稳.2006. 印度软件服务外包发展简记. 程序员, 8：46-48.

李爱华, 陈世平.2009. 软件服务外包所面临的风险管理. 计算机工程应用技术, (2)：1491, 1492.

李超，卢军．2009．螺旋式软件人才培养模式．北京：科学出版社．

李纯青，刘春草，陈辉．2002．我国软件企业从业人员年龄结构调查报告．商业研究，(5)：155．

李刚，迟国泰，程砚秋．2011．基于熵权 TOPSIS 的人的全面发展评价模型及实证．系统工程学报，26 (3)：400-407．

李华，常静，董明．2009．服务外包系统管理．北京：科学出版社．

李华，董明，汪应洛．2009．基于信息技术的服务外包．西安：西安交通大学出版社．

李景霞．2009．对日软件服务外包企业发展思考．上海经济研究，(10)：40-44．

李静．2011．印度之鉴——浅析知识产权保护对我国的启示．中国发明与专利，(2)：107-109．

李顺德．2008．健全知识产权执法和管理体制．中国发明与专利，(8)：8-12．

李炜．2008．基于能力成熟度模型集成的政府外包软件项目风险管理方法研究．北京：国防科学技术大学硕士学位论文．

李文文，陈雅．2011．基于知识溢出理论的我国高校数字图书馆发展策略研究．新世纪图书馆，(7)：7-10．

李兴斯．1991．非线性极大极小问题的一个有效解法．科学通报，36：1448-1450．

李冶．2007．汽车产业自主创新能力评价研究．长春：吉林大学硕士学位论文．

李永胜．2006-01-09．中国软件服务外包的四大障碍与对策．中国计算机报，第 B16 版．

李昭赢．2006．用经济学原理分析我国软件服务外包问题．合作经济与科技，(4)：35．

李智姝，陈瑶．2011．江苏省软件业自主创新与知识产权保护．沈阳农业大学学报（社会科学版），13 (2)：170-173．

栗菲，叶娟，许锐．2010．城市承接离岸服务外包竞争力的比较分析——以宁波和十个试点城市为例．商场现代化，3：88，89．

梁敏．2011．2011 年软件信息服务外包产业发展预测分析．http://wenku. baidu. com/view/58076628ed630b1c59eeb5f7. html [2011-06-17]．

林则夫，陈德泉，温珂．2004．试论信息技术外包中的风险管理策略．科学学与科学技术管理，(2)：133-135．

刘国红．2010．企业后勤服务外包基础理论综论．企业导报，8：242-245．

刘军．2008-10-30．中国软件服务外包产业期待转型升级．中国电子报，第 012 版．

刘鹏．2010．云计算．北京：电子工业出版社．

刘绍坚．2008．软件服务外包：技术外溢与能力提升．北京：人民出版社．

刘毅，何炼成．2005．试论软件产业的国际价值与软件服务外包．西安电子科技大学学报（社会科学版），15 (4)：34-39．

刘毅，何炼成．2006．软件产业国际价值链与软件服务外包．西北工业大学学报，(6)：30．

罗军舟，金嘉晖，宋爱波，等．2011．云计算：体系架构与关键技术．通信学报，32 (7)：5，6．

马民虎，赵丽莉，魏建锋．2010．工业化与信息化融合之知识产权困境与对策．情报杂志，29（2）：17-20.

马萍．2004. 产业集群内的集体学习过程和机制研究．武汉：华中科技大学硕士论文：27.

孟国保，苏秦．2004. 软件企业业务外包管理过程研究．软科学，18（3）：90-93.

孟琦．2007. 战略联盟竞争优势获取的协同机制研究．哈尔滨：哈尔滨工程大学博士学位论文．

孟薇，钱省三．2005. 印度软件产业研究．科研管理，（1）：20.

聂规划，周晓光，张亮．2002. 企业信息技术外包的风险与防范．科技进步与对策，（4）：69，70.

宁军明．2008. 知识溢出的机理分析．科技与经济，6（21）：22，23.

宁萌．2013. 2012年中国软件产业收入2.5万亿．http：//www. chinadaily. com. cn/hqgj/jryw/2013-02-06/content_8231841. html［2013-02-06］．

宁明军．2008. 知识溢出的影响因素分析．产业与科技论坛，6（7）：136.

潘春光，陈英武，汪浩．2007. 软件项目风险管理理论与方法研究综述．控制与决策，22（5）：481-485，496.

裴长洪．2007. 围绕服务外包企业的融资问题．腾讯财经，第4版.

裴瑱．2007. 服务外包中发包方选择接包方的影响因素分析——基于中国的研究．国际经贸探索，10：19.

彭国甫．2004. 地方政府公共事业管理绩效评价研究．长沙：湖南人民出版社．

祁明，李建军．2007. NASSCOM在印度软件产业发展中的作用．中国科技论坛，（10）：139-144.

前瞻产业研究院．2012. 大连高新区软件服务外包产业今年产值将破千亿．http：//www. qianzhan. com/cluster/detail/178/20120320-932cd01d38a946a6. html［2012-03-20］．

钱文静，邓仲华．2009. 云计算与信息资源共享管理．图书与情报，（4）：47-52，60.

钱旭潮，王龙，赵冰．2011. 科技资源共享、转化与公共服务平台构建及运行．北京：科学出版社．

邱善勤．2011. 日本地震对我国软件和信息服务外包的影响．http：//soft. chinabyte. com/291/11877291. shtml［2011-03-24］．

任超，蔡茂森．2011. 上海承接软件服务外包的经济效应研究．经济论坛，5：101.

日本信息服务产业协会．2011. 信息产业白皮书（2011—2012）．东京：日经BP社．

日向裕弥．2006. 人才：大连吸引日本企业的秘诀．http：//www. cjcnet. com/xinwen/xinwen. aspx？c=2&t=t20109241121382348&id=6866［2013-01-23］．

软件产业协会．2004. 中国软件人才现况研究．http：//www. csia. org. cn/home/data/f20050607c. html［2004-04-23］．

萨缪尔森A保罗，诺德豪斯D威廉．1999. 经济学．第16版．萧琛译．北京：华夏出版社

赛迪顾问．2010. 中国城市服务外包产业发展研究．http：//wenku. baidu. com/view/e6c06fd126fff705cc170ae7. html［2012-11-06］．

上海情报服务平台．2006. 国际软件产业转移现状分析．http：//www. istis. sh. cn/list/

list. aspx？ id＝3110 ［2006－08－09］．

邵明．2010．中国软件产业服务外包的机理研究与策略分析．上海：东华大学博士学位论文．

盛美娟．2009．钻石模型下沿海城市服务外包产业竞争力提升路径研究——以烟台为例．经济经纬，2：38－41．

施亮．2011．高职对日软件服务外包人才培养的思考．福建电脑，（8）：180，181．

实训基地记者．2009．社会责任拷问 IT 培训机构．http：//www. hebsoft. net. cn/NewsFiles/2009/12/20091221152555. htm ［2009－12－21］．

苏竣，何晋秋，等．2009．大学与产业合作关系——中国大学知识创新及科技产业研究．北京：中国人民大学出版社．

孙香花．2011．云计算研究现状与发展趋势．计算机测量与控制，19（5）：998－1001．

孙晓琴，黄静波，张安民．2010．国际服务外包承接方政府政策研究．广东社会科学，6：26－33．

孙毅．2007．爱尔兰软件产业发展模式与战略分析．大连：大连理工大学硕士学位论文．

孙兆刚，徐雨森，刘则渊．2005．知识溢出效应及其经济学解释．科学学与科学技术管理，（1）：87－89．

唐文静．2010．对日软件服务外包产业的竞争格局与策略研究．西安：陕西师范大学硕士学位论文．

陶亮．2007．创新、生态、人文特质的软件园区——南京徐庄软件园景观规划设计．华中建筑，7：145－149．

田红云，杨海．2010.IT 外包伙伴关系的风险特征研究．科技管理研究，（24）：178－183．

万利平，陈燕．2009．云计算在教育信息化中的应用探究．中国教育信息化，（5）：74－77．

汪应明．2008．市场经济应注重对知识产权的行政保护．行政法研究，（11）：78－80．

王炳兴，苏为华．2006．总体几何均值的参数估计及其在社会和谐度评价中的应用研究．统计研究，10：36－39．

王德双．2007．软件与信息服务外包企业人才战略．北京：北京邮电大学硕士学位论文．

王菲．2011．胜任特征模型的研究．吉林省教育学院学报，1：138．

王国红．2010．知识溢出与产业集群中的企业学习研究．北京：科学出版社．

王海燕．2009．大连软件服务外包产业发展的启示．陶瓷研究与职业教育，3：39．

王建平．2003．软件产业理论与实践．北京：中国经济出版社．

王建平，王晓颖，龙昊，等．2004．区域软件产业竞争力评价体系及方法研究．软件世界，7：62，63．

王昆，宋海洲．2003．三种客观权重赋权法的比较分析．技术经济与管理研究，（6）：48－49．

王力，刘春生，黄育华．2011．中国服务外包发展报告（2010—2011）——中国服务外包产业竞争力评价．北京：社会科学文献出版社．

王立平，王健，王航．2011．知识溢出价值论．科学・经济・社会，（2）：46－48．

王梅源．2006．软件服务外包项目全过程风险管理研究．武汉：华中科技大学博士学位论文．

王庆年.2011.基于中国东部地区的知识溢出决定因素实证研究.广州:华南理工大学出版社.

王如镜,孙华灿.2009.软件产业外包发展模式演进路径分析.商业时代,16:105-106.

王伟,章胜晖.2011.印度班加罗尔软件科技园投融资环境及模式研究.亚太经济,(1):32.

王习农.2009.美、日、欧服务外包模式比较.http://theory.people.com.cn/GB/9910523.html[2009-08-23].

王艳华.2006.软件产业发展及知识产权保护问题研究.浙江统计,(10):15-17.

王迎.2008.我国软件服务外包产业存在的问题及对策研究.经济视角,(8):28-30.

王宇红,刘盼盼.2009.软件专利的合理使用问题探析——以软件反向工程为例.北京邮电大学学报(社会科学版),11(4):96-100.

魏和平.2004.软件欧美出口工程启动 重点扶持30家企业.http://www.yesky.com/busnews/216482844392816640/20040921/1856260.shtml[2004-09-21]

魏志海.2009.中国企业承接服务外包税收政策国际比较研究.税务研究,(12):71.

魏志梅,冯昱.2009.中国企业承接服务外包税收政策国际比较研究.税务研究,(1):32.

吴国新,高长春.2008.服务外包理论演进研究综述.国际商务研究,2:31-37.

吴建南.2004.绩效目标实现的因果分析:平衡计分卡在地方政府绩效管理中的应用.管理评论,6(16):22-27.

吴琳.2009.软件服务外包产业发展研究.北京:中共中央党校博士学位论文.

吴青熹.2011.变革型领导、社会资本与协同创新:组织学习的视角.南京:南京大学博士学位论文.

吴宗鹤.2007.东软集团软件服务外包业务发展策略研究.上海:上海交通大学硕士学位论文.

夏喜全.2008.促进"三驾马车"协调拉动经济增长.中国财政,11:63,64.

邢智毅,李辉.2008.大连软件服务外包产业发展的现状、优势与建议.大连海事大学学报(社会科学版),7(2):53-56.

熊小丽.2011.软件服务外包企业技术创新能力评价研究.赤峰学院学报(教育科学版),(05):64.

胥艾.2011.大连市服务外包竞争力研究.大连:大连海事大学硕士学位论文.

徐成武.2007.中印软件产业外包出口的比较研究.杭州:浙江大学硕士学位论文.

徐江龙,魏巍.2009.从"番茄花园事件"谈中国软件业知识产权战略.企业技术开发,28(9):21-25.

徐姝,胡明铭,李自如.2004.风险矩阵方法在业务外包风险评估中的运用.管理现代化,(2):13-16.

徐涛,张昭华.2008.高技术产业集群的信任与声誉机制研究.当代经济管理,(8):42-46.

许正中.2009.中国软件服务外包产业的发展现状与战略选择.宏观经济研究,6:20-25.

薛晶心.2010.我国软件服务外包人才存在的问题研究.电脑知识与技术,(2):

493，494.

雅各布 明塞尔．2001．人力资本研究．张凤林译．北京：中国经济出版社．

闫平．2009．大连成为中国软件和服务外包产业领军城市．http：//news. xinhuanet. com/
fortune/2009-09/05/content_12001010_1. htm［2013-01-23］．

闫娅，曹蕊．2010．基于城市间比较的大连市服务外包竞争力分析．黑龙江对外经贸，1：
27-29.

闫治国．2009．山东软件外包产业人力资源开发创新体系研究．北京：北京交通大学硕士
学位论文

杨波．2009．IT 服务外包——基于客户和供应商的双重视角．北京：电子工业出版社．

杨晨光．2011．国家示范性软件学院 10 年培养 10 万人才．http：//edu. people. com. cn/h/
2011/1028/c227696-1239484827. html［2011-10-28］．

杨红玲，戴学刚．2012．印度促进软件业发展的财政政策及对中国的启示．河北软件职业
技术学院学报，（9）：26．

杨惠敏，付萍．2005．基于熵值的多级模糊综合评价的应用．华北电力大学学报，5：
104-107.

杨丽琳．2010a．"雁形模式"视角下对江西软件服务外包产业发展的思考．金融与经济，
2：56-59.

杨丽琳．2010b．我国区域软件服务外包产业发展模式探讨——以我国 20 个服务外包城市
雁行模式为视角．现代经济探讨，5：57-60.

杨志学．2011．经济增长与集聚：基于资本积累和知识溢出的研究．战略与改革，（7）：
23-25.

伊兰伯格 G 罗纳德，史密斯 S 罗伯特．2007．现代劳动经济学：理论与公共政策．第 8
版．刘昕译．北京：中国人民大学出版社．

易玲．2011．中国知识产权行政保护"存与废"之路径．求索，（1）：175，176.

殷正明．2011．上海软件业从业人数已近 27 万．http：//www. jfdaily. com/a/2133851. htm
［2011-05-13］．

余忠，江智文．2003．关于软件开发企业人员频繁流动的应对措施．闽江学院学报，3：
112-116.

余忠，李秀珠．2004．软件企业人力资源开发与管理的策略．闽江学院学报，
25（5）：125.

原毅军．2009．软件服务外包与软件企业成长．北京：科学出版社．

曾婧婧．2008．爱尔兰软件产业发展要素及其支撑体系研究．武汉：华中科技大学硕士学
位论文

詹映，温博．2011．行业知识产权战略与产业竞争优势的获取——以印度软件产业的崛起
为例．科学学与科学技术管理，32（4）：98-104.

张成虎，胡秋灵，杨蓬勃．2003．金融机构信息技术外包的风险控制策略．当代经济科
学，25（2）：8-13.

张建勋，古志民，郑超．2010．云计算研究进展综述．计算机应用研究，27（2）：429-433.

张金隆，丛国栋，陈涛．2009．基于交易成本理论的 IT 外包风险控制策略研究综述．管

理学报，6（1）：126-134.

张丽霞．2005．软件外包项目中的风险管理．杭州：浙江大学硕士学位论文

张明辉，赵玲玲．2007．河北省装备制造业自主创新能力评价研究．职业圈，（16）．

张宁．2007．中国对日软件服务外包的现状分析及对策研究．北京：对外经济贸易大学硕士学位论文．

张启智，严存宝．2008．城市公共基础设施投融资方式选择．北京：中国金融出版社．

张维迎．2008．博弈论与信息经济学．上海：上海人民出版社．

张伟．2008-01-14．外部环境制约发展软件服务外包产业亟待整合．中国高新技术产业导报，第D02版．

张星．2009．服务外包发展 看大连"示范"．http：//news. lnd. com. cn/htm/2009-02/04/content_526404. htm［2009-02-04］.

张云川，蔡淑琴．2005．服务商主导的IT外包风险规避．科研管理，26（1）：139-144.

赵枫．2010．软件和信息服务业竞争力评价指标体系研究——基于中国服务外包基地的评价．大连：东北财经大学博士学位论文．

赵凤华．2011.37所国家示范性软件学院10年培养近10万人才．http：//www. kab. org. cn/content/2011-11/01/content_5100926. htm［2011-11-01］.

赵桂玉．2006．中国软件服务外包业发展的障碍及解决措施．企业信息化，（6）：30.

赵红娟．2012．基于FDI视角的大连市软件服务外包产业发展研究．价格月刊，1：38.

赵辉．2006．跨国公司离岸外包决策的成本收益分析．北京：对外经济贸易大学硕士学位论文．

赵继会．2011．工业软件人才培养现状分析报告．经济研究导刊，（20）：75.

赵勇，白永秀．2009．知识溢出：一个文献综述．经济研究，（1）：144-156.

郑其斌．2009．我国职务发明认定和利益分配制度的完善．社会科学，（5）：97-104.

郑晓荣．2007．抢占现代服务业利用外资的制高点——大连的做法和启示．http：//gc. jsamr. com/Html/JournalsArticle/100297/［2013-01-23］.

中国服务外包网．2008．大连：软件产业10年间增长100倍．http：//www. outs. com. cn/new/html/1/1/200862416. html［2008-06-24］.

中国服务外包网．2012．广东广州服务外包行业协会成立知识产权工作部．http：//chinasourcing. mofcom. gov. cn/c/2012-02-14/109237. shtml［2012-02-14］.

中国服务外包研究中心．2013．中国服务外包2012重大事件盘点和2013趋势前瞻．http：//coi. mofcom. gov. cn/article/t/201301/20130100013982. shtml［2013-01-24］.

中国管理咨询网．2006.AQ-逆境商数．科技智囊，（2）：33.

中国国际投资促进会．2010.2010年中国服务外包行业研究报告．http：//wenku. baidu. com/view/8d093875a417866fb84a8e21. html［2010-07-11］.

钟瑞琼，谢运佳，姜灵敏．2011．软件与信息服务外包人才培养模式的研究与实践．科技管理研究，（6）：189-193.

周春山，高军波．2011．改革开转型期中国城市公共服务设施供给模式及其形成机制研究．地理科学，3：272-279.

周丹．2009．论印度发展IT产业的经验及对中国的启示．长春：吉林大学硕士学位论文．

周家高.2002. 爱尔兰软件产业迅速崛起. 环渤海经济瞭望,(6):24.

周扬,许晓宁,孙华峰,等.2007. 全球软件服务外包产业发展格局研究. 扬州职业大学学报,11(3):41-44.

朱晓明,潘龙清,黄峰.2006. 服务外包——把握现代服务业发展新机遇. 上海:上海交通大学出版社.

左显兰,沈时仁.2011. 服务外包的风险及防范. 浙江经济,(6):50.

Aron R, Clemons E K, Reddi S. 2005. Just right outsourcing: understanding and managing risk. Journal of Management Information Systems, 22 (2): 37-55.

Arrow K J. 1962. Economic Welfare and the Allocation of Resources for Invention. Princeton: Princeton University Press.

Aubert B A, Patry M, Rivard S. 1998. Assessing the Risk of IT Outsourcing. Proceedings of the 31st Hawaii International Conference on System Sciences.

Baccarini D. 1996. The concept of project complexity: a review. International Journal of Project Management, 14 (4): 201-204.

Bahlib B, Rivard S. 2005. Validating measures of information technology outsourcing risk factors. Omega, (33): 175-187.

Bannock G, Baxter R E, Davis E. 1992. The Penguin Dictionary of Economics. Penguin.

Boehm B W. 1989. Software Risk Management. Washington DC: IEEE Computer Society Press.

Boehm B W. 1991. Software risk management: principles and practices. IEEE Software, 8 (1): 32-41.

Branstetter. 1998. Looking for international knowledge spillovers-a review of the literature with suggestions for new approaches. Annales D' Eeonomieet de Statistique, 49: 517-540.

Brown-Wilson Group. 2007. Black book of outsourcing (2007). http://www. theblackbookofoutsourcing. com [2012-02-03].

Charette R N. 1989. Software Engineering Risk Analysis and Management. New York: McGraw-Hill, Inc.

Charette R N. 1990. Application Strategies for Risk Analysis. New York: Multiscience Press.

Charette R N. 1996. Large-scale project management is risk management. IEEE Software, 13 (4): 110-117.

Cohen W M, Levinthal D A. 1989. Innovation and learning: the two faces of R&D. Economic Journal, (99): 569-596.

Das T K. 1996. Risk types and inter-firm alliance structures. Journal of Management Studies, (33): 827-844.

Das T K, Teng B. 2001. A risk perception model of alliance structuring. Journal of International Management, (7): 1-29.

Dasgupta J, Mohanty R P. 2009. Towards evaluating the risks of software services outsourcing industry. Journal of Management, (9): 29-48.

Davison D. 2004. Top 10 risks of offshore outsourcing. http://searchcio. techtarget. com/

news/article/0，289142，sid182_gci950602，00. html［2011‐12‐22］．

Earl M J. 1996. The risk of outsourcing IT. Sloan Management Review，Spring：26‐32.

Eisenhardt K M. 1988. Agency and institutional theory explanations：the case of retail sales compensation. Academy of Management，(31)：488‐511.

Flyvbjerg B，Bruzelius N，Rothengatter W. 2003. Megaprojects and Risk：an Anatomy of Ambition. Cambridge：Cambridge University Press.

Gartner. 2012. Gartner 发布 2013 年及未来中国 IT 市场五大预测．http：//tech. qq. com/a/20121123/000048. htm［2012‐11‐23］．

Gefen D，Wyss S，Lichtenstein Y. 2008. Business familiarity as risk mitigation in software development outsourcing contracts. MIS Quarterly，32 (3)：531‐551.

Gluch D P. 1994. A construct for describing software development risks. Technical Report CMU/SEI-94-TR-14 ESC-TR-94-014.

Griliches Z. 1992. The search for R&D spillovers. Scandinavian Journal of Economics，94 (5)：29‐47.

Haddad M，Harrison A. 1993. Are there positive spillovers from direct foreign investment?：evidence from panel data for Morocco. Journal of Development Economics，42 (1)：51‐74.

Haghirian P. 2003. Does culture really matter cultural influences on the knowledge transfer process within multinational corporations. European Journal of Information Systems，Naples.

Haimes，Yacov Y. 1989. Toward a holistic approach to risk assessment and management. Risk Analysis，9 (2)：147‐149.

Haimes，Yacov Y. 1991. Total risk management. Risk Analysis，11 (2)：147‐149.

Heeks R，Nicholson B，Sahay S. 2001. Synching or Sinking：Global Software Outsourcing Relationships. IEEE Software，18 (2)：54‐60

Herath T，Kishore R. 2009. Offshore outsourcing：risks，challenges，and potential solutions. Information Systems Management，26 (4)：312‐326.

Kern T，Kreijger J，Willcocks L. 2002. Exploring ASP as sourcing strategy：theoretical perspective，propositions for practice. Journal of Strategic Information System，(11)：153‐175.

Kliem R L. 1999. Managing the risks of outsourcing agreements. Information Systems Management，16 (3)：91‐93.

Kokko A. 1996. Technology market charateristies and spillovers. Journal of Development Economics，(43)：79‐93.

Kontio J. 2001. Software Engineering Risk Management：A Method，Improvement Framework，and Empirical Evaluation. Helsinki：Helsinki University of Technology

Leavy B. 2004. Outsourcing strategies：opportunities and risks. Strategy & Leadership，32 (6)：20‐25.

Long N V. 2005. Outsourcing and technology spillovers. International Review of Economics and Finance, 14: 297 - 304.

MBA 智库. 显性知识与隐性知识. http: //wiki. mbalib. com/wiki/Explicit _ Knowledge

Mell P, Grance T. 2011. The NIST Definition of Cloud Computing. NIST Special Publication 800 - 145.

Nieuwenhuijsen H, Stel A van. 2000. Kennis-spillovers en economische groei. Research Report / EIM, Onderzoek voor Bedrijf& Beleid.

Quélin B, Duhamel F. 2003. Bringing together strategic outsourcing and corporate strategy: outsourcing motives and risks. European Management Journal, 21 (5): 647 - 661.

Romer P M. 1986. Increasing returns and long-run growth. Journal of Political Economy, 94: 1002 - 1037.

Romer P M. 1990. Endogenous technological change. Journal of Political Economy, 98 (5): 71 - 102.

Shi Y W. 2007. Today's solution and tomorrow's problem: the business process outsourcing risk management puzzle. California Management Review, 49 (3): 27 - 44.

Simonin B L. 1999. Transfer of marketing know how in international strategic alances : an empirical investigation of the role and antecedents of knowledge ambiguity. Journal of International Business Studies, 30 (3): 463 - 490.

Software Engineering Insititute. 1992. The SEI approach to managing software technical risks. Bridge, (10): 19 - 21.

Spence M. 1973. Job marketing signaling. Quarterly Journal of Economics, 87 (3): 355 - 374.

Spence M. 1974. Market Signaling: Informational Transfer in Hiring and Related Processes. Cambridge: Harvard University Press.

Spence M. 2002. Signaling in retrospect and the informational structure of markets. American Economic Review, 92 (3): 434 - 459.

Steurs G. 1994. Spillovers and Cooperation in Research and Development. Leuven: KU Leuven.

SystemMaster. 2009. 软件人才，培养与需求亟须对接. http: //www. nitedu. org. cn/ djyd/html/? 231. html [2009 - 09 - 02] .

Taylor H. 2007. Outsourced IT project from the vendor perspective: different goals, different risks. Journal of Global Information Management, 15 (2): 1 - 27.

Van Marrewijk A. 2007. Managing project culture: the case of environ megaproject. International Journal of Project Management, (25): 290 - 299.

Wendell O J. 2009. Outsourcing: the enduring mistakes. Journal of Applied Business and Economics, 10 (1): 1 - 14.

Wiegers K E. 1998. Know your enemy: software risk management. http: //www. docin. com/

p - 17740570. html [2012 - 03 - 22].

Willcocks L P, Lacity M C, Kern T. 1999. Risk mitigation in IT outsourcing strategy revisited: longitudinal case research at LISA. Journal of Strategic Information Systems, (8): 285 - 314.

Williams T. 1999. The need for new paradigms for complex projects. International Journal of Project Management, 17 (5): 269 - 273.

Zhao W, Watanabe C. 2010. Risk management in software outsourcing-a portfolio analysis of india's case based on software export market constitution. Journal of Services Research, 10 (1): 143 - 155.